きょうは世界の誕生日

Flake
フラーケ
小林和貴子 訳

きょうは世界の誕生日

俺はこの本を、ツアー中にバスを待っているときやコンサートがはじまるまでのあいまに書いた。もしも実在する人物や出来事と一致していたら、それは俺の想像力の欠如のせいで、意図したわけじゃない。

ついに俺にもはや夢はなく
ついに俺にもはや友もない
ついに感情もなく
俺は死ぬのが怖くない

「すべて灰色」——イゾラツィオーン・ベルリン[1]

1　二〇一二年に結成されたベルリンのロックバンド。

いったい何時なのか、もう感覚がない。俺たちはきょうの午前中にどこかから飛び立っていた。飛行機で新たな時間帯に近づくと、俺の携帯は勝手に時間を変更する。一メートル、一メートルと、シャトルは旧市街をのろのろと抜けていく。ブダペストはかなり広いようだ。俺たちはラッシュアワーのど真ん中にはまっている。きょうは金曜日だから、みんなさっさと街の外に出たがっている。だが、ここではまったくもって物事がすんなり進まない。

俺は窓の外を見てみる。視線が半メートル先で止まる。俺たちの横を、汚い大型トラックが通り過ぎていく。そいつですら、俺たちより速い。運転手はこの状況にまったく我慢がならないようで、ほんのちょっとでも隙間があると、思いっきりガスを入れる。すると俺は、悪臭放つ座席にドシンと引っ張られる。すぐまた運転手はブレーキを踏まねばならず、今度は前につんのめる。トラックが俺たちをふたたび追い越すと、視界が開けて灰色の壁が立ち現れる。そろそろ郊外に近づいているようだ。俺はできれば前に座りたかったが、運転手がありとあらゆる物を隣に広げていて、助手席のドアを開けようとしたら、訝しげに見てきた。まるで、俺がそいつのベッドに潜り込もうとしている、とばかりに。

　後ろにいるといつも、どこか自分が置き物になったような気がしてくる。まるで荷物なんだ。発言権がないみたい。それに俺は、運転手としゃべるのが好きだ。というのも俺たちがちょうどいる国で、まともに触れ合える現地の人といったら、たいてい運転手だけだ。いまであれば、スピーカーから大音量で聴こえてくるのは誰の音楽なのか、訊いてみたいところ。

　まえに一度、シャトルに乗っていて新しいバンドに出会ったことがある。俺にとってはともかく新しかった。彼らの生み出す音楽にはすごく急き立てるような響きがあって、しょっちゅう新たなカーブに向かい、どこかレコードの音が飛ぶのに似ていた。俺はすっかり魅了されてしまい、バンド名を尋ねた。俺たちはちょうどバルセロナにいて、いまいち運転手は俺にわかる言葉で伝えることができなかった。とはいえ、彼のせいでもなかった。俺だってスペイン語も最低限の英語もできないんだから。すると運転手は、プレーヤーからさっとCDを抜き取って、俺にくれた。少なくともそういうふうに理解した。ベルリンに戻って、俺はとても誇らしげにそのCDを娘に聴かせた。この齢になっても、まだ時代の最前線にいるんだってことを示したかった。まるで音飛びするレコードが偶然メロディーを刻むように聴こえるから、その音楽がすごく気に入ってるんだってことを説明しようとした。娘はたった一瞬、CDプレーヤーのディスプレイに視線をやるだけでよかった。なにを隠そう、本当に音が飛んだのだ。娘が俺に向けたあのときの視線は、描写しようにもできない。

　そのCDを、そんなことがあっても俺は相変わらずよく聴いている。どこかとても瞑想的で、おまけにいつまた次に飛ぶか、誰にも予測できない。録音された音楽を聴いている気がしなくて、俺自身が、音楽を聴く行為のアクティブな一部になっているかのようだ。そうして俺は、つねに新たななにかを耳にする。

いままさに流れていて、実のところなかなか気に入ったその曲は、そうこうするうちに終わっている。今度はニュース番組だ。もちろん、またしてもハンガリー語。するともう、さっきの曲について訊くのは遅すぎる。それ以外の仕方でどうやって運転手と会話をはじめればいいのかわからない。おまけに運転手は寡黙な印象を与えるときている。いまのところ話題もない。乗り込んだとき、他のメンバーも一緒に行く気があるかだけを知りたがった。俺がちゃんと理解していたらの話だが。それで、その簡単な質問にすら答えることができなかった。というのも俺たちが個室をとるようになっていらい、他のメンバーがどこにいるか、俺にはわからない。

皆で会場に向かうと期待していたが、下に降りてみると、そこにいたのは俺一人だった。そういうわけで、運転手は俺だけを連れて出発した。おそらく他のメンバーは知っているんだ、こんな時間に出発するのがいかに馬鹿々々しいかを。もしいまが本当に、俺の思っているような時間なら。

遠く離れたコンサート地から飛行機で帰ってきたときに、時計が戻っていなかったこともあった。いずれにしても、俺はもう携帯の時計を頼りにできない。テレビですらあてにならない時代だ。なにしろいろんな国の番組が観られるんだ。イギリスで三時なら、ここではもっとずっと遅いかもしれない。

オーストラリアには、なんと三十分刻みの時差がある。時間帯の境界線は、ときに街の真ん中を走っている。そういうときは歯医者にだって遅刻する。ひょっとしたらアメリカもそうだったかもしれない。ハートフォードとか、そのあたり。

その地で俺たちは、度胸試しに鉄橋に登ったことがある。俺が子どもの頃に家にこもってばかりいないでもう少し他の子たちと遊んでいたら、大人になって——恐怖も増すというのに——そんなことをする必要はなかったかもしれない。すると、もちろん列車が来た。俺たちが橋の真ん中に到達した、まさにその瞬間。俺たちは端っこすれすれのところに身を寄せなければならなかった。欄干はなく、レールを通して直（ちょく）に川が見えた。列車はきりがないほど長く、おそらくだから緩慢に進み、俺の感覚では、すべてを切り抜けるまでに永遠が過ぎ去った。そのあいだ、轢（ひ）かれたダックスフントやアライグマをゆっくりと眺めることができたんだから、なおのこと。アライグマはズタズタに切り裂かれたテディベアのようにみえた。その橋の上で、時間とはなんて伸びることができるんだろう、とまたしても感じた。残念なことに、時間はたいてい困った状況で伸びるものである。

いまもシャトルの中で、俺たちはもうずっと移動中のように思えてくる。それがまったく俺のせいじゃないとも言えない。どの観光名所もすぐそばにあるから、たまには街の中心部にホテルをとってみようと提案したのは俺だった。それでいて俺には、観光名所がそれほど重要でもない。奇妙に聞こえるかもしれないが、ベルリンにいたって、俺がテレビ塔やブランデンブルク門に行くことはない。俺たちの演奏するコンサート会場にしたって、たいていは郊外にある。そうすればファンたちが——俺たちのだろうと、サッカークラブのだろうと——街のイメージを壊すこともない。これはなかなか上手くいく。いま、どうやら会場に近づいているらしいことに気づく。もうかなり大人数のファンが通りの左右に見えるから。ファンたちは道の脇に車を停めて、小集団になって移動している。徒歩の彼らの方が、車の俺より速い。

いぜんは俺も、徒歩でコンサートに向かったことがあった。ひたすらファンの後ろを行けばよかったから道に迷うこともなかったが、大きな会場の場合、すると楽屋へたどり着くのに困難が伴った。というのも、そういう会場だと電話が通じないこともある。警備員たちは、バンドメンバーがなすすべもなく彼らのもとを訪れる状況を想定しない。ベルリンでは一度、タクシーでコンサートに向かったことがある。すると俺はビールが飲めて、車を置いていく必要もない。会場に到着して、運転手に楽屋の入り口まで行ってくれるよう頼んだ。午後にまだたくさんのことをやろうとしてギリギリに出発していたから、やや時間が迫っていた。普段住んでいるところで演奏するわけだから、実のところ、俺たちには二重にすることがある。だもんだから、晩にまだコンサートがあることを、えてして忘れることもある。ともかく、急いでアーティスト用入り口に向かいたかった。

「列の最後はあそこの奥だよ、大きいの！」運転手はそう言って、コンサート会場をぐるりと取り巻く人々の行列を指さした。仕方なく、俺がバンドメンバーであることを彼に告げるしかなかった。「ダメ、ダメ、おまえさん！」運転手は俺を一笑に付した。「きょうはここでラムシュタインのコンサートがあるんだ。そんな真似は通じねえよ」俺がそこで演奏する一人であることを丁寧に説明しようとすると、彼は乱暴な論理でもって応じた――「おまえさんがよぉ」また笑いだす、「あそこで演奏するってなら、俺のタクシーに乗ってるわけねえだろうよ」この台詞を残して、彼は俺を列の最後尾に降ろしたんだった。だからいまは、主催者が俺たちのために用意してくれるシャトルで移動することにしている。

そうこうするうちに、醜い工業地帯が視界に入る。ということはつまり、じきに到着する。俺は汚れた窓からよく見ようとする。もう俺たちの大きな夜行バスが停まっている。クルーたちが寝泊まりするバス。もちろん、いまじゃなくて夜になったら、次のコンサート地へと移動するあいだに。その後ろのいくぶん離れたところに、見本市会場かスポーツ競技場のような建物が見える。その前には、だだっ広い駐車場。すべて灰色。で、これがロックンロールだっていうのか？

ロックンロールなんてもうとっくに、かつてそうだったものじゃなくなっている、と俺なら言うだろう。もちろん、俺が音楽の作り手だからといって、このテーマに相応しい話し相手かどうかは疑わしい。そもそも、なにもちゃんとわかっていないんだ。ロックンロールからして、なんなんだ？ 親世代がかつて聴いていた、あの面白い音楽のことじゃなかった？ それともじいちゃん、ばあちゃん世代だった？ あのビル・ヘイリーが戦後まもない頃にドイチュラント・ハレ[2]で演奏したとき、彼らはそこに居合わせたんじゃなかったか？ それとも、あれはヴァルトビューネ[3]でのことだった？ 俺たち東ドイツの子どもにとっては、どちらでも大差なかった。この二つの名称しか知らなかったんだから。大きくなってからも、俺たちが知っていたのはせいぜいクルティとか有能な若者たちの家[4]くらいだった。そこで演奏していた少なからずの有能な若者たちは、実に七十歳を超えていたが、いちおうブルースを演奏していた。だから、あれでよかった。

嘘みたいに聞こえるかもしれないが、俺の青春時代にオールド・ロックミュージシャンはいなかった。というのも、ロックンロール自体がまだ新しかった。ミック・ジャガーはあの当時、いまの俺より二十歳若かった。想像してみてほしい。三十歳を過ぎたらロック音楽をやってはいけない、と俺自身が固く信じてきた。ジャズはというと、その歳になるまでダメ。連邦首相になるのだって、四十歳以上でないと許されないんだ。

ロックの話をしていたんだった。「ンロール」は、俺の時代にはもう省かれていた。留年する奴らですら言わなかった。そいつらはハードロックについて語っていて、俺はというと、Hart（硬い）ロックのことだと理解していた。Hart（硬い）を柔らかいDで書く奴なんているか？[5]　しかも、俺の知っていたロックンロール・バンドが、まるで博物館の品々を披露するかのように曲々を演奏して、カタチから努めるべく「スウィート・リトル・シックスティーン」といった名曲でもって、あの独特な生の感情を呼び覚まそうとしていた。そのような生には、革ジャンとかバイクがセットになっていた。それに、ジーパン。子どもの頃、あるばあさんが、あの奇天烈なジンズパンツなんかってブックサ文句言っているのを実際に耳にしたことがある。そしてロッカーたる者、小集団でうろつかねばならない。もちろんこれは、いくぶん超ハードな若者たちに限った話。ヘヴィメタル・ファンはロッカーか？　AC／DCのもとで、ファンたちはずっとロックンロールについて歌っているぞ。ならロカビリー・ファンは？　連中もロッカーを自称してよいのか？　間違いはいくらでもできるものだ。パンクの登場いらいはなおのこと。下手をすると、パンクだと自称してはならなかった。でないと、ただちに上っ面（プラスチック）との烙印が押されたから。

パンクと称して実家暮らしは許されるのか？　俺の意見ではイエスである。つまるところ、俺だっ

2　一九三六年のベルリン・オリンピックに合わせて建てられた巨大なイベント会場。第二次世界大戦後は西ベルリン最大のイベント会場として親しまれた。二〇一一年に取り壊されている。

3　一九三六年のベルリン・オリンピックに合わせて作られた野外劇場で、西ベルリンに位置する。

4　クルティも有能な若者たちの家も、旧東ドイツにあった若者向け文化施設。

5　英語の hard はドイツ語の hart にあたる。hard の方が、発音が柔らかい。

て実家を出たのは二十三歳になってからだった。パンクで西側とのつながりがあって、あるいは少なくとも大金持ちだったら、それもとても役に立った。そうでもなかったら、どうやって戦闘ブーツを手に入れることができただろう？　それに革ジャンは？　革ズボンはというと、東側ではそう簡単に買えなくて、わざわざ縫ってもらわなくちゃならなかった。するとズボンを手にするまで一年くらいかかって、おまけに本当に安い代物じゃなかった。俺の知っているパンクたちの多くが恵まれた家庭に生まれていて、財力があった。彼らは流行への関心もひじょうに高く、大学入学試験の成績も良かった。バンドで演奏していなかったら、絵を描くか、詩を書くかしていた。ときにはそれら全部をひっくるめて。イギリスのプロレタリアート的なお手本とは、パンク音楽への愛だけでつながっていた。それから、表で罵られたり、殴られたりしても耐えた点で。パンクの身なりで職業的展望が抜群だったことはなかったが、俺たちのほとんどが、郵便局や国民連帯基金、[6]はたまた墓場での仕事にとても満足していた。ジャンパーに自分で「御先真っ暗」と書いておいて、本当にそう思っていた奴に一人として出会ったことがなかった。何人かがせいぜいのところ、自分自身の将来を東ドイツに見ておらず、そのぶん余計に西ドイツに見出していた。ときに彼らは革ズボンが完成するまえに出国許可を得た。すると俺は、そのズボンを譲ってくれないかと訊くことができたんだった。

ともかく、本題はロックンロールである。ジョニー・キャッシュはかつてこう言った――バスの窓から見て、自分がいまどこにいるかを五キロ先まで正確に言いあてられる、と。俺はジョニーを信じる。つまりはジョニーがしょっちゅうバスでアメリカ中を移動していて、道を隅々まで知っていたということなのだ。要するに生きているあいだ、あり得ないほどたくさんのコンサートを行った。年に三百回なんて、当時は大したことじゃなかった。年がら年中、バンドがひとまとまりで移動を繰り返したことも。いまやバンドというものは、最初の困難が立ちはだかるとすぐに解散してしまう。ときには俺がその存在に気づくよりも早く。だが俺ですら、もう何年か音楽をやっていて、せいぜい東ドイツの道をいくつか知っているだけだ。ヘルムスドルファー・クロイツ[7]とか、そういうの。シュコイディッツァー・クロイツ[8]とか。いまはヘフナー・クロッツ[9]が建っているところ。俺たちが飛行機でコンサート地へと移動するときに目にするものといったら、二、三の雲程度。雲で位置確認は難しい。なにしろ次の日にはもうまた消えているんだから。本物のロックンロールとは、まさに路上で起こるもの。

そして女たち。ローリング・ストーンズの場合、ミュージシャンのホテルの部屋の前で、女たちが一列になって自分の番が来るのを辛抱強く待っていた。理解不可能である、一列になって、とは！　そのようなことは、もう技術的に言ってありえない。いまホテルではエレベーターに乗るとき、部屋のカードを差込口に挿入しなければならない。でないとエレベーターが動いてくれない。そんな状況で、どうやって女たちが上がってこられるんだ？　俺自身が部屋にたどり着けるだけで嬉しいというのに。

　諸々の伝説を信じてよいならば、かつてのミュージシャンたちは、コンサートの前とその最中、そ

6　国民健康保険のような連帯組織のこと。
7　テューリンゲン州にあるインターチェンジ。
8　ザクセン州にあるインターチェンジ。
9　大型家具店。

の後に、セックスをしていた。当の本人たちがそのことを見せびらかしていた。どんなギターソロも、もう前戯なのだった。シャツだって、つねに腹までボタンが開いていた。今日（こんにち）、舞台の上に立っているのは一夫一婦制に徹する政治意識の高いヴィーガンたちである。おまけに嘲笑するかのように、これまたシラフときている。代わりに、ヨガの呼吸法でもって入念にコンサートの準備を済ませてある。筋肉はストレッチで温めてあって。

　おそらくこれは、みんなでたらめだ。俺はもう歳をとってしまって、物事をそういう観点からしか見られない。俺自身の小さな人生も、ロックンロールからもうあまりに遠ざかってしまった。そもそもかつてロックンロールのもとにあったのであれば、の話だが。客観的に見て、その証拠は多くない。何年ものあいだ、俺は自分のことをパンクだと思ってきたんだが、そのことに気づいてくれた人はいなかった。そうなんだ！　年齢のせいじゃない。俺はパンクで、ロックンローラーじゃない。だから知らないんだ、ロックンロールのなんたるかを。なにをしなくちゃならないかを。パンクとしてやるべきこともわからないが、ひとまず気分が良くなる——一介のパンクだと、自分自身に言い聞かせると。

I

全力でジャケットのファスナーを引っ張るが、どうにも開いてくれない。俺が舞台で汗をかきまくるものだから、全体がずぶ濡れになって、タンスの中で錆付きはじめているんだろう。ファスナーとは特殊な鋼でできていて、錆びないものだと思っていたが、これはかなり固くてとにかく開いてくれない。

「ゲストはいるか?」耳をつんざく声がする。どこかカーミットの声に似ているが、もっとずっと大きい。びくっと身をすくませ、ソファーの横にある小さなテーブルに肘をぶつける。おぉいたい、痛みが閃光となって全身を駆けめぐり、仰天してソファーからずり落ちる。

「ゲストはいるか?」バンドアシスタントのトムが、無表情なまま俺を見つめている。トムは背が高くなく、そのぶんかなり筋骨たくましい。とりわけ顔が。巨大な角縁眼鏡をかけていて、その奥の両目はぼんやりそれとわかるだけである。トムは近眼で、ひょっとしたら、だからこんなに話し相手のそばに寄ってくるのかもしれない。目下、ゲストリストを完成させようとしている。コンサートの直前になって、慌てて誰かがトムに向かって叫ぶ名前を入場ＯＫとして伝達する気はないから、午後の早いうちに、捕まえることのできるメンバー一人ひとりにゲストがいるかどうかを訊いている。

「ゲストはいるのか？」俺が答えないでいるもんだから、もう一度、間髪入れずに叫ぶ。実のところトムはまったく叫んでおらず、大声で話しているだけだ。それはいわゆる業務上の音量で、いまトムはまったくもって落ち着いてリラックスしている。四度叫ばなくていいように、すぐさま首を横に振って、念のためはっきりと言う――「ありがとう。俺はきょうゲストなしだ」

トムは満足そうに頷く。どのみち他の答えを予想していなかったが、念には念を入れよ。ミュージシャンたちとの長年の付き合いから学んでいるんだ。それにしても俺は、いったいぜんたいここブダペストでどこからゲストを連れてくればいい？　ときに知り合いが、ちょうど近くにいてコンサートに来たいと電話をくれることもあるが、そういうのは本当に珍しい。仮にもしそういう状況になったら、すぐトムに連絡する。あとで忘れて、ゲストたちが晩になって扉の前で絶望することのないように。嬉々としてコンサートに向かったものの、入れてもらえないときのあの悲惨な気持ちを知っている。コンサートの直前になると、俺には電話の着信音が聞こえなくなるから、ゲストたちが連絡しようにもできない。すると彼らは悲しげに扉の前に立ちつくし、会場へと突進していく人々を見やりながら、人生をどこで間違えたんだろうと考え込む。俺を信頼する時点で、もうすでに間違っていた。

他のバンドメンバーを探しに、トムは勢いよく楽屋を出ていき、俺はふたたびジャケットに注意を向ける。ファスナーが開かなかったら、きょう着られない。俺が名付けるところ、そのキラキラジャケットは――というのもディスコボールライトのようにキラキラ光るから――俺の体にぴったりだ。スパンコール生地でできていて、仕立て屋さんに愛を込めて体に合わせて組み立ててもらったんだが、否、もちろん仕立ててもらったんだが、俺があんまり汗をかくものだから、コンサートが終わるごとにちょっとずつきつくなっている。それか、コンサートが終わるごとに、俺がちょっとずつ太っている。いつも周囲のせいにするべきじゃないんだ。当然のこと、このジャケットはショーに不可欠だ。各人が着たいものを着るなんて、できない話。なんと言っても、俺たちがバンドとして一つにまとまっていることがわかったほうがいい。それに、舞台上の照明だと見えなくなってしまう衣装もある。俺はといえば、後ろに立つ。キラキラジャケットなしで舞台に登場したら、バンドがなんて言うか、知りたくもない。とはいえ、ひょっとしたらむしろ喜ぶかもしれない。キラキラジャケットを着た俺はなかなか目立っていて、それを全員が快く思っているわけでもないんだ。俺たちは皆が平等でありたいんだから。だが、俺が例えばギタリストたちといくぶん違って見えるのは、いわゆる舞台上の役割の一部だ。真面目くさって強面で登場したところで、人々は真に受けてくれないだろう。すると、それはバンド全体の信憑性に悪影響をおよぼすことになる。だから、俺が滑稽な恰好をすればするほど、残りのバンドは強く映る。優しい刑事と強い刑事がセットになった取り調べみたいなもの。

テーブルの下にある青いプラスチック桶から、コーラを探し出す。工具職人時代に、錆びて固くなったネジをコーラで緩めたことがあった。そういうわけで、氷の中を深くかき回さなくちゃならない。ダイエット・コーラしか見つからないが、まぁいいか。ファスナーの上にぶちまける。ほとんどがそのまま白いテーブルクロスに流れてしまう。不可解な理由から、テーブルには白いクロスを敷くよう、トムが厳しく注意を払っている。コンサートのはじまりまで、まずもたないのに。なんだって白いテーブルクロスが必要なんだろう、と考えて、引き抜いてみる。ついでにナッツの入った皿も下に落っこちる。ナッツというと、俺にはアレルギー反応がある。でも、きっと白いテーブルクロスと同じ理由でテーブルの上によくあるものだから、考えに気を取られていつもついたくさん口に入れてしまう。喉が痒くなりだして息苦しくなると、アレルギーがあったんだと気づく。楽屋にナッツを置かないように頼むべきなんだが、断るのは注文するより難しい。結婚だって、離婚よりずっとスムーズ。しかも青酸を度外視したら、一般的に言って、ナッツはとても健康にいい。[10]床に散らばったままにしておかないようナッツを拾い上げ、皿に手が届かないもんだから、またぞろ口の中に放り込む。古いナッツのひどい味をすっかり忘れていた。一度も試したことはないが、魚油を思ってしまう。後味を消すために、水を探す。またしても氷の中を引っかき回さなくちゃならない。だが、ついでに手を洗うこともできる。ダイエット・コーラとはいえ指がベトベトして半端ない。なんてことだ、あぁ、水が冷たい。指がしびれていく。何時間も氷の中で冷やされていない水の方が、俺にはずっとありがたいのに。けれどもここには、ともかくペットボトルに入っている常温の水がない。だからせめてあとのために、ぬるくなりますようにと何本かをテーブルに置く。こういうのが、悪名高いかのスター気取りというやつか？

　常温水うんぬんは、いずれにしても贅沢な悩みだ。とはいえ、あんなに汗だくになって舞台から戻ってきて、氷のように冷たい水を飲むと、胃痙攣を起こしてしまう。それか、体の芯からすっかり冷えてしまい、何日も調子が悪くなる。ツアー中の病というと、特別な章が必要になる。どこかの不文律曰く、コンサートのキャンセルが許されるのは死のみとのこと。ともかく経験豊富なミュージシャンたちは、病気の話になると皆がそろってそう語った。だから俺は、高熱だろうがかまわず舞台に立ち続け、コンサートの終焉へと熱していく。すると、火が熱をもう少し上げる。もはや治療に近い。アーユルヴェーダで言うところの取り扱い（トリートメント）というやつ。ただ、煙だけは吸わないほうがいい。煙に含まれる雑多な毒物は、病気だろうとなかろうと、人間の体に入ったところでなんの益もない。コンサートが終わってみると、調子はそれどころかたいてい少しマシになっている。興奮のせいで、痛みと不調に気が回らないんだ。それで、いよいよ具合が悪くなるのは次の日になってから。するともう激しい悪寒に震えながら空港に立っていて、シャトルに乗ってホテルないしコンサート会場へと向かう長い移動中、営々辛苦する。そういうときは、ただひたすらベッドで横になっていたい。陰鬱な時間。俺がしかるべきときに健康に気をつけて、キンキンに冷えた水は飲みたくないからって、誰が気を悪くする？

そういうわけで、テーブルにある水ボトルをぼんやりと観察する。しだいに外側に水滴が浮かびあがって、最初のしずくがゆっくりと滴り落ちる。いい加減、コーラが効くのを待っている。コーラのことばかり考えていたら、コーヒーを飲むこともできると気づく。コーヒーで目が覚めるとも言うじゃないか。最後にちゃんと起きたのはいつだった？　コーヒーを飲んだあとでも、俺は難なく寝つくことができる。いつどこにいてもすぐ眠れるから、そういうことをそんなに気にしない。ミュージシャンになりたいなら、さっと寝つける能力を持っていることは重要である。就寝がよく遅くなる者は、日中、ふたたび舞台によじ登るまえに、睡眠を取り戻せなくちゃならない。

バンドの車に乗り込むやいなや、眠ってしまうあるギタリストを知っている。ベッドから這い出るのが難儀とのことだった。さっと起き上がったら血の巡りが追いつかなくて、目の前が真っ暗になっ

10　ビターアーモンドには青酸化合物のアミグダリンが含まれているため、大量摂取すると有毒になると言われている。

て、ふたたびベッドに倒れ込んだという。ならばとゆっくり身を起こしたら、足の悪臭が漂ってきて、これまた気分が悪くなって横にならなければならなかった、と。それに比べたら、俺はなかなか調子がいい。ともかく疲れているだけなんだ。それで、いままさにコーヒーが飲みたくなって、隣の部屋に行く。そこならコーヒーがあると思う。いまや隣部屋をいわば我が家にしているパウル、俺たちのギタリストの一人なんだが、彼はコンサート前に淹れたてのコーヒーをよく飲む。バンドとともに素晴らしい人生を送っているんだ。俺たちの成功に付随するあらゆる状況を、めいっぱい楽しむ才能に恵まれている。俺たちがかつてラジオでしか知らなかった他のバンドたちと音楽の話をするのが、ものすごく楽しいという。フェスティバルで気づいてもらい、挨拶してもらえるのも嬉しいんだと。上品な雰囲気で夕食を取るのも好きで、そこで上等なワインを飲んだりする。それどころか、出荷されたばかりの新車まで買ったこともあるんだ！　羨ましいかぎりだが、俺はそんなふうに上手く立ち回れない。それでいてパウルにはできるんだ、あのパウルには。何年もギターケースひとつ持っていなくて、だからギターをプラスチック袋に包んであちこち運んでいたあいつが。若い頃は、見たところもっぱらクリスプ・ブレッドばかりを食べていたあのパウルが。ゴミ箱で見つけるやいなや足にはめた靴で、そこらを移動していた。フィーリング・B[11]時代は、コンサートが終わったと思ったら舞台から観客席へと飛び込んで、そのまま夜通し踊り続けていた。いまやパウルは、快適な暮らしのためのカタログから切り取ってきたような快適な小部屋にいる。

　即座にくつろいだ雰囲気に包まれる。暗くしたフロアランプが温かな光を醸し出している。かすかに音楽が聞こえる。ベーシストのオリヴァーが、スポーツ着でソファーに横たわって、ふたたび寝つこうとしている。トムがオリーにもゲストのことを訊いたばかりだった。オリーにここでゲストがい

ると は思えない。もちろん俺にはわからないが。残念ながら、俺はオリーについてなにも知らないに等しい。少なくとも、彼がなにを考えているか、このお祭り騒ぎ全体をどう思っているか、見当がつかない。曰く、ただそこにいて、多くを語らず自分の演奏に徹するのがベーシストのウリなんだという。だが、オリーがそうでなくちゃならないわけじゃない。なんでも聞くところによると、もとはギタリストになりたかったんだという。ただ、当時のバンドにはもうギタリストが一人いて、だからベースを手に握らされたんだと。ベーシストとは何時間もストイックに一つのテーマを弾くことで知られるが、オリーは気が短いからそれはしない。俺はいいことだと思う。なぜならそうやっていつも、俺たちの他の誰もが思いつかない新しいアイディアを得ているから。そのアイディアが採用されるかは別の話だが。俺はコーヒーをスプーン二杯すくってカップに入れて、湯沸かし器のスイッチを入れようとする。だが、お湯はまだ熱い。このかんコーヒーをいくらかこぼしてしまった。この部屋はまだとてもきれいに整えられているように見えるだけに、ばつが悪い。今度は牛乳もだ。俺は、このテトラパックというものがぜんぜん上手く開けられない。ハサミを使うべきなんだ。

そっとまた自分の楽屋に戻る。俺が迷うことのないように、バンドアシスタントたちのアシスタントが、俺とティルの名前が書かれたプレートをドアに貼り付けてくれている。通路にはまた別の標識

11　一九八三〜九三年、東ベルリンを拠点に活動していたパンクバンド。パウル・ランダース（ギター）がアリョーシャ・ロンペ（ヴォーカル）とアレクサンダー・クリーニング（ドラム、ただし初期のみ）と結成。ほどなくしてフラーケ（キーボード）も加わった。クリーニングが抜けたあとはパウルとアリョーシャ、フラーケの三人が中核メンバーとなって、その都度ドラマーを招きつつ、活動した。九〇年以降はクリストフ・シュナイダーもドラマーとしてゲスト出演していた。

もあって、舞台へ、食事へ、プロダクションオフィスへ、と書かれている。これらは毎晩、コンサートのあとにはがされ、バッグに詰められる。俺がプロダクションオフィスに行くことなど、まずない。せいぜい、ゲストがいるのにトムに伝え忘れたときくらいだろうが、そもそもそんなことは一度も起こらない。あらゆる標識は英語で書かれている。それで最初、俺たちはすべての概念を学ばなくちゃならなかった。

ワードローブへの道しるべを初めて見たとき、俺はその標識の作り手が、戦争という言葉で遊ぼうとしたひょうきん者なんだとばかり思った。[12]というのも、俺たちはときどき、上手くいかなかったコンサートのあと楽屋でちょいと怒鳴りあって、すると、ひょっとしたらなにかが落ちることもあるから。だが、他のバンドのもとにもワードローブと書いてある。コールドプレイのもとですら。想像しうる限り、もっとも静かで、もっとも周囲に気配りのきくミュージシャン。ともかく俺は、割り当てられたワードローブを探して中に入る。いま見つけるのはなんてことなかった。隣の部屋から出てきたんだ。ふたたびソファーに座り、ファスナーを揺すってみる。まだ開かない。コーラが十分、効いていないんだろうか？

俺の視線は時計へと移る。どの楽屋にも、一ユーロショップあるいはメックガイツ[13]の時計が掛かっている。コンサートが終わるたびに俺たちがバッグに詰めて、その翌日、トムがまたよく見えるところに掛ける。一度は電池が切れていて、止まったままだった。俺たちがもうどのくらい移動し続けているかがわかるだろう。それとも、誰かが電池を盗んでいた。ビデオゲームに必要だったとか、そういうやつ。その日、俺たちはすんでのところで時間きっかりに舞台に上がれなかった。まぁ、いまのこれはちょっと大袈裟で、たいていはなんだかんだあっても時間通りにはじめることができている。

その点で俺たちはパンクじゃなく、ドイツの公務員並みに秩序正しい。俺の思うように、公務員たちがそもそもそんなに秩序正しいのであれば、の話だが。

＊

またしても新しいバンドがあった。ぜんぜんついていけなかった。俺の知っていたミュージシャンのほとんど皆が、複数のバンドで並行して演奏していて、一緒にいる相手しだいでまったく違った音楽ジャンルで活動していた。

俺自身もその例にもれず、どこかで生まれたそれこそどんなバンドとも一緒に演奏しようとした。そういうわけで、ときに俺たちが一晩に同じコンサートで、複数のバンドで登場することもあった。最後に結成されるバンドが、いつももっとも刺激的だった。バンドメンバーが新たな連中となにかを企むたびに、俺はもちろんそのバンドを喜んだが、同時にちょっと嫉妬もした。一緒に演奏する気がないか、どうして訊いてくれなかったんだろう？

パウルが会社（ディ・フィルマ）の一員になったとき、つまりディ・フィルマという名のバンドのことだが、俺はその音楽がすごく気に入って、出番はなかったものの、可能なときはいつも一緒にコンサートへ向かっ

12　楽屋はドイツ語でGarderobeと言う。英語のwardrobeを、war（戦争）-derobeと理解したということ。
13　生活用品を扱うディスカウントショップ。

た。彼らの音楽を聴くのがとにかく好きだった。男のグルーピー。その場合はセックスなしでも大丈夫。ともかくバスにはまだ一席余裕があった。あるいは、どこか別の車に。このバンドでは、音楽へのアプローチが違っていた。俺たちにとって普段なら重要だったことが、いまや誰の気にも止まらなかった。俺のおどけたサウンドを聴きたい奴はいなかった。一緒にやるんであれば、かなりおどろおどろしくか、感情を込めて弾かねばならず、後者の方が難しかった。その逆もしかりだった。俺が他の二人と新たなバンドを結成すると、パウルがコンサートで何回かゲスト出演した。その後、俺が抜けたあとでも、パウルはそのバンドで演奏していた。

いまやまた新しいバンドがあったが、パウルは俺になにも言ってこなかった。そのことに気づいたのは、ドアにメモがあったからだった。リハーサルとかなんか書いてあって、その下に鉛筆で、墜落していく飛行機が描いてあった。メモを取って、隅々まで読んだ。それから、そのメモをダイニングテーブルに置いた。というのも、パウルと一緒に住んでいた。いまや、パウルが誰と一緒なのかを訊き出さねばならなかった。ひょっとしたら迎えにくる奴がいるかもしれなかった。ふうん、シュナイダーと一緒か。フィーリング・Bのドラマーの一人で、もうしばらく会っていなかった。

あのとき自分に正直であったら、俺は認めなくちゃならなかっただろう。フィーリング・Bは、もうちゃんとは存在していなかったと。俺たちはもう長いこと新曲を作っていなかったし、金欠になったら馴染みのファンの前でときどき演奏するのが関の山だった。そういうことを、俺はもちろんそうだと認めたくなくて、ちょっと心配しながら、俺たちのうちの二人が新しいバンドに関わろうとしているのを眺めていた。

するとどうやら、シュヴェリーン出身のもう二人も一緒にやっているとのことだった。彼らは、新しい、かなりハードな音楽をやろうとしていた。あの頃、俺たちは車の中でパンテラとミニストリーを聴きまくっていた。シュナイダーの車でコンサートに行くときは、運転手の彼がもちろん音楽を決めてよかったからだった。それはひとまず、俺にはさほど身近でない種類の音楽だった。それでも、何度も反復される音の断片が、サンプルとも言われるそれらが気に入った。そういう斬新な音楽も演奏できるように、もうフィーリング・B用にいつかの時点でサンプラーを買っていた。八〇年代製のおもちゃカシオじゃ俺の出番はなかっただろうから。とはいえ、もちろん出番はあった。ともかくサンプラーとは俺の考えでは、当時、超斬新な機械だった。そういうのは本当に人気のバンドだけが使っていた。

いつしか、ついに俺もリハーサルに招かれたように感じた日がやってきた。俺はすっかり萎縮してしまった。薄暗闇に、強い男が五人立っていた。隣にいるギタリストは知っていた。リヒャルトだった。シュヴェリーン出身のカッコイイ奴で、もういくつかのバンドで気になっていた。第一に容姿が良く、第二に素晴らしいギターサウンドの持ち主だった。彼がシュナイダーとオリーと一緒に、この新しいバンドを作ったのだった。そしてパウルを仲間に加えた。奴ですら、すっかり様変わりしていた。あんなにも真剣で集中したリハを、俺は何年も経験していなかった。正確に言うと、一度も。驚いたことに、ティルがバンドのヴォーカルだという。シュヴェリーン近郊生まれの古い友人で、俺たちはいつも喜んで訪ねたものだった。ティルはもともと、ある面白いバンドのドラマーだった。パウルはもうそこで一緒だった。ドラマーとしてのティルが、俺はとにかく大好きだった。本物のドラマーのように映らなかったにもかかわらず、あるいは、まさにそれゆえに。思うに、ティルも俺とちょっと状況が似ていた。数多くのバンドが雨後の筍のように誕生するのを目にして、ミュージシャンがいかに女子たちに人気であるかを知った。そして、ただそういう場にいたかったんだ。そういうわけで、ティルはパンク音楽の精神をすっかり体現していた。

彼が自らドラムを選んだのは、それがおそらくもっとも性に合っていたからだろう。洗練された技術はなかったが、そのぶん熱狂と信じられないくらいの力でもって演奏した。目の保養だった。そのバンドがコンサートでアンコール曲を演奏するとなったとき、ティルが立ち上がって歌いはじめることがあった。するとその曲は格別な魅力を放ち、ティルがいかに素晴らしい声の持ち主であるかを聴くことができた。実のところ、それがそのバンドのもっとも美しい曲だった。

そしていまや、そこにいるその若者たちが、彼をヴォーカルにしてバンドを結成しようとしていた。しようとしていた、というか、もうとっくにしていて、俺一人がそのことを知らなかった。連中はわざと言わなかったんじゃないかという考えを、どうにも抑えられなかった。少しは本当でもあったんだろう。だが、いまや地下室に一緒にいて、俺は好印象を残そうと努めた。彼らの曲に対する俺の意見は、ひとまず尋ねられなかった。尋ねられていたら、即座に答えただろう。すっかり圧倒されたよ、と。曲の数々は、とにかく完璧だった。それまでそんなギターリフは聴いたこともなかったし、ましてやその方向で俺がなにかを思いつくこともなかったが、とにかく曲にピッタリ合っていた。のちに心震わせるであろう観客よりも少し歳をとっていた俺ですら、すっかりやられてしまった。そして、ティルの声が心の琴線に触れた。彼が歌っていた内容は、ひとまずどうでもよかった。気がつかなかったが、最初の曲はところどころまだ英語だった。

少年が大人になるとき、その時期にどんな音楽を聴いて、その後の人生がどんな方向に向かうかは、しばしば小さな偶然で決まる。その音楽は、まさにぱっと花開き、人生を賭けるために生まれたようなものだった。俺にとって、それは二度目の超ド級の一目惚れだった。

　というのも、青春時代は成長期にフィーリング・Bで演奏していた頃、もう果てしなく幸せだったし満ち足りていた。毎日、夢中でリハに駆けつけた。そこでなにをするかはどうでもよかった。たいていうだうだ座って酔っぱらっていた。俺は皆にバンドのことを語らないではいられなかった。人生でもう他のことをしたくないのは、当時からわかっていた。音楽的かつ人間的観点から見て、の話。長くてひどい道でも、俺たちをコンサートへと連れていってくれる一メートル一メートルを享受した。午後に無人地帯の荒涼とした場所に到着しては、幸せをかみしめながら、ビールで満たされた村のホールの空気を深く吸い込んだ。俺は自分自身の周りに他の人間を必要としなかった。バンドがそばにいてくれれば、それでよかった。俺は正しいことをしているんだろうか、幸せなんだろうか、と考える必要は一度もなかった。それから何年もたったあとで、もうぜんぜん予期していなかったときに、またそうなったんだ。俺自身に起こったことすべてが、ともかくどれも素晴らしいと思えた。

　クレイジーなことにその感情がいまや、他のバンドにいたときよりもはるかに強かった。その音楽はとても心地よくて、いつまでも聴いていたかった。ある曲では――俺たちはそれが生きものであるかのように「水夫たち（マトローゼン）」と呼んだ――自分がぜんぜん演奏していないことに気づかなかった。というのも、リハでは一つひとつの音を集中して聴いていて、まるで俺自身がすべての音を弾いていたかのようだった。なぜギタリストたちがあちらこちらに磨きをかけて、すべてを改良しようとするのか、さっぱりわからなかった。俺には改良するところなんかどこにもなく、曲には必要なものすべてが含まれていた。ある音がこう弾かれようと、ああ弾かれようと、あるいはその曲のテンポが上がろうと下がろうと、俺の目には、むしろ耳には、結果は微塵も変わらなかった。曲はとにかくよくできていて、長いあいだ考え抜かれたものとはまったく違った仕方で演奏できた。まるで、とにかく勢いよく走りだした若い犬のようで、ほとんどついていくことができなかった。俺がその音楽を見てとることができなかったか、ちゃんと理解しなかったからだが、それは決してデメリットじゃなかった。その音楽は俺をすっかり圧倒したが、そういうわけで、俺はなにかしら思いつくことを強いられた。するとそれは、しばしばすっかり異質なものになった。というのも、他の連中がその場でやったであろうようには弾けなかった。まさに俺はそれを知らなかったんだから。ああいうギターとキーボードを伴うあの種の音楽は、当時、そんなに流行っていなかった。俺は、ともかく最初に思いついたことをやってみた。深く考えたわけじゃなくて、そもそも聴こえるように、思いっきり大きな音で弾こうとした。そう簡単じゃなかったから、曲の中で短い休止が生まれるまで待って、その休止をすぐさまいくつかの音で埋めてみた。すると皆が、俺を罰するように睨んだ。またしても俺は、まさしくやってはいけないことをやっていた。

このバンドは、さらにその規律でもって、俺がそれまで演奏してきた他の数々のバンドとは異なることになった。そもそも誰も目立とうとしなかった点で違った。ミュージシャンとして、本来であれば満たしがたいアドヴァンテージである。そういうわけで俺は、もはや休止ではなく皆が全力で弾きまくっていないところで演奏するようにした。歌詞だって理解できなきゃならなかったんだ。さらに、ひじょうに大きくて、ゆがんでいて、もはやまったくキーボードの音だと認識できないサウンドを見つけた。死にゆく恐竜とでもいうべき響き。その恐竜を、俺はどの曲でも弾いた。もっとも大音量の中でも、それならまだ聴き分けられたからだった。バンドが俺に期待したものとはちょっと違っていたとしても、なにもないよりマシだった。幸いなことに彼らはあの頃、キーボードが弾けて、一緒に演奏する時間もその気もある人間を他に知らなかった。

俺たちの仲間うちでは、バンドの活動に加わったからといって、なにかが約束されるわけでもなかった。その人物がメンバーかどうか、明言されないことすら珍しくなかった。定期的にリハに来た者が、ともかく一緒なんだった。もう来ないでくれとはっきり頼まれないうちは。だが、そういうことは基本的に起こりえなかった。なぜなら自分が歓迎されているかどうか、普通は自分で気づく。ミュージシャンたるもの、そのくらいの勘は持ち合わせているべきである。

俺はというと、ともかく最初のリハのあと何度もその地下室に行って、自分がいまやバンドメンバーなのかどうかで悩まなくてもよかった。しかも、そのバンドが本当に存在しているのか、その構成でそもそも存続できるかどうかは、まだはっきりしていなかった。その時点で、俺たちの参加したコンサートはただの一度もなかった。知らない人を前にしたコンサートが、俺にとってはバンドのスタート地点のようなものである。そういうわけで俺は、いくぶん馴染みのないバンドメンバーを、まえもって知ることができた。

ようやっと、一緒に音楽のできる幾人かの新しい仲間ができた。だが、俺には彼らが少し怖くもあった。というのも彼らは、俺が真に尽力することを望んだ。彼らには、俺がなんでも寛大に許してもらえる、おどけ者で不器用者のフラーケなだけじゃ足りなかった。あっという間に自分の音楽的限界を見せつけられた。そこにとどまって演奏し続けたいのであれば、そして自分のかび臭い東側の記憶にぶら下がったままでいたくないのであれば、いい加減、目を覚まさなくちゃならなかった。

実際にそういう時代もあった。俺が俺のカシオで、あるバンドと一緒に、例えば、のちにいわゆるアザー・バンズ[14]に名を与えることになったディ・アンデレンと舞台に立つだけで、なにかとてもすごいことをしている、すっかりベテラン気分になっている、それだけで事足りた時代も。その点では、いまやもうもらえるものはなかった。その代わりに俺は、素晴らしく大音量の、パワーみなぎるリハーサルに参加させてもらえた。即座に、いまや俺たちを待ち受けるすべてについて、微塵の予感もないまま、なにか大きなことの一部になっているような気がした。まるで陰謀のようだった。一度そこに居合わせた者は、もう引き返せなかった。

ほどなくして俺たちは最初のリハ場を去らねばならず、クルトゥーアブラウエライ[15]の地下へと移った。当時、そこはまだそう呼ばれておらず、クナーク通りにある、単なる古くて人気(ひとけ)のない空っぽのビール醸造所だった。俺たちはそこで毎日リハーサルをする習慣を身につけた。俺以外の皆がちょうど彼女と別れたばかりで、だからひとりで家にいたくなかった。加えて、ともに音楽に打ち込むことがどんなに面白いか、わかってきた。言ったように、俺たちはまだ一度もコンサートをしたことがなく、旅の行先が自分たちにも定かじゃなかったが、感じとっていたんだ――まだ見ぬ世界への扉を、とても魅惑的に見えたその世界への扉を、押し開けていたことを。

俺はもう当時から、バンドのことが誇らしかった。俺たちは本当にワルっぽかった。誰一人、人に好かれようという気がなかった。俺たちは他のバンドのようでありたくなかった。そう見えるのもお断りだったし、ましてやお決まりの規則にのっとって演奏するなんて、まっぴらごめんだった。連中は皆、考えがせせこましかった。俺たちはいまや西側にたどり着いたんじゃなかったか？　己をまげて嘘をつくことなしに、すべてが可能だと言われていたところに？　俺たちは、自分たちでやり遂げたかった。誰の助けも必要としていなかったし、好意なんていらなかった。メンバー六人で、俺たちはじゅうぶん俺たち自身でありえた。

俺は家族に、新しいバンドについて誇らしげに語った。兄貴がとても興味を持ってくれた。兄貴はあの頃、国外のヒット曲を替え歌で披露していたバンドのヴォーカルだった。マドンナの「ライク・ア・ヴァージン」は、そのバンドにあっては「ソーセージのように（ヴィー・アイン・ヴュルストヒェン）」なのだった。デヴィッド・ボウイの「ヒーローズ」で兄貴が歌ったのは――ハロー、この席は空いているかい？　いいや、ベルベル・ボーレイ[16]がいるんだよ。そうか、それならスクランブルエッグを頂こう、うんぬん。要するに、むしろコメディアン風で、娯楽要素に富んでいた。ともかく兄貴はそのバンドでライプツィヒでの出番があって、その前座として、俺たちに演奏しないかと誘ってきた。俺たちが一緒に来ることを知る者は誰一人おらず、だが兄貴はもうそこで演奏したことがあって、だからライプツィヒのクラブ・ナトーにいたのは、実のところ主（おも）に――もちろん主に、と強調する――単に気晴らしを求める上機嫌の学生や知識人たちだった。そして突然、俺たちが舞台に立った。

そのコンサートを、俺はできることなら客として観たかった。俺たちはすっかり深刻な感じで、一

14　アザー・バンズとは、一九八〇年代末の東ドイツで活動していたオルタナティブ・バンドを総称して使われる概念（die anderen Bands）で、そのなかの一つがディ・アンデレン（英語に訳すとジ・アザーズ）だった。フィーリング・Bもこの「アザー・バンズ」の一つに数えられる。

15　「文化の醸造所」と呼ばれる、東ベルリン・プレンツラウアーベルクに位置する一区画。旧ビール工場が改築され、二〇〇〇年以降はレストランや映画館などが入っている複合施設になっている。

16　ベルベル・ボーレイ（一九四五～二〇一〇年）、旧東ドイツの民主化運動家。東ドイツ末期に結成された市民団体「新フォーラム」の創設者の一人。

言もしゃべらずに演奏をはじめた。ずっと同じ、ゆっくりのリフ。かなり不気味だったに違いない。ショー的な要素はかけらもなく、観客をまったく気に留めることなく、ひたすら悠然と演奏した。一つの曲が終わっても、拍手をする者はいなかった。それは、どこか場に相応しくないかのようだった。人々はただそこに立ちつくして、ぽかんと見つめていた。きっと俺たちのことを心配しただろう。ティルが曲と曲のあいだになにかを言ったり、雰囲気を和らげたりすることは一切なかった。当然のことながら俺たちだって緊張していて、どうやったらその場の緊張が解けるかなんて、わからなかった。リヒャルトなんて、演奏中に息継ぎし忘れる場面もあった。

コンサートが終わると、何人かがためらいがちに拍手をくれた。彼らのやってきた目的であるバンドがいまや演奏することが、とりわけ明らかになったときだった。その晩はその後、かなり面白いものになった。客の一人が俺のもとに来て弁舌をふるった。おまえたちのバンド、すごくよかったぜ。なんたってギタリストの一人がカール＝ハインツ・ルンメニゲに似ているのがよ。別の一人は言った。おまえたち、エイズって名前にしたらどう？　その方がよっぽど似合ってるぜ。

俺たちは、俺の可愛い車（コンビ）でライプツィヒへと向かっていたから、コンサート後も、俺がバンドをベルリンへ連れて帰ることが許された。皆、すっかり高揚して、ものすごい量の酒を車に持ち込んだものの、十五分後にまだ起きていたのは俺一人だった。俺は道に沿って車を走らせるのに苦労した。操舵装置が壊れていて、進行方向を正しく合わせられなかった。俺は修理に必要な金を持っていなかった。にもかかわらず、なんとも大きな幸福感を覚えてたまらなかった。人々を驚かしたのが楽しかった。

フィーリング・Bの最後の頃は、俺たちのことを知っている人々の前でばかり演奏していた。彼らはもちろん俺たちのファンで、だから喜び、本当にいい雰囲気を醸し出してくれたが、俺たちのことを一度も見たことのない人々を前に演奏する気持ちは格別だった。それは何物にも代えがたいものである。

＊

いま、煙草を吸うこともできるかもしれない。だが実のところ、やめたいと思っている。でなければ、もうあとはゆったりとリラックスして夕日でも眺めながら、友たちと皆で一つの煙草を心の底から味わいたい。俺にとってそれは、もちろん完全に幻想もいいところである。俺の場合は、煙草を吸うかやめるかのどちらかだ。ここではどのみち室内が禁煙である。いたるところに禁煙マークが見える。こういうことで、いまどこの国にいるかはほとんど無関係であるとすら言える。世界中のどこにいても、線で消された煙草のピクトグラムは理解できるから。

アメリカでは一度など、壁に点字で禁煙と書いてあった喫茶店に入ったことがある。つまり、俺は喫煙が禁じられていたと思ったということ。というのも、その上にその種の絵が描いてあったからなのだが、でもそれは関係なかったかもしれない。それにしても、盲目の人はどうやって書いてある場所を見つけるんだろう？　そのためには壁中を触ってみなくちゃならないんじゃなかろうか。不衛生じゃないか。少なくとも、彼らは差別されていなかった。禁止事項から除外されることだって、同様に差別にあたるだろうから。

テキサスはオースティンのウエスタン・バーにいたことがあった。すべてがほとんどそっくり映画の中と同じに見えた。昔の木製家具に、扉の前に置かれた馬具。どれもきれいに使い古されていた。

客たちは直接瓶からビールを飲んでいて、ジョニー・キャッシュの曲が流れていた。だが、なにかが欠けていた。煙草を吸うには外に出なくちゃならなかったんだ。その頃、吸わなかった俺ですら、それが気に障った。いっぷく吸うために外に出るカウボーイなら、インディアンを前に恐れをなすにきまってる。ちなみにここバックステージの領域では、警備員がしょっちゅう通路をパトロールしている。なんでも煙草を吸っているところを目撃したら、コンサートがキャンセルになろうと俺たちをすぐさまたたき出すとのこと。俺たちはその話を信じていないが、試してみたい奴もいない。

視線はふたたび、とても緩慢に時計に向かう。また進んでいる。あるいは、まだと言うべきか。コンサートがはじまるまで、まだあと三時間以上もある。こんなにも時間が！　いったいぜんたい時間とは、人間が持っているあらゆるものの中でもっとも価値あるものだ。全人生がひたすら時間だけからなるんだ。生きているあいだ、一日の長さは誰にとっても同じだから、あらゆる人々が実のところ同じぶんだけ手にしている。死んだら死んだで、時間を利用しようにもその人がもう存在しないわけだから、時間そのものがいらない。人によってはもちろん昼が短くて夜が長いこともあるが、時間そのものの長さは同じだ。電気をつければいい。時間は買うこともできない。せいぜいある特定の時間に働かないで、なにか他のことができるくらい。ある女が俺に語ったところでは、ベビーシッターに払う金を稼ぐために仕事に就いたとのこと。その女が働けるように、ベビーシッターは子守りをした。素晴らしいじゃないか。時間としては同じだが、その女はまた社会とつながれた。人の一生において、それもとても大切なこと。

自由時間がたっぷりあるんだから、俺は自分がとても恵まれていると思うべきなんだが、あとで演奏しなくちゃならないことがわかっているから、本当に自由なわけじゃない。かつて働いていた頃、自由時間はもっと自由に思えた。あの頃は、自分がなにもしなくてよかったどの三十分も嬉しかった。だが、それはもうずっと昔の話。それに、人生で合わせてたった三年間のことだった。しかも、もちろんちゃんとした仕事に就いていたわけじゃなくて、研修期間でのことだった。

ファスナーになにか変化があるか、ちょっと見てみよう。相変わらず開かない。変だなぁ、いぜんは上手くいったんだ。コーラのせいだろうか？

俺たちは東側でクルップ・コーラを飲んでいた。あれはおそらく、ちょっと強めだった。一緒に研修していた奴が、一度、食堂のソーセージを瓶に入れて、クルップ・コーラを注ぎ込んだことがあった。翌日、ソーセージは溶けたも同然だった。「胃壁も、つまりはこうなるってことか」親方が言った。ということは、コーラにとって俺のファスナーなんて朝飯前のはずである。

時計を見る。やれやれ、四分がたっている。それにしてもここは寒い！　さぁ、今度こそ外に出て、煙草を吸おう。あとでまた戻ってくるにはツアー証だけが必要だ。クルーたちは許可証を首に掛けるかズボンにホルダーをつけてそこに引っ掛けるかしているが、俺は見えるところに掛けたくない。というのも、そんなことをしたら街中とかで、バンドと結びつけられる怖れがある。人々は、俺が自慢したいとか、もったいぶっていると思うかもしれない。女を手に入れやすいように、ラムシュタインのクルーメンバーなんだと皆に見せびらかしている、と。どんなふうに思われるか、わかったもんじゃない。

袋の中をひっかきまわす。俺はいつも、よくある便利な綿素材の袋に身の回りの物を入れて持ち歩いている。東側には、あのイカす買い物ネット袋があった。あれだと一瞥して、買ったものを全部見てとることができた。小さな物は網の隙間から落っこちるから、そういうときはズボンのポケットに入れなくちゃならなかった。だが、そのネット袋も、持っているのはもうかなり年老いた男たちだけになった。現に俺が持っているのも、タリア書房の灰色のやつだ。ということは、誰かが本を買ったようである。あれ、昨日のサンドイッチがまだ入っているぞ。コンサート後に俺が持って帰ったやつだ。夜にホテルで落ち着いて食べようとして、そのまま忘れていた。もちろん、忘れたのは意図的じゃない。このサンドイッチはいまや千キロメートル以上も俺と一緒に旅をして、それ相応の恰好をしている。捨ててしまうのは心苦しいから、そのまま袋に戻す。ツアーブックもこの中だ。Itinerary（旅程）のことだが、発音ができなくていつもEternityと言ってしまう。永遠を意味するらしいが、俺にとって、ツアーとはまさにそのように思えるときもある。

　最初の数頁に、ツアーで一緒に仕事をするすべての会社名が書いてある。しっかり住所と電話番号つき。つまりは旅行会社にマネージメント会社、警備会社、保険会社、もちろん照明と音響関連の会社も。いくつスピーカーを持ってきているか、電話で訊いてみようか。まんざら冗談でもないぞ。なんたって子どもの頃にいたずら電話をしたことが一度もないんだ。理由は簡単、家に電話がなかったから。公衆電話じゃ金がもったいなかった。あそこでは話したい相手につながっただけで、もう嬉しかった。用件はたいてい、次のリハはいつだ、とか、今度のパーティーはどこだ、とか。

　次の頁にバンドメンバーがくる。自分の名前を探してみる。ふむ、名前の横にキーボードとある。そこまではすべて正しい。そして俺は二番目にきている。上出来だ。もっとも人気のラムシュタイン・メンバーを決めるインターネット上の投票で、六番目になってようやく登場していたことがあった。六人しかいないんだから、あんまり嬉しくないが、誰かは最後にならねばならない。それなら自分が最後でいい。そんなのどうでもいいってそぶりを見せているから。

さらにもう一頁めくる。すると仕事の内容ごとに、クルーメンバー全員の名前が挙げられている。うわぁ、こんなにたくさん。名前に目を通しながら、一つひとつの顔を想像しようとする。何人かはもう何年もまえから知っているが、他の連中はかなり新しい。設置作業者（リガー）という人々を、俺はおそらくまだよく知らない。最初に会場に行って、横木やモーターのためのあらゆるフックを天井に固定する人たちのこと。高所恐怖症の俺にはそういうフックが役立たないが。

子どもの頃、フィッシャーインゼルの高層住宅に住む叔母を訪ねては、階段の踊り場から小さなバルコニーへと歩み出て、建物の壁を上に下にと眺めることができた。すると目がくらくらして、一生メリーゴーランドとかジェットコースターに乗らなくてもよかった。ときがたち、両親が俺を連れてザクセン・スイスでクライミングをしようとしたとき、俺が落っこちてしまわないように、親父は俺をベルトで松の木にしっかりと結わいつけた。だがそのまえに、俺は興奮して岩の割れ目を見過ごしてしまい、猿のように片手で棒をつかんでいなかったら、そのまま転落していたところだった。要するに、俺はひとまず設置作業者にはなれない。ひょっとしたら照明技師なら。そのなかの何人かは、今回が初めての参加なんだろう。彼らがオランダから来ているのがメールアドレスでわかる。終わりにnlとあるから。

さらにツアーブックをめくっていく。今度は音響技師、システムアシスタント、幕責任者、舞台設置担当、会計、バス運転手、トラック運転手、そしてもちろんミュージシャンアシスタント。俺たちはこのミュージシャンアシスタントたちと、毎日、直接かかわっている。というのも、楽器や機器の調整を行ってくれるのは彼らで、コンサートのあいだも俺たちの面倒をみてくれる。必然的に、俺たちは彼らのことをよく知っている。ツアーに先立って、あらゆる準備を一緒に済ませるんだ。かなり仲がいいと言ってもいいが、クルーのなかにはそう言える人がもっとたくさんいる。少なからずのメンバーを、俺はもうかなり長いこと知っている。彼らとはラムシュタイン結成のまえからすでに仲が良かった。そのうちの何人かは、かつて自分でも音楽をしていた。何人かとは、それどころか一緒に演奏もしていた。だがいまや、彼らはどこかもっと満足しているように映る。実のところ、一生涯パンクを演奏し（シュピーレン）続けるのも大変だ。俺の言っているのは音楽の方で、パンクであることを演じる（シュピーレン）方じゃない。とはいえ後者もきっと難しいんだろうけど。ミュージシャンのなかには、一生のうち何時間も音楽をしない時間があって、そのあいだはロックスターでいられないのがつらい奴もいるようだ。というのも、コンサートで演奏するにしても一日にたったの二時間で、残りの時間は無意味に過ごすものだから。少なからずのミュージシャンにはそれが耐えられず、酔っぱらったり自殺したりする。それでいて音楽を作るための時間が、日中それほど多くあるわけじゃないのに。

　まえに読んだことがあるが、人は一生のうち二年間を便座の上で過ごすという。それどころか、まるまる三分の一は寝て過ごす。それならせいぜい音楽の夢が見られるというものだ。二、三の夢の中で、俺はカセットレコーダーで音楽を録音している。昔、一分でも自由時間があれば、そういうことをしていたものだから。どうにかして新しい楽器か、もっとありがたいことに効果機材を借りることに成功したときは、最低でも三曲は吹き込むことを目標にした。そうやって自分にプレッシャーをかけて、たくさんの曲を録音しようとしたもんだから、いい響きになるように曲を丁寧に演奏する余裕がなかった。にもかかわらず、俺には録音したどの曲も愛（いと）おしかった。ときがたつにつれ、それらカセットはすべて無くなってしまった。カーラジオに忘れたり、知人に貸して戻ってこなかったり。それでいま、夢の中で当時のカセットのいくつかがまた見つかる。俺は耳を傾けて、すっかり感動している。もちろん俺は夢の中で、すべてが夢にすぎないことも知っている。だからなんらかの策を講じて、その録音を本当の世界に持ってこようとする。しまいには俺自身が現実への移動を果たす。どうしようもない、まだ成功していないんだ。そして昔の録音は、どんどん忘却の淵へと沈んでいく。夢の中で見つけた金も、ちなみにまだ夢の中で散らばったまま。でも、その金をどうしろと？

　ここに座って、気持ちよくツアーブックを眺めている。手にしているツアーブックの次頁以降に、コンサートの全行程について記載がある。はじめに、もう終わったコンサート。ボローニャ、ロンドン、パリ、ローマ、それからエルクナー。[17]エルクナーは違う。これは、世界に通じていると勘違いして、パリとローマとエルクナーを一度に言及してしまうベルリン市民を笑う、昔からのジョークの類。複数のコンサートのあいまには、いつも休みが一日ある。すると、それはトラベル・デイと呼ばれ、俺たちはリラックスして次の街へと旅立てる。一度などは一日の休みもなしにツアーをこなしたことがあった。俺たちはオクセンクネヒト・ツアーと呼んだが、それはバスの運転手がオクセンクネヒト[18]に似ていたからだった。念頭にあったのは父親の方。というのも当時、息子たちのことを知る者は一人もいなかった。いつ、どうしてコンサートツアーに名前が付けられるようになったのかはわからない。思うに、ツアーはちょうどバンドが発表したアルバムのタイトルで呼ばれるようになった。だいたいどの曲が演奏されるか、ファンたちにわかるように。

17　東ドイツ・ブランデンブルク州に位置する田舎。
18　西ドイツ出身の俳優兼歌手、ウーヴェ・オクセンクネヒトのこと（一九五六年〜）。息子三人と娘一人がおり、息子たちも皆、俳優兼歌手。「時間のかかるきつい仕事」を意味するドイツ語 Ochsentour（オクセンツアー）とかけている。

俺たちの場合もまさにそうであることを、いま目にしている。ツアーブックには二〇一三年ＭＩＧと書いてある。ＭｉＧ（ミグ）と言えば、有名なソヴィエト戦闘機だ。発明した人物ミハイル・イォシフォヴィチ・グレーヴィチの名にちなんで、そう呼ばれている。発明品の多くが、創造主にちなんで名付けられる。放射線測定器（ガイガーツェーラー）もそうだ。これはヴァイオリンをカウントする（ガイゲ・ツェーレン）ものじゃなくて、それを発明したのがガイガー氏だったことに由来する。子どもの頃、俺はＭｉＧ‐21戦闘機に夢中だった。夏休みにそういう戦闘機によじ登らせてもらったこともある。タービンの真上に座らせてもらった。戦闘機全体がタービンと言ってよかった。そうさ、ツアーをタービンと名付けることだってできるじゃないか。バンドというものは名付けにおいて制限を知らない。俺は例えば、頭蓋こっせツアーとか、単純に拷問しツアーとかを考えてみる。

　今回のツアーが戦闘機と同じ名前なのは、単なる偶然にすぎない。というのも、俺たちの場合はMade in Germany（メイド・イン・ジャーマニー）の略なんだ。いぜんはドイツで製造された物にそう書いてあった。なんでも、それがある一定の品質を保証したからだった。俺たちの最新のアルバムもメイド・イン・ジャーマニーといって、正確に言うと、昔の曲を集めたものだ。レコード会社が、世にいうところのベスト盤を発表してよいとの旨を、どこかの契約書で確約させていた。俺たちにはせいぜいのところ、アルバムが『ザ・ベスト』と名付けられることを阻止することができただけだった。なにが最良かなんて、誰にわかるというだろう？　おまけにベスト盤の発表は、バンドの終焉を示しているようでならない。どこか生涯の作品を表彰しているようなんだ。すると、たいていほどなくして表彰された者たちが死ぬ。『メイド・イン・ジャーマニー』と名付ければ、俺たちが辞めたいかのような印象はきっと与えまい。そんなつもりはないんだ。まさに演奏するために移動中なんだから。

ほら、きょうのコンサート情報が載っている。ブダペスト。主催者の電話番号。ちょいと電話してみようか。煙草を吸っているのがバレたら実のところなにが起こるか、訊いてみることもできる。だが、やっぱりその勇気はない。次の頁を見てみよう。明日、どこで演奏するかが載っている。ザグレブだ。ティルは袋(ザック)ラップ[19]を歌うと言っていたから、楽しみにしていよう。俺たちが泊まるホテルはとても古くて美しい。去年、そこに泊まったことがあった。それともそんな気がするだけで、もっと昔のことだったろうか？

ふたたびある街に来ると、ときにまるで自分が昨日そこにいたかのように感じることがある。すると、すべてがまたよみがえる。ホテルの従業員や店の販売員は、たいてい同じ人たち。ザグレブのホテルなら、頭の中ですっかり描いてみせることができる。たどり着くのも簡単。というのもホテルは駅の一部をなしている。駅にたどり着くにはレールを探して、それに沿って歩けばいい。最悪、隣の駅に着くが、そうしたら電車で戻ればいいだけ。すっかり道に迷うことなどありえない。

ここはアメリカじゃないから、実に嬉しい。あそこではしばしば、俺たちはもう朝方アリーナに到着していた。その時間には、まだなにも設営ないし準備がなされていなかった。それで、俺が散歩でもしようとすると、その場を離れることすら叶わなかった。敷地全体が柵で囲われていたから。ゲートには怖い目つきの管理人たちがいて、通らせてくれなかった。それでもやっぱり外に出てよいとな

19　「ザックラップ」はザグレブと発音が似ているので、ザグレブでラップを歌うという言葉遊びの意味合いと、ザック（袋＝金玉袋）のラップを歌うという意味合いがあると思われる。

って、そうしたら、なぜ彼らがあんなに拒否反応を示したのかがわかった。そこには高速道路へと続く道が一本あるだけだった。歩道を必要とする人など一人もいなかった。俺にできたことといえば、ただ柵と高速道路のあいだを、警察に声をかけられるまで歩くことくらいだった。

　滅多になかったものの、遠くに街々の高層住宅が望めたこともあった。俺の考えでは、俺たちはそこで演奏することになっていた。その方向へ歩いていこうとすると、住宅はどんどん遠のいていった。蜃気楼みたいな目の錯覚だったんだろう。一度はそれでも、街の中心部にたどり着くことができた。とはいえ、それが街だという自信はないが。ダウンタウンと呼ばれるものは、ときに高層住宅が四つだけからなるときもある。それとわかる窓もなければ店もなく、人の営みを示す他の徴(しるし)があるわけでもない。俺はただ、自分が街にいるんだろうと思った。それはまるでエルクナー中を散歩して、周囲にはベルリンに行ったかのように語るのと同じだった。だが、なにより難しいのは、ふたたび会場に戻ることだった。そこは真っ平(たいら)で、街から見えなかった。

　俺はファンのように見える人たちの後ろにくっついた。そして彼らに導かれるがまま、戸建てばかりの醜い住宅街を抜けていった。いつしか、ファンだと見違えた人たちが、道を曲がって門の中へと入っていった。彼らがそこに住んでいたからだが、気が付いたら、遠く見回して白人は俺ただひとりだった。彼らのあいだを大急ぎで立ち去ったとき、住人たちは俺を見て大声で笑いはじめた。髪を赤く染めたばかりだったが、それがおそらくホモセクシャルの徴であることを、俺は知らなかった。カブリオに乗った四人組が音楽を大音量にして、あきるまで追い回してきた。俺に向かってなにかを叫んできたが、なにを言っていたのかわからなかった。ともかく、俺はまたその後、幸せそうに楽屋に座っていた。誰もこれっぽっちも興味を示さなかったが、興奮しながら自分の冒険談を語っていた。

俺という馬鹿者は、きょう、どうしてこんな早い時間に会場入りしたんだ？　俺たちが飛行機で到着したのは遅い時間になってからのことで、俺は昼寝をあきらめていた。というのも、そのあとにちゃんと目が覚めないこともしばしばで、そうするとむしろそのまえよりも眠くなって、ゾンビのように足を引きずることになるからだ。確かに、ごまかしてみることもできる。早朝のつもりで、新しい一日がはじまるんだとばかりにシャワーを浴びて、歯を磨いて新しい服に着替える。だが、それがいつも効くとは限らず、相変わらず眠いままのときもある。すると、ただひたすら眠り続けていたい。だからすぐこっちに向かったんだ。それに、きょうは自分の物を少しまた整理したかったんだ、と嬉しいことに思いいたる。なににもまして、キラキラジャケット。

もう一度、ファスナーを試してみる。さっぱり変化なし。ファスナーをすっかり切り取ってしまって、ジャケットをスナップボタンで留めてみてもいいのかもしれない。急いで開けなくちゃならないとなると、ファスナーではなかなか危険である。舞台用のズボンで、俺はもうひどいことを経験済みだった。というのも、その下にブリーフを履いていない。ティルが舞台上で――俗な言い方だが――俺とヤろうというとき、俺には下着を脱いでいる時間がない。なにかアイディアがないか、トムに訊いてみるのがいちばんよさそうである。そういうわけで、トムのオフィスを探すとしよう。

ドアには袋小屋人とある。トムの部屋には、これ以外のちゃんとした名称がない。コンサートの最中、トムはドラムの下に位置する袋小屋と呼ばれるところに立っている。トムのアシスタントのパウロは袋小屋に立っているわけじゃないが、トムと部屋が一緒ということで、パウロも袋小屋人。ややこしい話だ。ともかくトムはいない。少し見て回ることにしよう。早い午後、トムはよくひとりでもう会場にいて、主催者やファン、あるいはスポンサーとして援助したいという人々からのプレゼントを受け取って、ひとまず考えているかもしれない。俺たちに渡すべきか、それともそんなことをしても無駄だろうか、と。俺たちはというと、必要なものはなにもない。トムにとっては、俺たちが尋ねないものであれば、俺たちが求めていないものとなる。ともかく、興味深いものはなにも視界に入ってこないから、その場を離れる。

壁にはたくさんの標識が貼られているが、どこが会場の出口なのか、あるいはどこでなら煙草を吸えるのか、わかるものは一つもない。運に任せて、しばらく廊下に沿って歩いてみる。すると、なにやら声が聞こえてくる。喧噪に従っていくと、女たちがアイスホッケーをしている体育館にたどり着く。女たちであるのをこの目で見たわけじゃないが、扉に寄りかかって目を逸らすことができないでいる舞台作業員の視線をそう読み取る。その男に、なにがあるんだいと尋ね、ちょうど女子アイスホッケーのヨーロッパ選手権のさなかだと知る。スロヴァキア対スウェーデン。それともチェコ対クロアチアか。男の言っていることがいまいちわからない。スタンドは大入満員だ。女たちはしっかり着込んでいて、よく見えない。意外に思うかもしれないが、ここでスポーツ大会が開催されていても、俺はさほど驚かない。俺たちが演奏する会場で、同じ時間帯に他のイベントが開催されるのはよくあることだ。

とりわけ気分転換になるのは、見本市会場で演奏するとき。例えばエアフルトでは、コンサートのまえに何百という飼育用ウサギを見物できた。退屈していたし、十分な金も持っていたから、あやうく一匹買いそうになった。そこにいたのがアナウサギだったか、ノウサギだったか、なにが違うのかさっぱりわからなかったが、シェパード並みに大きいものばかりだった。退屈してなにかを買うのはままあること。東側では、もっと話が簡単だった。あそこにはなんにもなかったから。それでも偶然、機会があると、誰かがきっと喜ぶに違いなかったから、人々はなにがしかを買うのだった。さいわい、俺はノウサギを買うのは我慢できた。

ドルトムントでの次の機会では、そうはいかなかった。隣の会場で狩猟見本市が開催されていて、俺はティルと一緒にもちろん見にいった。奇妙な器具にすっかり魅了される一方で、それらの用途が俺には解読できなかった。狩りをする人や狩りに魅せられている人がものすごく多いことに戸惑った。確かに飼育ウサギのときも、あんなに人がいたのが不思議だった。自分たちの露ほども知らない並行世界がたくさんあるのだ。俺たちは、できたばかりの金鶏（きんけい）の剝製を二つ買った。センセーショナルなほどお買い得とのことだった。壊れてはいけなかったから、その日からツアーの終わりまで、剝製がバスのベッドを占領した。そういうわけで俺は、足を曲げて寝るか、ホテルで寝ることになった。

また別の機会では、側翼で武器の見本市が開催されていたホールで演奏したこともあった。コンサートのあと、俺たちは何千もの機関銃のあいだを歩き回り、夢想的なロケット発射機も見物した。戦争の一つくらい、そこに転がっていた武器を使えば簡単にできただろう。そしてそのくらい多くの、いや、より正確にはもっとずっと多くの武器が、アメリカの一般家庭にはあるのである。扉のあたりに退屈した警備員が一人立っていたが、他には誰も、俺たちや武器のことを気にかける者はいなかった。

オクラホマシティでのコンサート会場は競馬場だった。楽屋は厩舎に設営された。床には、俺たちのために新鮮な藁が敷いてあった。あるいは、翌日また走る馬たちのため。ときに、全世界がひたすら自分の周りで回っていると考えるミュージシャンがいるが、会場では日々他の催しが開かれ、ときにそれらの方がコンサートよりも人気なのである。いずれにしろ厩舎で、煙草を吸うことは許されなかったものの、とても快適であった。

　あるいはオリンピック会場になったスタジアムでコンサートをすることもあった。モスクワでは、いまだに巨大な五輪が天井からぶら下がっている。視界を妨げることがないよう、天井の方に引き上げられていた。その輪っかを見上げては、落ちてこないかと不安がないでもなかった。オリンピック後に、そこで握手が交わされたことすらない様子だった。真新しい体育館でも演奏したことがある。

そういうわけで、ときどき試合を観ることもできる。

　だが、いまの俺に試合を追っている余裕はない。おまけに、どっちが勝とうと、どうでもいい。たいてい俺は負けている方の味方をする。勝っているチームには俺の応援が必要ないし、ときにはそういうチームがすぐに横柄な態度を見せることもあるからだ。頑張って戦う弱いチームの方が、俺は好きである。それで、そのチームが形勢逆転したら、彼らのために喜んで、彼らが横柄だとは思わない。ともかくここではどっちのチームが勝っていて強いのか、ちっともわからない。ゴールがあったのかどうかも、俺には把握できていない。

　手探りで会場を進んでいく。側廊で警備員が許可証を求めてくる。持っていない。きっとホテルに置きっぱなしなんだ。さっき袋の中を探していたんだが、その途中で許可証のことを忘れてしまったようだ。警備員がコンサートの許可証のことを言っているのか、それともアイスホッケーの試合の方なのかわからないが、試合用の許可証も持っていないんだから、どっちでもいい。警備員の方も、俺がバンドメンバーであることを信じなくちゃならない理由はないし、俺をどうしたらいいのか、いまいちわかっていない。ここを出るにはどう行けばいいんでしょう、と尋ねると、喜んで教えてくれる。彼が注意せねばならない人物は、通常、中に入りたいんであって、その逆じゃないから。

＊

どうやら、いまや俺たちは正真正銘のバンドだった。完成した七曲ほどを弾くことができ、嬉々としてさらなる断章に取りかかった。ゆっくりと俺たちは、雇用創出事業対策（ABM）[20]の一環でなんらかの移動式遊び場にかかずらう代わりに、ようやっとまた音楽のことだけを考えるようになった。つまるところ、俺たちだってどうにかして金を稼がなくちゃならず、そしてそれは自分で勝手に考えだしたABM仕事で行うのが、もっとも上手くいった。

東独時代、たいていのミュージシャンはなんらかの見せかけの職に就いていた。金が必要だったというより、アマチュアのミュージシャンということで職業を証明しなければならなかったから。それができないと困った事態になって、監獄に入れられる可能性もあった。それか演奏許可が取り上げられた。すると、その人物を演奏させた主催者もまた処罰の対象となった。

そういうわけで友人は国立図書館のクロークで働いていて、俺はよく一緒についていったものだった。二人だと、そういう仕事はとにかくもっと楽しめた。俺たちはカセットレコーダーを持っていって、自分たちの録音を聴いた。俺たちは何度も音楽のことで声をかけられて、それが俺には、とても

20　東西ドイツ統一後、旧東ドイツ地域における失業対策の一つとして導入されたもので、ABM（雇用創出事業）関連の企業や団体と契約して仕事をすると、契約期間中は国から給与が支払われる仕組みになっていた。

教養のある人々が感銘を受けているようで誇らしかった。それに俺たちは、ひっきりなしに煙草を吸っていた。人々が預けていたジャケットは、みんなひどく煙の臭いがしたに違いないが、誰も文句は言わなかった。とはいえ、俺は楽しかったからそこにいたんであって、金そのものはフィーリング・Bで十分に稼いでいた。俺の職業が事務係であったのは、ただ紙の上での話だった。

だがラムシュタインの初期、フィーリング・Bはもう上手くいっておらず、俺は雇用創出事業対策がらみの職に就いていた。頑張って仕事が面白いふりすら見せなかったから、遅かれ早かれクビになったはずだった。そのこともあって、余計に新しいバンドを喜んだ。俺たちは東側で小さなコンサートをいくつか行ったばかりで、そしてそこに来た人々は、俺たちのかつてのバンド名でもっておびき寄せられていたんだが、自分たちがたちまちまたとても偉くなったように思えた。

　俺がバンドに加わるまえの段階ですでに、他の連中は四曲を吹き込んだカセットテープをどこかに送りつけていた。どこぞのロックコンテストに応募するためだった。するとバンドが勝者に選ばれて――その理由は誰にもわからない、ひょっとしたらそれが送られてきた唯一のテープだったのかもしれなかった――一日、ちゃんとしたスタジオで同じ曲をもう一度、本格的に録音させてもらえた。音響技師は、イデアール[21]の最初のアルバムを録ったまさにその人だった。俺たちはみんな尊敬の念に襲われて、彼に反論しようという発想すらなかった。それが、このバンドで俺の参加した最初の録音となった。もっとも、もしかしたらそのまえにティルの自宅ガレージでリハを行って、そのさいにもう吹き込んでいたかもしれない。

　いまや俺たちは、幼馴染や飲み屋で知り合った人々に自分たちの新しいアイディアやバンドについて語っては、彼らの反応を見た。自分たちのしていることすべてを手放しで素晴らしいと思っていたから、バンドの内側からは客観的な意見がもはや出てこなかった。もちろん、居酒屋やバーを訪れては曲を披露しようとした。だからつねに各人が、家を出るときにはカセットテープを持参した。重要だったのは、俺たちがウェイターやバーの従業員と親しくなることだった。というのも、音楽を披露したかったのは俺たちだけじゃなかった。あの頃、周囲で音楽をやっている連中はたくさんいた。というか、ほとんど全員。すると、リハ場で彼らと一緒になった。自分たちのリハ場を支払うことのできたバンドは皆無に等しかった。そういうわけで皆が時間差で、プレンツラウアーベルクの地下室で練習していた。

俺たちもその頃、グライフスヴァルダー通りの古い飲料倉庫に拠点を移した。思いっきり大音量でがなりたてることができたからだった。その建物にはもう誰も住んでおらず、居を構えていた会社はというと、俺たちの音を気にしなかった。鉄板床の下を下水が流れていて、とりわけ雨が降った日にはむかつくほど糞の臭いがした。よく考えれば糞であるはずがなかったんだが――というのもそのための特別な管があるんだから、と娘の宿題を手伝おうとしながら学んだのだ――中庭の雨水か屋根の雨どいの水が、腐ってまさにそのような悪臭を放っていたんだろう。あるいは、やっぱり糞が混ざっていたのかもしれなかった。そういうわけで、換気扇を設置した。神経が参ってしまうほどブンブンとうるさかったが、さっぱり効果がなかった。

それでも、その空間にも利点はあった。というのも、まだびっしり詰まったビールケースが大量に

21　一九八〇年代のジャーマン・ニューウェーブを代表する、西ベルリン出身のバンド（活動期間は一九八〇～八三年）。

置いてあった。持ち主が引き取りに来なかったものだった。賞味期限は切れていたが、最近知ったところでは、賞味期限とはただ単に最良の質を保証する期間のことで、それを過ぎたからといって賞味できないわけじゃない。だから、それはむしろ基準値なのである。

ともかく、ビールはまだ飲むことができた。味もなかなか悪くなかった。俺はかなり激しい下痢が長期にわたって続いたが、他のありとあらゆることのせいかもしれなかった。この無料ビールを通して、もう朝っぱらから酒を飲むという素晴らしいアイディアを得た。晩になって飲んで、それから寝てしまうなんて、まさしく罪にも相当する浪費じゃないか。なんのために飲むんだろう、もったいない。その空間がいくぶん快適になるよう、俺たちはたくさんのケースで壁を築きあげた。そうしてできたビールケース壁の一面に、シュヴェリーン劇場の絵を一枚掛けた。小さな通りが一本描かれていた。そうしたところで音の響きは期待したほど改善されなかったが、少なくとも芸術的で高尚な感じがした。それからティルが実家のまだきれいな革のソファーを犠牲にして、リハ場に持ってきてくれた。当然のことながら、俺たちはいまやこれから先の何週間も、あるいは何年間も、その空間で過ごすつもりであった。そして、本当に素晴らしい日々になった。

昼休憩のあいだ、俺たちはしょっちゅう、もう外出しないでソファーに座って飯をがっついた。もっとも練習する気のない奴がインド料理店に走っていき、皆になにかを持ってきた。実のところ、西側のすべてが悪いわけじゃなかった。いまやほとんど二十四時間、かなり美味いものを買うことができた。

統一後、俺たちのもとに最初にやってきたのは中華の屋台だった。俺たちは目をうつろにして、グルタミン酸で表情が眠り込んでしまうまで、あの巨大な麺料理をのみこんだものだった。ギリシャの、メキシコの、ベトナムのレストランがそれに続いた。

アフリカ料理も食べたことがある。肉の中に、まだ骨が残っていた。そうだ、オーストラリア料理店にも行ったことがある。食事は悪くなかったが、テーブル脇にドレッドヘアーの若者がしゃがみ込んでいて、延々とディジュリドゥを吹いていた。俺が馬鹿にするようなことを言ったら、なんと隣のテーブルに男の彼女が座っていた。わけてもインド料理が、俺たちの人生をとてつもなく豊かなものにしてくれた。あんなに簡単で、それでいて美味しい。実に俺たちは何週間もひっきりなしに、まったく同じ料理を昼に食べ続けたこともあった。俺たち東独出身の人間には、おまけにクッキングバナナもあった。バナナを持っているところをそんなに頻繁に見られないよう、統一後はかなり気をつけながら、よく食べたものだった。[22] バナナ料理はメニューの二十三番だった。びっくりしたことに、他のインド料理店でもその番号だった。世界中でそうなのか？　だとしたら、俺たちミュージシャンにとって注文するのがかなり楽になる。とにかくいつも二十三番で。というのもアメリカで、インド料理がベルリンと同じ名前で呼ばれていることに気づいた。最初はてっきり、ウェイターがドイツ語のメニューを持ってきたとばかり思っていた。でもチキンはドイツ語ですらないか。ともかくチキン・ティッカはいつもチキン・ティッカ。ベルリンだろうと、ストックホルムだろうと、ニューヨークだろうと。それともこれはでたらめか？　なんたって俺は、ピザ・ナポリがいつも同じものを意味

22　旧東ドイツではバナナが限られた量でしか輸入されておらず、日常的に手に入らないものだった。そのためベルリンの壁の崩壊後はとりわけ食料欠乏の象徴となり、西側の政治家が「ドイツが統一すれば毎日バナナが食べられます」と喧伝するほどになっていた。統一後、バナナに群がる東ドイツ人が西ドイツ人の嘲笑の的になっていったと言われる。

すると気づいたとき、もう四十歳を超えていた。オリーブとトマトソースが一緒になったやつ。そういうのは、ただ単に想像でつけた名前だと思っていた。ナポリがドイツ語のネアーペルだということすら知らなかった。ピザ・フンギはキノコの入ったピザのことで、ラテン語からきている。医者からもらうカビ菌用の軟膏にも、なにやらフンギと書いてあるなぁ。

バンドと一緒に遠く世界を旅できるのは本当に素晴らしいことだ。食事にしてからすでに、外国で演奏する理由の一つになる。とはいえベルリンにいても、言ったように、いいものをたくさん食べることができた。

短期間だったが、俺たちのすぐ隣で、ロシアの女がグラッシュをはじめとする肉料理を提供していたことがあった。「男には肉が必要だよ！」女はそう説明した。いらい俺たちは、その女を肉女と呼んだ。肉女の料理のあとでは、もうソファーから起き上がる気力がなかった。男には肉が必要だというなら、満悦後は疲れるのである。セックスのあとだって、男たちはできることなら寝てしまいたい。そして女たちは、すっかり失望してそんな男たちを見やるのである。

俺たちのいた建物入り口の向かい側では、職業訓練期間にたまたまシュナイダーと同じクラスだった双子がケバブ屋を営んでいた。そのケバブは明らかにさほどの人気がなく、棒芯に、乾ききってパサパサになった肉の塊がいくつかぶら下がっているだけのときもあった。俺たちは絶対に食べたくなかったが、それを上手く利用するいい方法を見つけた。あの頃、俺たちはなかなか時間通りにリハをはじめられないでいた。一人ないしは数人が、よく遅刻してきた。最後に来た者がワインを一本持ってこなくちゃならないとしてみたが、これじゃまったく上手くいかなかった。遅刻するその本人が、自分が最後だってどうしてわかる？　さらに遅れてくる者がいるかもしれないんだ。おまけにワインを一本買うなんて痛くも痒くもなく、むしろ皆で飲めるワインが最低一本はあることになった。となると、喜んで遅刻した。

そういうわけで俺たちは、遅刻者には新たな罰則を編みだすことにした。最後に来た者は、他の者たちの目の前で双子の店のケバブを食べなきゃならないとした。こればかりは誰もがお断りだった。そしてもうこの罰で脅すだけで効き目があって、俺たちはそれいらいまた比較的時間きっかりに、のそのそと地下室に集まった。あそこがそれほどひどいわけでもなかった。言ったように、ちょっと腐ったような臭いがして、冬はとても寒かったくらい。ときには重い鉄扉の鍵が上手く回らなくて、新鮮な空気のもとに出るまで、リハ後に三十分も押したり引いたりしなくちゃならなかった。

おそらく隣はもっとひどい状態だった。そこはザ・鍾乳洞と呼ばれていて、明るいわけでも、湿気なくカラッとしているわけでもなかったのは確かだった。その前を通り過ぎると、そこからも、なんとも定義しがたい音が轟いてくるんだった。インチタボカタブルス[23]がリハをしていた。俺たちのもとでベースを弾くために、オリーが去ったバンド。インチスは——俺たちはその完全な名前を発音する気がなかったからそう呼んでいた——俺たちよりも、もっとずっと成功していた。もはや一つひとつのコンサートを行うんじゃなくて、一続きのツアーに出ていた。それ専用のナイトライナーが迎えに来ていた。巨大なバスで、ベッドがたくさんしつらえてあった。バスがリハ場前の中庭に停まっていたとき、さっと中を見せてもらったところ、すべてがとても豪華に思えた。自分たちの知っているロ

23　ベルリン出身のバンド（活動期間は一九九一～二〇〇二年）。

ックバンドがそんな素晴らしいバスに乗れるなんて、理解できなかった。そういうのはローリング・ストーンズとか、そういうバンドだけだと思っていた。夜、コンサートのあとで次の会場に連れていってもらえるという考え自体が、すでに偉大だった。

俺たちはあの頃、そういうわけでインチスがもう必要としなくなった小さなバスで、コンサート会場へと移動していた。ロストックで一度、彼らから借りたバスの鍵を無くしてしまうという失態をやらかしてしまい、コンサート後、馬鹿みたいにバスの前でぶらぶらしていた。ちょうどそこをインチスがナイトライナーで、俺たちのジレンマなど露ほども知らず、前を通り過ぎていった。まだ携帯がない時代だった。でなければ、彼らからスペアキーがもらえたかもしれなかった。いつしかＡＤＡＣ[24]が来て、俺たちを積み込んでいった。俺たちは、俺たちの、あるいはインチスのバスの中で、すっかり無気力になって座りっぱなしだった。

コンサートのさいに、ロベン・アンド・ヴィーンチェス[25]でバスを借りたこともあった。その場合は土曜日の朝、引っ越し用に車を必要とする学生たちの案件がすっかり片付くまで、いつも延々と列に並ばされることになった。車を返すときはもっと不愉快で、日曜日の遅い晩に、欠陥や傷がないか、とても細かいところまであら捜しされるんだった。俺たちはすっかり二日酔いしてその横に立ちつくし、さっさと家に帰りたいか、トイレに行きたいんであった。

俺たちになにができたというんだろう。ツアーがないうちはナイトライナーもなく、レコード契約がないうちはツアーもなかった。いいコンサートと、送られてくるその他大勢のテープのなかで頭一つ抜きんでている上出来のデモテープがなかったら、レコード契約もなかった。だから俺たちにできたことは、ひたすら練習することだった。一週間の毎日。週末も。

俺たちは日々をリハ場で過ごした。自分たちはどうしてこんなことをしているんだろう、と悩むことなど一瞬たりともなく、自動的に足が向かった。すべての自由時間を使ってずっと練習していたと言ってもいい。俺は後ろの壁際にいて、ドラムの横に座っていた。シュナイダーの盤が——俺が言っているのはドラムシンバル盤のことで、骨盤のことじゃない——俺の右耳のほぼ十センチのところにあった。彼が叩きまくるたびに俺の頭にガンガン響き、何秒かなにも聞こえなくなった。そもそも俺たちのところはとても大音量だった。リハに使っていたスピーカーは、俺たちが共和国宮殿劇場から譲り受けたものだった。統一後に、相当な数の装置一式の片付けを手伝ったからだった。そのスピーカーは劇場一つ、丸ごとしっかり音を響かせるための代物だった。

曲を聴きにプロデューサーが初めてリハ場にやってきたとき、彼はすぐさま両方の耳を栓でふさぎ、それいらい俺たちのところにいるときは、もう外さなかった。俺には理解できなかった。わざわざ俺たちを聴くために来ているのに、どうしてそんなことをするんだろう、と。だが数年前から、俺もいまやリハ場では耳栓をしており、もっといぜんからそうしていなかったことが少し腹立たしくもある。耳は一度壊れてしまうと、もう元通りにはならないんだ。だが若いうちはそういうことを考えない。思いきり音を出すためにリハ場に行くんだ。俺たちのうち誰一人として、それを仕事と呼ぼうとする者はいなかっただろう。そのつどリハ場に行くのは自由な決断で、俺たちはビタ一文もらっていなか

24　ＪＡＦ（日本自動車連盟）に相当するドイツの組織。

25　レンタカー会社。

った。仕事というと、俺は義務でしなければならないことを想像する。あるいは、それで生計を立てることのできるなにかを。音楽で金を稼げる日が来るかなんて、だが、ぜんぜんわかっていなかった。日々、制限もなく、ともに音楽に打ち込める状況だけでもうすでに、俺たちはすっかり幸せでいられた。そのためなら俺は金だって払っていただろう。というのは言い過ぎで、ほとんど嘘だが、そこに本当になにか大きなことが生じているという予感がなかったら——実体があって、俺たちをひょっとしたら将来食わせてくれるかもしれない大きなこと——いつまであれほど陽気にリハ場で一緒にこもっていられただろう？　思うに、誰も、どうにか生きていくために、ふたたびなんらかの仕事に就く気はなかった。だが、ハローワークに頼らなければならなくなる日が来るのでは、と不安に思う気持ちはどんどん減っていった。そのような感触を、俺たちは直接リハからくみ取っていた。とりわけ、小さなアイディアから本格的な曲を作っていけると自分たち自身が気づいたときに。もちろん、ときに週末に行っていた初期のコンサートの数々からも。

　俺たちは、可能な限り場数（ばかず）を踏むことにした。そのさい、つねに極限まで努力を惜しまなかった。人々を俺たちのファンにしたかった。曲の特定の場所にきたら、観客の反応に細心の注意を払った。その都度、あらたに自分たちを証明しなくちゃならなかった。というのも、人々に気に入ってもらえなかったら、その次はもう誰もコンサートに来てくれなかっただろうから。当初、人々が集まったのはおうおうにして、ただ単に彼らが毎週末に行きつけのクルトゥアハウス[26]に足を運んだからだった。どのバンドが登場するかはどうでもよく、肝心だったのは、そもそもなにかがあることだった。音楽はしばしば過大評価されるが、たいていの若者たちは、要するに女と出会いたいだけだった。それが可能だったのが、唯一、土曜日の晩の村でのパーティーだったのである。べつに馬鹿にして言っているんじゃない。というのも、まさに俺たちはそこで、もっとも素晴らしいコンサートを二、三、経験していた。ようやく他の種類の音楽が聴けた、と人々は喜んでくれた。そしてもちろん、フィーリング・B、ディ・フィルマ、インチタボカタブルスとかなんとかポスターに書いてあったから来た人たちもいた。東側ではこれらのバンドが比較的人気で、とりわけ若者たちのあいだで聴かれていた。一方で、体制に受け入れられてきた従来の東ドイツバンドはますます意義を失っていった。幸いなことに、俺たちのなかでそういうバンドで演奏したことのある奴はいなかった。そもそも俺たちは音楽的にぜんぜん違っていた。俺たちラムシュタインは、当初はひたすら東側で、もうフィーリング・Bやディ・フィルマで登場していたことのあるクラブで演奏していた。

　フィーリング・B時代のマネージャーが、たいしてもったいぶるでもなく、新しいプロジェクトのコンサートを世話してくれた。大概の主催者を、まだ個人的に知っていた。そういうわけで俺たちは、人前で演奏することにじょじょに慣れていくことができた。というのも、俺たちはそれまでのバンドでもうたくさんコンサートを行っていたが、いまやもうまた緊張が俺をとらえていた。それまでいたパンクバンドで一度も感じたことのない気持ちだった。なにしろパンクには失敗が織り込み済みなものだから。

　もっとも苦労したのが、おそらくティルだった。楽器の後ろに隠れられなかったし、自分のしっかりした声で歌わなければならなかったから。それ自体、なにかとても個人の内面に関わること。さい

26　文化センターの類。

わい緊張がバレないようにするための術を、ティルはかなり完璧にマスターしていた。人に眼をのぞかれることのないよう、溶接工用の眼鏡を調達したんだ。するとティルは、細い隙間から観客を見ることになった。眼鏡をかけたティルが、好感の持てる大きな昆虫に似ていたことは誰も言わなかったから、ティルはどのコンサートでもかけた。そのことを知っていたとしても、おそらくそのままかけ続けていただろう。なぜなら眼鏡が本当によくティルを守ったんだ。少なくとも、最初のうちは。

　いつしか眼鏡は不意に無くなった。コンサート後、完全に酔っぱらった状態で持ち物をひとまとめにするときに、あらゆることに気を配るのは不可能も同然だった。俺たちには個々の衣装を気にかけるのとは別の関心事もあって、いつもなにかを忘れた。俺がトレンチハットを無くしたときは、ちょっと悲しかった。一九九三年、タラハシーで伝説的な五十ドル札で買ったものだった。襟から雨水が入ってしまうほど土砂降りの日のことで、値段なんてどうでもよかった。そのハットが無くなってしまった。いい帽子は見つけるのが難しい。俺はいぜん公園で、両側にボンボン三つ編みのついたペルーの民俗的な網帽子の類を見つけたことがある。あれはとても便利で、寒い日には両方のおさげをあごの下で結ぶことができた。バンドはというと、さほど面白いと思ってくれなかった。ある晩、コンサート前に、ニット帽は燃えながら楽屋の窓から吹っ飛んでいった。

　コンサート後は、皆で集まれただけで嬉しかった。とはいえ、ときに俺自身が探されねばならない当人だった。機嫌が悪かったら、観客のなかのスキンヘッドとかキーボードの打ち間違いとか、そんな些細なきっかけだけでもう十分で、いつもさっさと家に帰りたがった。どんなに遠く離れたところからでも、かまいやしなかった。

　夜にドレースデンからベルリン行きの列車に乗って、車掌を待ったこともある。[27]車掌がその号車にやってくると、コンパートメントにいた全員が、飛び上がって座席の下に隠れた。乗車賃を浮かすべく、俺も続いて隠れようかと迷ったが、そのときには車掌がコンパートメントにいた。他の連中は残りの旅中、座席の下に寝そべったままだった。ロストックからも、夜に帰ったことがある。そういうわけでバンドが船乗りたちの宿をすっかり荒らしたとき、俺はその機を逃した。次の日には、大きなゴミ回収コンテナが呼ばれなくてはならなかったという。そんなふうにして自分の金を一気に使うこともできるんだ。ひじょうに面白いやり方。

そうして列車に揺られて、しだいに陶酔が静まっていくのと酔いが回りはじめるのを感じながら、毎回、俺は自分の短気を後悔して、バンドと一緒に残っていればよかったと思うんだった。大人げないこの反抗心がどこから来るのか、さっぱりわからない。いったんキレると、もう我慢できないんだ。ともかくプライドが邪魔して、俺はあまりにも馬鹿で、皆と一緒になれなかった。

ツアー最終回となるコンサートのあとで、駅に向かったこともあった。バスの運転手が俺に向かって、なにか馬鹿々しいことを言ったんだった。ツアー監督が車で追いかけてきて、バスの横につけるなり、説得を試みた。だが俺はあまりにもプライドが高くて、馬鹿だったから、一緒になれなかった。駅に着くと、そこはもう閉まっていて、ふたたび開くまで当地のホームレスたちと一緒に通りで待たねばならなかった。とはいえ、すぐに俺の列車が来たわけでもなかったが。そういうわけで、何

27 ドイツの公共交通機関には改札口がなく、車内で乗客が乗車券を持っているかどうかの抜き打ち検査があるだけである。長距離列車で乗車前に切符が買えない場合は、乗車後に車内で買うこともできる。

時間もホームレスたちの話に耳を傾けることになったが、ひっきりなしに触られるのはごめんだった。

別のときなどはファンのもとで三時間、自分の荷物にくるまって床の上に寝ていたこともあった。その後、道端に立って、ドレースデンからベルリンまでヒッチハイクで帰ることにした。俺が着ていたのは短すぎる茶色のスーツだった。あるコンサートのあと、俺たちの泊まることになっていた家で見つけたものだった。その家の持ち主は直前に亡くなっていた。あの晩、俺はスーツに大量のマスタードとビールをこぼしていた。そんな状態で、殺人的に酒臭いのが自分でもわかるほどだった。それでも乗せてくれた親切な運転手は、おまけに学校の先生で、一文ごとに俺の言い間違いを指摘してくれた。俺の言ったことは、ともかくどれも馬鹿げていた。すべてが恥ずかしくてならなかったが、ひとえに家に帰りたいが故(ゆえ)なんだった。

要するに、俺たちのバンド史のはじめには、ひじょうにスリリングなコンサートの時代があった。西ドイツではいまだに外国旅行をしている気分だった。人々が快く受け入れてくれなかったわけじゃなかったが、俺たちはまだ無名だったから、ほとんど誰も来なかった。ハンブルクのクラブ・ロゴで演奏したとき、数えられる観客は八人だった。まさにその八人を、俺たちは味方につけようとした。それがまた面白かった。ドイツで最初の成功を手にしたあとで、ひょっとしたら俺たちは、だから喜んで外国に赴いた。ひたすらまた見知らぬ人々の前で演奏するために。

初期のコンサートへの旅路は喜び以外の何物でもなかった。俺たちは午前中にどれか一つのバスに乗り込んで、わずかばかりの全財産を積んで出発した。俺はまだサンプラー用の鞄を持っておらず、だからバスの中ではサンプラーを縦にして、前方の座席と座席のあいだに置いて、その上に座った。そうして俺にも座席ができた。俺たちはあらゆるサービスエリアに寄った。九〇年代のはじめ、そういうところの食事は不味くて食べられたもんじゃなかった。というか、よくあんなものを差し出したと思う。そういう観点では苦に慣れっこになっていた東側出身の俺たちにだって、それがわかった。ハイセ・ヘクセ[28]の味を、まだ誰か知っているだろうか？　おまけに食べ物の値段が、突然いっきに吊り上げられた。俺たちは呆気にとられ、ありえないと思い、もちろん新たな金額を支払うつもりは毛頭なかった。そういうわけで、サービスエリアでは手に入れられるものをちょろまかしていった。サングラス、新聞、靴、ガソリンを容器ごと、クッキー、チョコレート、シュナップス等々、まさに旅の必需品。ただしビールだけはそのかいがなかった。出発するさいは、ベルリンでちょいと音楽ショップにも寄った。それが西側に参入したことに対する俺たちなりの答え――と、いまなら言えるが、実のところはまだ高価な西側の楽器を買う金が十分になかったんだった。それに俺たちは、そう呼ぼうというのであれば、窃盗という名のその冒険が大好きだった。シュヴェリーン出身の者であれば、そこまで顔が割れていなかったから、まだベルリンの音楽ショップに立ち寄ることもできた。俺はそれこそ何時間でもいろんな店の楽器の前につっ立って、そこで働くミュージシャン崩れの一人が、恐れ多くも俺に説明してくれるまで待った。ティルの場合はやり方が違った。俺たちが必要としている部品をさっと小脇に抱えると、待っている俺たちのバスへと猛ダッシュした。あの時代、東側の店から多くのものが盗まれた。それをやめさせるべく、しだいに警備員が雇われるようになった。すると

28　一九八〇年代後半から九〇年代のドイツで流行ったコンビニ食品ブランドの一つ。自動販売機でも買えるハンバーガーやホットドッグなどがあった。

彼らが俺たちの行く手を阻んだが、彼らには必要とされた断固たる決意が欠けていた。一連の行動では、俺がおそらく他の誰よりも興奮していた。

あの頃は、生活のすべてがとてつもなく冒険に満ちたものに思えた。たいていはもちろんコンサートが。それはもう準備の段階ではじまっていた。どの曲を演奏するんだっけ？　ひょっとして新しい曲の一つも？　二度目のリフレインの先はどうなるんだったか、皆でちゃんと決めていたわけじゃなかったが、素晴らしく乱暴なリフの入っているあの曲のこと？　野菜箱もまた持っていってみようか？　最初の曲で俺が閉じ込められることになっている？　というのも俺はひじょうに危険な人物で、檻の中に入れられなくちゃならなかったから？　もちろん、それを現実に信じる者はいなかった。びっくりさせるために、俺たちはその箱を紙で覆い、そのまま火を点けた。とても見栄えが良かったし、紙は檻からずり落ちたあともそのまま舞台で燃え続けたから、ちゃんと臭いもした。すると俺が現れるのだった。ときには幕にも火が燃え移ったことがあった。ある曲では、ティルがガスマスクをつけることになっていた。手持ちのものがあったから、という単純な理由からだった。

なにを着たいかで喧嘩をしたのも楽しかった。はじめたばかりの頃は、各人が舞台上で各人のいいと思うものを着ていたが、俺たちは、もっと強く映るように衣装を統一させたかった。一目見て、まとまっていることがわかるべきだった。そのために、いくつか面白い実験を行った。それこそ体ピッタリの白いランニングシャツだって試してみたこともあった。俺は子どもの頃からあれが嫌でたまらない。というのも、いつも着なくちゃならなくて、着るとあまりにもみすぼらしく見えた。ああいう下着を着るのは意地悪な管理人や庭いじりをする年金生活者、そして俺の親父だった。ようやっと大人になって、自分でなにを着てなにを着ないかが決められるのがいまや嬉しかったのに。もう決して、と人は決して言うべきじゃない。コンサートのために、俺はだからふたたび白いランニングシャツを着た。とはいえ最初の曲のときだけで、残りは上半身裸で演奏した。皆がそのようにして、それもさまになっていた。だが、バンドがメタリカも同じく下着アイディアを採用していたのを見ていらい、この話題は俺たちにとってもうすっかり解決済みになった。

それから、東ドイツ国防軍の戦闘服を着てみたこともあった。黒いオーバーオールで、もともと市街地での攻防戦のために作られたものだった。全員が同じものを試すやいなや、それが誰にでも同じように似合っているわけじゃないことに気づいた。二人にはとても似合っていた、と俺なら言うだろう。そういうわけで何人かは、もうまた独自のニュアンスを持ち込みはじめた。軍服をちぎってみたり、裾を折り返してみたり。そうして全体が、ますます奇妙な様相を呈していった。俺たちにはそれほど多くの時間が残されていなかった。フライベルクでのコンサートに向けて出発すべく、すぐにバスに乗らねばならなかった。

その恰好で見知らぬ街に降り立ったときには、自分たちがもうそれほどカッコイイ気がしなかった。通りの人々も、俺たちを見て呆気にとられていた。ロックスターを眺めている感じじゃなかった。それでも俺たちは気にしなかった。というのも、俺たちだってロックスターを気取っていたわけじゃなく、むしろ、すぐにでも大きな面倒を起こすバンドのつもりだった。演奏することになっていたクルトゥアハウスでは、その日の午後、真面目な少年少女ダンスグループが練習をしていた。ティルは若い娘たちを卑猥な言葉で驚かしては、楽しんでいた。

その後、食事に冷たいソーセージをもらった。そのソーセージがなにを想わせたか、わざわざ言うまでもないだろう。そういうわけで、ティルは一本、ズボンのチャックに突っ込んだ。コンサートのさなか、自らのペニスであるかのごとくふたたび取り出した。そういう話だったのかは知らないが、するとオリーがそのソーセージを口に含んだ。俺たち以外の誰一人として、それがただのソーセージであったのを見抜いた者はいなかった。俺ですらはっきりそうだと認識できず、やっぱり視線をそらした。純粋に調子に乗りすぎて、ティルはそれから顔の真ん前にぶら下がっていた照明を一つ粉々にした。

主催者は恐ろしく腹を立てて、報酬なんて渡すものかとなった。俺たちは平然と受け入れた。少なくとも俺は。バンドの残りは、その代わり、もう巻かれて階段の踊り場にあった絨毯を一つ、バスに詰め込んだ。それが済んだあとで、俺たちはふたたび会場に駆け戻り、グループでまとまって立って、その場にいた女たちの誰かが話しかけてくれますようにと期待した。男たちが集団でいながら話しかけられるチャンスなど、ほぼゼロである。それから学生寮へと移動した。誰が寝ることを考えていただろう？　しばしば俺たちは皆で一つの部屋で寝た。ついに女を連れて帰ることに成功した者がいたら、他の者たちにも、その享楽に参加することが許された——少なくとも耳で。あるいは、それこそ本格的に。俺たちはもう全員、同僚をセックスで経験済みだった。

コンサートのまえだろうとあとだろうと、ほんのちょっとでもパーティーの様子が伺えたら、俺たちは垂直立ちしておどけてみせた。満杯のビールグラスでジャグリングした。どんな音楽でも踊った。その場に誰がいたか、そもそも誰かが俺たちを見ていたか、あるいは俺たちと踊っていたかはどうでもよかった。三人組あるいは四人組になって、一人の可愛い娘をとりかこみ、一生懸命手に入れようとするものの無駄だった。俺たちは日中、通りで出会った人々に、コンサートに来るよう誘いもした。それが若い女だったら。あるいは誰か若い女を知っていたら。村のレストランで大食い競争を催したこともあった。誰がもっとも多くの芋団子(クネーデル)を平らげるか、見てみたかったんだ。あとになって自分たちの突き出た腹を相変わらず呪うことができたが、もちろんそうせずに、ひたすら大量のシュナップスを飲み干した。借りたバスでつるつるに凍った路面を滑って道から外れ、ひたすらシュナイダーの意識がしっかりしていたおかげで命拾いしたこともあった。舞台裏で、ペイントボールを装填した銃で二メートル離れた自分たちの裸の背中に命中させる練習をしたこともあった。これは痛かったが、実際に舞台上でやってみると、観客席からはなにをやっているのかまったくわからなかった。全部、自分たちであれこれ試した。俺たちに雇われていた人はいなかった。俺たちは保険にも入っていなかった。ホテルもなければ、リムジンも、シャトルバスもなかった。ツアーマネージャーも必要としていなかった。インタビューも受けなかったし、写真撮影にも行かなかった。ミーティングをすることもなければ、税理士やマネージャー、プロモーション担当者との打ち合わせもなかった。つまるところ、ともかく不愉快なことはなに一つなかった。俺たちは、ちょうどまさに自分たちでそうありたいと思ったままでいた。まさに理想的なバンドだった。メルヒェンの中にいるみたいに、手に手をとって世界へと飛び出していった。その後、バンドとともに経験したあらゆることをもってしても、俺たちをもはや初期のあの激烈な熱狂へといたらしめることはなかった。完売のスタジアムも、プライベートジェットも。エネルギーのあの初期の形は金で買えるものじゃないし、残念ながら、取っておくこともできないものである。

　盗んできた絨毯は、その後、ベルリンで売った。当時のマネージャーには、その売上金から報酬を支払った。俺たちの成長していくスピードに、彼はほとんどついてくることができなかった。俺たち自身だって、ほとんどできていなかった。そこで彼とは別れることになった。人間的観点だけからしたら、良くないことだった。だが、ミュージシャンがいい人間でなくちゃならないなんて誰が言う？　バンドが成長していくためには、きっと正しい決断だった。正しい、間違っているというのがそもそもあればの話だが。それに、彼と一緒であり続けたら俺たちがどんなふうになっていたかなんて、誰にも言うことはできない。そうこうするうちに、俺たちはまたいい仲だ。実のところ、ずっとそうあり続けてきたんだが、ときにプライベートを仕事から切り離すのは、どうにも難しい。

＊

ようやく陽の光を仰ぎみる。うわぁ、素晴らしい天気。それにしても暑い。俺は煙草に火を点けて、会場の後ろをぶらつく。もう吸いたくないんだが、煙草というものがいかにやめるのが難しいか、いつも思い知らされる。もっとも、二十年前に一度、思いがけずやめたことがあった。知人の女がクリスマスに、その場しのぎのプレゼントとしてアレン・カーの『禁煙セラピー』をくれた。二、三週間後、俺はその本を読み終えると、次の日には禁煙していた。人間が煙草を吸うべきだとしたら、煙突を持って生まれているはずであると書いてあった。あんまり馬鹿げていたから、たちどころに合点した。それいらい十年近く吸わなかった。残念なことにその本は、俺の場合、一度だけ効いている。いまは、ほんの少しだけ吸っている。少なくとも、そう自分に言い聞かせている。依存症を誘発するものについて、人が自分にどれだけ嘘をつけるか、いつもあきれるばかりだ。はまったら最後、自分を信じてしまう。真実を知りたい奴がどこにいる？　少なくとも俺はごめんだ。だから、ほんの、ほんの少しだけ吸っている。もはや禁煙しているも同然。次の日にはもう空になっている煙草ひと箱に目をつぶれば。

あそこの奥に、俺たちのトラックが停まっている。醜い茶緑色に塗ってある。というのも、どこぞの運送会社から借りたトラックがそういう色をしていた。ほとんど東ドイツのトラックのよう。当時はDEUTRANS（ドイトランス）かAUTOTRANS（アウトトランス）という二つのロゴだけを知っていた。サービスと書かれた車もあった。それがどういう意味なのか、誰にもわからなかった。普通は車になにも書いてなかった。東ドイツの人間にとって、そうするにはあまりにもったいなかった。だから一九八九年に初めて西ドイツをドライブして、俺たちはなんとも驚いた。どのトラックにも違うことが書いてあるじゃないか。俺たちのお気に入りは糞のような茶色のトラックで、オレンジ色で、茶色の頭蓋骨（ブラウンシェーデル）有限会社と書いてあった。その言葉を、すぐさま自分たちの語彙にした。そうして、コニャックやウィスキーのような茶色のシュナップスを茶色の頭蓋骨と呼んだ。アントン・灰を焼く人（アッシェンブレナー）も気に入った。殺人の巣（モルトホルスト）もなかなか悪くなかったし、Glunzという存在しない単語が書いてあるのも。そういう名称はバンド名としても素晴らしく使えるものだったが、もう運送会社の名前だったから、そいつらがきっと面白く思わなかっただろう。

俺たちのバンドトラックには、数年前はまだロックンロール運搬中（トラッキング）と書いてあって、ちょうど演奏する街を走っているのを見かけたときは、いつも嬉しかった。すると、本物のバンドとはこういうものだと想像していたとおりだった。誰かが語ってくれたところでは、エマーソン・レイク・アンド・パーマーにはトラックが三台あって、一台ごとに一人ずつ名前が書いてあったという。三台はつねにバンド名の順番で走っていたのか、自問したものである。心底、感動してしまった。当初、俺たちには小さなトラックが一台あるだけだったが、そこに自分たちの名前を書くなんて思いつきもしなかっただろう。トラックの前方座席には、俺たちがディゲダッグス[29]と名付けた三人組が座っていた。音響技師と照明技師、それからマクガイバーばりの能力を備えた舞台兼効果担当の三人組。

二十年後、ありとあらゆるフェスティバルに出演すべく、夏のワンシーズンのあいだ飛行機を一基借りて、そのレンタル飛行機にバンド名を貼り付けてみたことがあった。俺たち以外で、ひょっとしたらパイロット四人がそれを見たかもしれない。なんたって上空一万一千メートルを移動する人間はそういないし、空港で飛行機が待機するのはタンクローリーの後ろのどこか。俺たちはこのおふざけに千五百ユーロを支払い、もちろんその後、繰り返すこともなかった。ロックンロールは下火だと言うとき、俺はおそらくこういうことを言いたい。誰一人として、そのような素晴らしい無意味な浪費をしたい奴はもういない。ベントレーがプールを走る日はもう二度と来ない[30]。そもそも車で突っ込めるプールがない。ともかく俺たちのトラックを見て、ロックンロールを思う人はまずいない。

トラックの一群を少し仔細に眺めてみる。積み荷は下ろされている。電気トラックだけは別だ。ディーゼル発電機が固定されている。もうスイッチは入っていて、腕並みに太いケーブルを伝って電気が会場に流れている。いわば電気を持参しているというわけ。演奏しはじめたとたん地区全体が停電した、なんてこともいぜんはままあった。もちろん舞台上の俺たちのところも。いまはもうそういうことは起こらないが、その代わり、会場の後ろはディーゼル排ガスの臭いがひどい。ディーゼル排ガスはガソリンエンジンのそれより臭いがひどいと思う。すると俺の目の、というか心の鼻の前には、東ドイツのバスターミナルが浮かび上がってくる。それか、家の前で野菜を積み下ろしていた、なんらかの理由からエンジンを切っていなかったトラックが。俺は二、三歩、進んだ方がいい。するとそこはもっとひどい臭いがする。臭っているのはつまり電気トラックじゃなくて――いいか、長い単語がくるぞ——商品政策一環売店（マーチャンダイジングフェアカウフスシュタント）つきトラックの排ガスのせいなんだ。そこでは俺たちのTシャツをはじめとする、いわゆるバンド付属品のすべてを買うことができる。付属品（ツーベヘア）は、ところでスウェーデン語でTillbehör（ティル属品）という。ティルゆえに、俺たちは笑う。携帯はスウェーデンでFicktelefon（ファック電話）。これまたティルを想わせるから、もっと笑う。ようこそはTillkomma（ティルコマ）。もうここまでくると、陽気さはとどまるところを知らない。

　ともかく、俺たちはツアーにものすごい数の洋服を持っていく。売れるように、ラムシュタインに関することが書いてある。俺がそういうものを初めて見たのは一九八三年のことだった。当時のヴォーカルが、ストーンズのあのベロ・マークが描かれたTシャツを着ていた。曰く、アメリカでのコンサートで売店から盗んできた、とのことだった。そのまま逃げてきたんだという。Tシャツ一枚で奴の後を追うのは割に合わなかったとみえるが、俺にはどうにも理解できなかった。俺だったら、そんな大切なTシャツを決して奪わせはしなかったろうに。もちろん売店の連中にしてみれば、Tシャツはたくさんあったんだから、一枚くらいどうってことなかった。だが俺にとっては、そういうTシャツ一枚がそうとうな値打ちものだった。俺にとっては、もうすでにローリング・ストーンズの一部だっ[29]たから。だから、ヴォーカルがその遺産から平然と袖を切り取ってしまったときは、すっかり衝撃[30]を受けたのだった。

29　旧東ドイツのコミック雑誌『モザイク』に連載されていたコミックの主人公ディゲ、ダッグ、ディゲダッグの三人組のこと。

30　ザ・フーのキース・ムーン（一九四六～七八年）には、ロールスロイスごと自宅のプールに突っ込んだという伝説がある。

とはいえ、俺だって似たようなものだった。六年生のときにプリンツィープ[31]のレコードをアバの写真付きプラスチック袋と交換して、それを体操着用に使っていた。もちろんレコード一枚の方が袋一枚よりもはるかに貴重だったが、ブルース・ファンとして原則(イム・プリンツィープ)的に、プリンツィープというバンドをどう聴けばいいかわからなかった。曲の一つは「スーパーナンバー」と題されていて、だから素晴らしい曲(スーパーナンバー)を期待したんだが、それはただ付きあっている女の電話番号(テレフォーンナンバー)についての歌で、おまけにその番号は――俺の記憶が正しければ――つながらなかった。そういうわけで、汚い体操着をアバ袋に入れて闊歩したものだった。学校では宣伝や西側の概念が禁じられていたが、文句を言う奴はいなかった。アバはあらゆる価値判断の範疇を超えていた。残念なことに、あまりにもすぐに取っ手が切れてしまった。俺は袋を捨てて、本物のファンじゃないことが判明した。

なんでいまその話をしているんだ？　あぁそうだ、Tシャツだ。そうこうするうちに俺たちのコンサートでもTシャツが売られている。かなりたくさんの種類が。

いちばん初めのTシャツは全部で十枚しかなかった。のちに照明を担当することになった技師が手作りしてくれたものだった。彼がデザインして、それを近所のプリントショップに持っていったんだと思う。大きな一文字のRをデザインしたものだった。カッコよく、かつ他のものと間違われないように、そのRを古代ゲルマン語のルーン文字から採っていた。まずいことに、するとそれはちょっとハーケンクロイツのように見えたから、その後、やっぱりやめようとなった。次のRは東独製のマッチ箱から借用した。リーザで作られていたやつで、Rではじまっている。だが見栄えがいまいちだった。俺たちは探し続けた。ステッカー用にもいい印が必要だった。

東ドイツ時代、コンサートがあると、どのバンドもステッカーを詰めたトランクを一つ持っていった。ステッカー用の金庫は鉄の予備費とみなされた。非常時には、誰かが金庫に手をつけることもあった。なにしろ羽振りがいいときは二千マルク以上も入っていた。コンサートのたびにファンが俺たちに声をかけてきた——「ステッカーある？」当時のヴォーカルが西側に行けて、一万枚分のステッカーを刷ってきた。いまだに無くなっていない。俺はその後、そのときどきに住んでいた家のあらゆる家具や物に貼っていったが、相変わらず残っている。バンドそのものは二十年以上もまえから存在していないんだが。

ラモーンズももう存在しないが、そのTシャツを着ている人を日々新たに見かける。ラモーンズのTシャツを着ている人間は、超カッコイイとみなされる。そういうわけで不動産屋が、ウェブデザイナーが、弁護士が、銀行員がこぞって着飾り、若くて緩い印象を与えようとしている。ブラッド・ピットですら着ていたことがある。ラモーンズのベーシストはというと、ラムシュタインのTシャツを着ていた。もちろん俺たちは鼻高々だった。逆もまた然り。というのも彼はあの当時、俺たちの音楽を知っていたとおぼしきおそらく唯一の人間で、だから先駆者とみなすことができた。いわばウィン・ウィンの状況。この概念を俺自身が使うとは、我ながら驚愕してしまう。

ともかく俺たちは、Tシャツに名前をプリントするのをかなり早くにはじめていた。その後、歌にでてくる単語を並べたり歌詞の一部もプリントするようになった。歌詞によってはそれだけで読めるから、評判が良かった。例えば——「なんておまえはいい匂い」これならバンドと関係のない人でも

31 旧東ドイツで有名だったハードロックバンド（活動期間は一九七三〜九〇年）。

着られる。伝え聞いたところによると、もっとも人気だったのは「ファックしてぇ」と書かれたTシャツだったとのこと。曲の歌詞から採っているが、もちろん全世界共通で使用可能。少なくともそれに必要な勇気さえ持ち合わせていれば、の話で、俺自身は公の場で着る勇気がなかった。当初、俺たちはこれらのTシャツを自分たちでコンサート会場に持っていき、売っていたが、いつしかそれ専用の要員が一人同行するようになった。そうして俺たちは、しだいに大人数になっていった。

煙草がぜんぜん美味しくない。たぶん病気なんだ。煙草は喫煙者の体温計と言うから。美味しいうちはそんなに悪い状態じゃない。病気になるのは、だがいまはとてもよろしくない。ツアーの真っ最中なんだ。俺はさっさと煙草を投げ捨てる。煙草はいまや地面で燃え続けている。そんなふうに投げ捨ててしまったのが急に恥ずかしくなって、もう一度拾う。外国にいるんだった。いつも以上に自分の振る舞いに気をつけなきゃ。でないとドイツ人みんなに跳ね返ってしまう。煙草をそんなふうに投げ捨てたのがいまやもったいなくも思えて、ふたたび吸う。相変わらず美味しくない。平らなところで火を消す。吸い殻は持って帰るべきだろうか？　そうするとあとで服が臭くなるなぁ。結局、垣根の杭に突っ込む。虫が住んでなければいいが。

ゆっくり、ゆっくり、トラックに近づいていく。緩慢に動けば、そのぶん時間は早く過ぎていくに違いない。試しに立ち止まって、時間が過ぎるのに任せてみる。たいして面白くもなく、またのろのろと歩を進める。運転手たちがトラックの前に折り畳み式の椅子を広げて、レッドブルを飲みながら心地よさそうに談笑している。狭い侵入口や国境での待ち時間について、国境検査人たちを買収するとかナントカ、凍結した道路に無能なプロダクションリーダーがどうのこうの、といった話題。俺たちの、じゃなくて、過去のツアーのことらしい。そう期待してみる。他のバンドではどんなことが起きているのか、俺はいつも興味津々だから、目立たないようにそっと横で立ち聞きする。そうなんだ、ウータン・クランの連中はツアーに拳銃を持っていくのか。アメリカのバンドの技術者たちは、面倒くさいからってトラックに荷物ケースを重ねておくことはしないんだ。その代わりトラックを二倍に増やすんだって。なに？　どうせバンドが払う？　なるほど、なるほど。

いまやこんなにたくさんのトラックを抱えて移動しているなんて、いまだに事情がのみこめない。俺たちが全員そろって俺の車でコンサートに向かっていたのは、そんなに昔の話じゃない。ＡＭＣマタドールで、八席あった。最後列は座席が逆向きになっていて、後ろを眺めることができた。たいていティルがそこに座った。唯一、後ろ向きに走っても車酔いしなかったから。ほとんど寝ていた。隣の席に火炎放射器があった。

専属の音響スタッフがいなかった頃のことで、俺たちは会場に設営される設備に属する音響技師がいいサウンドを作ってくれるのに任せるしかなかった。コンサートのまえに少しごまをすっておいて、悪くない額の特別報酬を約束しておくと、もちろん、いくぶんいい音を響かせてもらえるチャンスが大きくなった。だが、その保証はなかった。できたことといえば、せいぜいのところ、サウンドが悪かったら俺たちじゃなくておまえの方に跳ね返ってくるんだぞ、と説明することくらいだった。もちろん、でたらめだった。バンドのサウンドがいまいちだったらいまいちなわけで、すると、もう人々はそのバンドをまた観ようとはならないのである。

出演した会場のほとんどがどれも似通っていて、俺たちにはどこも馴染みがあるような気がした。這うように車から降りてみると、そうした場所の少なからずはビールと灰と絶望の臭いが半端なかった。冬はひとまずばあちゃんが大きなタイル張りストーブに火をくべることもあった。コンサートがはじまると、部屋はとても暑くなり、俺たちは豚のように汗だくになった。湿気によるものだったのかもしれないが。ときには天井から結露した水が滴って、壁を伝って流れた。サンプラーのスイッチを入れるのに、ひとまずドライヤーで乾かさなくちゃならなかった。取ってこよう、と店の主人が通りを斜めに横切って、自分の家まで行ってくれた。そういう村のホールはたいてい家族経営で成り立っていた。すると主人の娘がカウンターの後ろに立って、はにかみながらティルに微笑みかけるんだった。家の息子はというと、残念ながらスキンヘッドで、どうかもっと頻繁に来てくれよ、と懇願してきた。どうコメントすればいい？　コンサートそのものは、ものすごく楽しかった。シンネではファンたちがあまりにも熱狂して、それとも手違いからか、曲の途中で音響担当の襟元に大ジョッキのビールを注ぎ込んでしまったことがあった。彼は訳がわからなくなって、その場で立ち上がり、楽屋に戻ろうとした。だがそのさい、舞台のど真ん中を通る必要があった。奥に下がるにはそれしかなかった。音響担当が目の前を足早に去っていったとき、俺たちは曲のど真ん中だったから、にわかにうろたえた。舞台裏で、俺たちの食事だというひどく不味いパンの山半分で足を滑らせたようで、仰向けにすっころんだ。すると、大音量で演奏していたにもかかわらず、ガチャンと激しい音が聞こえた。

コンサートが終わって、楽屋がスキンヘッドに襲撃されたに違いないと主催者に説明したこともあった。だが抜け目ない相手は破片が外にあって室内にないことを示してみせて、だから俺たちが窓を弁償しなくちゃならなかった。そんな具合に、俺たちは人生を謳歌していった。あるいはローリング・ストーンズ風に言うと——いたるところで立小便事件を繰り返したのである。

少しずつ夕食の時間が近づいてくる。トラック運転手たちはくつろいだ様子で、食事にいこうと立ち上がる。そのなかに紛れてふたたび会場に戻る。さながら、羊の群れに混じってそっと敵のバリケードを抜けていくテレンス・ヒルになった気分。俺にしてみれば、すべてが冒険だ。自分の周りにひたすらワクワクする世界を想像してみる。すると、危険なことはなに一つ起こりえないものの、それでいてすべてが刺激的なものになる。

楽屋区域の手前には、光沢仕上げの写真が一枚貼ってある。中に入るための許可証に印刷されているやつ。バンドメンバー六人の顔が、指名手配書にあるみたいに写っている。俺は警備員に写真の中の顔を指さして、それと同じように見えるようにする。撮影はツアーがはじまる直前に、皆がまだ溌剌（はつらつ）としていたときになされたものだった。そうこうするうちに俺の口髭は伸びていき、俺以外にそれを愉快だと思う奴はいない。警備員はそれでも認識してくれて、俺はまた廊下に戻る。ひとまずティルと一緒の楽屋へと向かう。相変わらずまだいない。賢い狐だ。きっとまだホテルにいて、気兼ねなく眠っているに違いない。ティルは俺より就寝が遅いから。ひょっとしたら、また夜通し詩を書いていたのかもしれない。いま、そう思っているわけじゃないが、その可能性もなくはない。いずれにしろレッドブルをそうとう飲んでいたから、きっと眠れなかっただろう。とはいえ、眠れるようにウォッカも入っている。このエナジードリンクはコーヒーの五倍強いらしい。俺はファスナーにレッドブルをぶっかけてみるべきなんだ。

クーラーボックスをひっかき回す。もっと飲んでおかなくちゃ。俺はすっかり渇ききっている。あともう一時間しかない。というのも、コンサート直前に水分をとってしまうと、途中でなんとしても小便がしたくなってしまう。そうとう不愉快なことは、もういくつか経験済みだった。

俺はコンサート中にいなくなることができない。曲と曲のあいだといっても、ごくわずかな休憩があるだけだ。一度、曲の半分を抜けだしたところ、バンドが怒った。そういうわけで、その次はかまわずズボンに垂れ流した。この話をするのはかなり嫌である。とはいえ、それほどひどいわけでもなかった。人はたいてい知らない事柄に対して不安を抱く。実際にどうなるかがわからないものだから。言うなれば病気のときと同じようなもの。不確かな状態がいちばん悪い。もっとも、診断の方がマシなわけでもない。俺はともかくそういうことを考えちゃいけないんだ。とはいえもちろん毎晩、小便を垂れ流したいわけじゃない。それよりはコンサート前のしかるべきときに水を飲む方がいい。そのしかるべきときが、いまだ。

出しておいた水はまだちゃんとぬるくなっていないが、一気に最初の一本を空にする。0・5リットル。ひとまずはこれでいい。続けて次のボトルキャップをひねる。半分だけしか開けられなかったから、とりあえずソファーに腰掛けて、ボトルを凝視するとしよう。これじゃぁ退屈だ。話し相手になってくれる奴は相変わらずいない。俺の視線は壁へと向かう。灰色のコンクリートでできている。この空間にミュージシャンがいることを示唆するものは、本当になに一つない。これが成功の対価というやつだ。

それほどはるか昔でもなかったいぜん、俺たちはところ狭しとひしめきあって、煙の充満した一つの部屋に座りながら、朗らかに叫びあっていた。足元にはビールでできた池があった。壁という壁には、もはや小さな文字を書くスペースもなかった。ステッカーの持ち合わせがなかったバンドの場合、せめてなにか面白いことを書くか描くかしたんだった。とりわけセックスに関するテーマの場合、大いに創造性が発揮された。クラブの所有者が壁を塗り直してしまうほど心無いことは滅多になかった。オクラホマシティの小さなクラブでは、ある従業員がシド・ヴィシャスのサインを見せてくれた。ということは、あそこにシドが立っていた。よくよく考えれば、誰もがそこにあるそれを書きつけることができた。だが、それは本物だと信じる方が素敵だ。セックス・ピストルズがオクラホマにいたことなんてあっただろうか？　そうなんだったら、シド・ヴィシャスもそこら辺に座り込んでいたに違いない。それで、退屈して自分の名前を壁に書いたんだ。ミュージシャンの場合、年金生活者と違ってかなりの時間を持て余す。クラブ・インの時間になるまで待ち、サウンドチェックを待ち、食事を待つ。観客の入場許可を、コンサートを、それからすべてをまた撤収してよいとなるのを待つ。しまいにはバスがようやっと出発するのを。あいまにはビールを。これらの時間を橋渡しするのに足りるたくさんの冗談なんて存在しない。だから刺青師を連れていくバンドがあるのも驚くに値しない。ツアーの経過とともに、体中を色鮮やかに色づけてもらうんだ。すると、ツアーに出てもうどのくらい経つのか、体から見てとることもできる。その出で立ちで、ミュージシャンたちはもうまともな仕事に応募できない。少なからずのミュージシャンたちはそのことをわかっていて、それでもなおやり続ける。すべてを音楽に捧げていて、もう引き返せないことを示したいんだ。

俺自身もバックステージでタトゥーを入れてもらったことがある。バンドの同僚たちはその成果を見るにつけ、首を横に振っただけだった。俺としては東ドイツの監獄で彫られたようにしてほしかったんだが、彫り師がわかっていなかった。彼にはドイツ語が通じず、東ドイツがどうのといったことを理解してもらえなかった。あの国では監獄に収容された人たちだけがタトゥーを入れていて、そういう意味で、当然のことながら危険なように見えた。俺はというと、危険なように見えなかった。自分の腕にある絵を見たとき、さすがに笑ってしまった。いまだにそうで、鏡の前を通り過ぎるたびに笑ってしまう。

ドアが壁に当たって大きな音をたて、ティルが部屋に現れる。鞄をソファーに放り投げるやいなや、叫ぶ――「トム！」廊下でせわしない動き。「トォォォォム！」

トムは猛烈な勢いでやってきて、嬉しそうに挨拶をすませるなり、ティルがいろんな紙切れから読み上げるゲストの名前を懸命にメモしていく。一向に終わりそうにない。

トムはすっかり紅潮している。「任せとけ」と請け合う。「そいつら全員、入れてやろう」名前のいくつかはもはやきちんと判読できないが、なんとかなるだろう。

ティルは時計に目をやる。「畜生、もうこんな時間か」またたく間に脱ぎはじめると、あるバンド名の書かれたスポーツシャツをさっと身にまとう。それはそのバンドが、ティルが公の場で着てくれることを期待してプレゼントしたものだった。その名前を読むのは約一名で、それが俺。

体を鍛えるべく、もう浴室に消えている。そこには人型サンドバッグがあって、殴れるようになっている。体がひっくり返らないように、足には毎日、水が満たしてある。ティルはその男をもうボコボコにしていて、首は折れている。本物の首も、そんなふうに早く折れるんだろうか？

フィーリング・B時代に、殴り合いなるものを経験したことがある。そのときは決して人が生き延びられると思わなかった。だが、彼らはなんとまた立ち上がって、ビールを取りにいったのである。ときに人は打ちどころが悪かっただけで死んでしまう。すると相手は殺すつもりなんてこれっぽっちもなかったのに監獄行きだ。そのことは『事件現場』シリーズ[32]で知っている。とはいえもっともいいのは、おそらく殴り合いを回避することだ。悲しいかな、それはいつもそんな簡単に上手くいくとは限らない。俺の場合は、足が遅いからなおのこと。

平手打ちする様子や荒々しい息遣いが聞こえてくる。ティルはいったん出てくると、携帯をひっつかんで電話をしに会場の方へと走っていく。すぐに戻ってきて、殴打の続き。

彼の邪魔はしないことにして、また隣の部屋をのぞいてみることにする。他の連中はなにをしているだろう。オリーはサッカーボールをひたすら壁に向かって蹴っている。しばらくまえからその音が聞こえていたが、サウンドチェックがまだ続いているものと思っていた。ヒップホップバンドは、ボールをスタジオの窓に向かって蹴りながらベースドラムの低い響きを作るという。そういう話を聞いたことがある。

パウルは一種のベンチに座って、重量挙げをしている。相変わらず心地いい音楽が流れている。テーブルの上には、ブダペストから各々の家族に宛てた絵葉書が置いてある。二人とも、なんとまめな。おまけに切手も貼ってある。俺は、俺の鈍い無為をそう表現してよければ、少しリラックスする。そしてまた自分たちの部屋へと戻っていく。

＊

俺たちを写した写真の前をふたたび通り過ぎながら、初めてバンドで写真を撮ったときのことを想いだす。

俺たちはもう何度かステージを経験していた。だがちゃんと事前に告知したコンサートじゃなくて、

32　ドイツをメインにドイツ語圏で制作されている人気の殺人事件テレビドラマシリーズで、一九七〇年から現在まで続く長寿番組の一つ。

いつも、交友関係のあったバンドのもとでのサプライズゲストという体だった。いまや、それを変えていく必要があった。統一後、東側出身の多くの人々がそうしたように、安定した生活を築くべく、ある昔からの知人が新たな領域を切り拓こうと試みていた。そういうわけで彼はコンサート主催者として自分の力を試すことにして、ベルリンとその周辺でのロックコンサートを計画した。

今度こそ、彼はポツダム周辺の草原の真ん中で、小規模だが正真正銘のロックフェスティバルを定着させようとした。俺たちはバンドとしてまだ有名じゃなかったから、彼はおとりとしてインチタボカタブルスのスケジュールをおさえた。とりわけこのバンドの演奏していた中世ロックが、あの頃とても流行っていた。

それでももう少し人が集まるように、彼は『ティップ』紙上で告知しようとした。ベルリンのイベント情報をまとめた新聞で、おまけにいぜんはセックス広告がかなりたくさん載っていた。そこでの用語が、俺たちにはちっとも読み解けなかった。それとも本当に誰かが小便をひっかけられたかったんだろうか？　悪臭放つ足の持ち主を求めていた？　本当に人々はセックスを鑑賞してくれる誰かを探していたのか？　固い波ってなんのこと？　俺が知っていたのはドイツの新しい波だけだった。あらゆるパンクたちがそのジャーマン・ニューウェーブを、とりわけメンケ嬢を嫌い、彼女たちがあらゆる音楽ジャンルを壊してしまったと非難していたが、彼らとは正反対に、俺はみんなすごくいいと思っていた。マルクスですら[33]。

どうしていまその話をしているんだろう。あぁそうか、『ティップ』紙に固い波とあったからか。ともかく、紙面に俺たちの写真も載せることになった。セックス広告のところじゃなかったが。どういう写真にするか、誰が撮るのか、考えがあったわけじゃなかった。ふと、新聞のバックナンバーで目にしたバンドの写真はどれも同じようなものであることに気がついた。俺たちはどうにかして、そういうものとは違った形にしたかった。

そんなとき、俺はSバーン沿いの古道具屋に、歴史的な衣装を着て写真を撮ってもらうことのできる小さなアトリエがあったことを想いだした。そういう写真は、昔撮ったもののようにみえた。皆がそのアイディアを良しとして、俺たちはリハ後、連れ立ってその店へと足を運んだ。そこで働いていた女は、俺たちが大人数で来たものだから、いくぶん驚いていた。普段はたいてい個人かカップルが写真を撮ってもらいに立ち寄るくらいだった。俺たちはネガもよこしてもらえるよう、女を説得しなくちゃならなかった。でないと現像一枚だけしかもらえなかった。それともあれはポラロイド写真だった？

衣装を試す段階になって、ちゃんと着るものじゃなかったことが判明した。それは前側の半分だけからなっていて、後ろはゴムで結ぶようになっていた。だからどんな体型にも合わせられて、それ自体はとても都合が良かった。

俺たちは女の提案通りに立って、女が写真を撮った。そんなふうに簡単だったことはもう二度となかった。その後は俺たちも一緒にコンセプトを考えるようになったし、ときには写真家たちよりもよくわかっているつもりだったから。ともかく、俺たちは誇らしげにその写真をマネージャーに渡し、

33　メンケ嬢（一九六〇年〜）もマルクス（一九五九年〜）も、一九八〇年代のジャーマン・ニューウェーブ期に有名になった西ドイツの歌手。

彼がそれを新聞社に回した。その写真ではしかしながら、俺たちがどんな種類の音楽を披露するのか誰にも推測できなかった。ちょっぴりだが、一九三〇年代の流行歌を歌いそうにもみえた。コメディアン・ハーモニストみたいなアカペラとか。写真下の文句は、俺たちが立派なバンドであるかのような大口をたたいていた。そういうところで、とてもひどい、つまらないバンドが来るとはめったに書かれないものである。実のところはそうだとしても。

だが、写真も謳い文句もなんら人に響くことがなかった。東側出身のバンドに対する関心は、統一後のあの時代、一般的に言ってそれほど高くなかった。ポツダム入りしたとき、俺たちはそのことを悟った。

普通、主催者は、バンドが会場入りするまでの道のりを知っていて、まさにその通り沿いにコンサート用のポスターを二、三枚、貼っておく。バンドが喜ぶし、いかに主催者が用意周到であるかも一目瞭然だ。俺たちは、だがドレースデンでの別のコンサートから来ていて、驚くなかれ、そこでは友人づきあいのあったデカダンス[34]の前座として演奏していた。

デカダンスとのドレースデンでの晩はとてつもなく楽しく、そういうわけで俺たちは少し睡眠不足で、二日酔いして、主催者が想定していたのとはまさに別の出口から高速道路を降りて会場に向かった。だから俺たちのポスターは一枚もなく、あったのは巨大な横断幕だけで、そこにはこう書いてあった——君がオペルと言うときは、君がピーゴルシュを想うとき！　それで、ピーゴルシュを想うときはなにが起こるんだ？　俺のたどり着いた結論は、ピーゴルシュとはおそらくオペル社の車となんらかの関係のある男の名前だろうというものである。この横断幕のせいで、客の誰かがピーゴルシュを想っただろうか？　そしてフェスティバルに行っただろうか？

それは、むしろなかったと思う。結局、俺たちのもとには、宣伝記事と写真が新聞に掲載されていたにもかかわらず、実のところ誰も来なかった。ほぼ誰も。舞台の前にはただ細い一列をなす人々がいるだけで、それはもっぱら知人や親戚たちだった。これらの人々を前にして、他に誰も来なかったことが、俺たちにはもちろんますます恥ずかしかった。

あるメンバーの場合はしかも、両親が期待に満ちた表情で駆けつけていた。自分たちの息子が、あんなにもたくさん話題に上っていたその素晴らしいバンドで演奏する様子を見てみようじゃないか、というわけだった。両親を目にして、息子は凍りついた。もっとも災難なことに、俺たちは他のバンドから友人を一人連れていた。そいつは広がっていく鬱々とした気分から逃れるために、あるいはただ単に習慣から、ものすごい量の薬物を飲んでいた。ひょっとしたらまた別の理由からだったのかもしれないが、いずれにしても薬の作用にはどうでもよかった。そいつはコンサートの真っ最中に奥から舞台に上がってきたと思ったら、ひとまずアンプのあらゆるスイッチをひねくり回して、音の響きを自分の気に入る位置に調節していった。警備の者たちは奴を捕らえるのをためらった。というのも、俺たちがまさにそこで演奏していて、そいつは邪魔をしていないように見えたから。きっと俺たち全員が薬の影響下にあるかのように映っただろう。誰がバンドに属しているのか、いないのか、正確にわかる者はその場にいなかった。友人にしてもいまいちわかっておらず、そういうわけで、そいつはマイクをつかんで歌いはじめた。俺たちの歌を知らなかったものだから、自分のバンドの歌をうたい、

34　東ドイツ・ドレースデン出身のロックバンド（活動期間は一九八〇年代初頭〜）。

あたりかまわず俺たちのことを大声で罵倒しだした。俺たちは馬鹿みたいに舞台上に立ちつくして、奴をなだめようとしたが無駄だった。そんなことになるとは予想だにしていなかった。結局、俺たちはコンサートを中断してそいつをひっ捕らえて、ひとまず警備員が奴を殴ることのないように、バスの中に閉じ込めた。

　だがその後、俺たちはもうまともに気分に乗れず、コンサートが早く終わることだけを願った。俺は観客のなかにいる友人たちの方を向く勇気が持てず、そのかん、ずっとガタガタ激しく揺れていたバスの方に視線を向けていた。そうこうするうちに我らが友は、自分が閉じ込められたことに気づいていた。ようやっと演奏し終えると、俺たちはとっととベルリンに舞い戻った。俺たちは、インチスも住んでいた、占拠された建物[35]の前に車を停めた。彼らの住まいの下にはバーカウンターがあって、建物の住人たちとその友人たちが維持していた。閉めようとするのを思いとどまらせることができたあいだは、好きなだけ飲んでいられた。まさにそういうバーを、いま必要としていた。

　俺たちは、このひどいコンサートにすっかり参ってしまった。なにも起こることのないように、友人はバスの中に放っておいた。ちょうどバスに乗り込むさい、奴は俺たちに、まだ二、三のことを企ててやるぞと朗らかに伝えていた。コンサートを忘れてしまえるよう、俺たちは激しく酔おうとした。あの晩があんなにも悲しい展開をたどったのは、きっと写真のせいじゃなかった。

　にもかかわらず、俺たちはすぐに次の写真を撮影した。もう最初の写真を撮ったさいに、六人を一枚の写真に収めるのはいかに難しいかに気づいた。すると一人ひとりの顔がもうとても小さく、その下の上半身はみんな黒い塊になってしまう。つまるところ、皆が黒い物を着たがった。そこで俺たちは、次はティルだけを写すことに決めた。それも長いコートを着て、手には噴き上がる火の粉。残念ながら、火は写真に撮るのが難しい。

俺たちは夜にティルを中庭に立たせて、ティルはというと、写真家の号令に合わせて金や銀の手持ち花火に火を点けた。大晦日用の余りで、ティルが持っていたものだった。例の昆虫眼鏡をかけていたから、ティルだとわからなかった。幸いなことに、それはどうでもいいことだった。ティルがどんな顔をしているか、知る人はどのみちいなかったから。だが、それからやっぱりバンド全員の写真が必要になった。俺たちは最初の写真がすごく気に入っていたから——というのもそれはとても真剣な雰囲気を醸し出していて、そこに写った俺たちが本当に他のロックバンドのようには見えなかったから——その写真をもう一度、友人のもとで撮影することに決めた。今度は俺たちが自分たちの物を持ち込んだ。すると新たに撮った写真の方が、店の写真よりも質的にはるかに良かった。店の写真の方はぜんぜん使い道がなかった。四隅もカットされていた。そういうわけで、いまでもそれがオリジナルだとわかる。

＊

廊下にいると、シュナイダーがカタカタ言わせているのが聞こえてくる。電気ドラムで体を温めて

35 ベルリンの壁崩壊後の東ドイツでは、国有企業の崩壊と住民の西ドイツへの移住により多くの建物が空になっていたため、占拠して住み込もうと思えばそれが可能だった。

いるんだ。もちろん電子ドラムのことだが、電気と言う方がカッコよく聞こえると思う。『メトロポリス』っぽい。あるいは『出逢い（ザ・エレクトリック・ホースマン）』とか。この楽器はヘッドフォンをしているシュナイダーにはドラムのように響くが、俺にはまさに紙皿をカタカタ叩いているように聞こえる。

シュナイダーの楽屋のドアを開け、そっと足を踏み入れる。シュナイダーには俺が聞こえないし、見えもしない。もちろんなにも言わないから、俺は、俺のおばあちゃんの家にあった三匹の猿を想いだす。猿たちは一つにくっつけられていて、便利な能力をひとつも持っていなかったから、残念ながらそれで遊べなかった。しばらくシュナイダーを観察しているが、こっちに気づかない。俺はそっと部屋を出る。

それにしても、とつくづく思う、シュナイダーは本当に俺たちのなかでいちばん几帳面だ。コンサートの度に、事前にああやってちゃんと体を温めるだけじゃない。その存在からして、とても明晰でまっすぐなんだ。目標を立てて、しっかり頑張ってそれを実現させる。そういうところが、こちとらすっかり欠けている。俺の場合、なにかを実現させるとしたら、たいていそれは、自分でも最初はそんなことがあることすら知らなかったことだ。例えば大概の音楽賞について、俺はノミネートされてはじめてその存在を知る。それにひきかえシュナイダーは、見たところ自分のやりたいことやなりたいものについて、とてもはっきりしたイメージを持っている。俺が自分たちの楽屋に戻ると、そこも音楽が流れている。もちろん隣の部屋よりずっと大音量。

あぁ、もう着替えの曲じゃないか。コンサートの一時間前になると、ティルはいつも同じ曲リストをスタートさせる。それに合わせて、着替えながら歌い慣らすんだ。そういうわけで、曲ごとに残り時間があとどのくらいかわかる。一種の音響時計。もうそんな遅い時間なのか？　本当だ。俺はどうやら時間を取り違えてしまったにちがいない。俺たちの時計には線だけがあって、数字はない。すると一時間、間違えてしまうこともある。時計が斜めに掛けてあるとなおさらだ。さぁ、いよいよだぞ。俺は水を一本飲み干す。コンサート前の最後の水。それからトイレに向かう。

戻ってくると、ティルはもうブーツに足を押し込んでいる。俺は楽屋箪笥へと急ぎ、自分の物を引っ張りだす。なんてことだ、臭いが半端ない。最悪だ。もう非人間的。おまけに、まだ少し湿ってる。これをいま着るってのか？　なにも食べなかったのが不幸中の幸いだ。ほとんど吐き気を抑えられない状態だから。俺は着替えるのをあともう少し先延ばしすることにして、椅子に衣装を掛けておく。ふたたび箪笥に向かい、清潔な普段着を探しだす。コンサートのあとはこれを着よう。

この楽屋箪笥一式は、ケリー一家から譲り受けたものだった。家族から成るバンドで、一九九〇年代に何百万枚ものアルバムを売って、世界中で巨大なコンサートを行っていた。俺たちがある街のスタジアムライブで、チケットが完売したのを誇らしく思っていると、ライブ前夜に食事に招いてくれた主催者たちがこう語った――ケリー一家はそこで一週間、一日に二度演奏したんだぞ。ケリー家の父親が亡くなると、バンドは散り散りになった。もうツアーに出ることはなくなり、だからたくさんの楽屋箪笥も、もはや必要なくなった。そこで、俺たちがまとめてプレゼントしてもらったのである。

俺は洗濯済みの服と本の詰まった引き出しを開ける。プレゼントのいくつかも、もうそこに入っている。自分への、じゃない。俺はいつも、その国に特有なものを子どもたちに持って帰ろうとするが、しばしば、遠く離れた国で買う物が、ベルリンではもっとずっと安く存在していることに気づかされる。ニューヨークでは娘のためにインディアンの人形を買ったが、その後、それがバービー人形だと判明し、母親によって選り分けられてしまった。バービーがどんな姿をしているかなんて、どうして俺が知っていよう？　砂漠で自称祈禱師たちから買った、オリジナルだというインディアンの奇跡を起こす石も、ベルリンのガラクタ市の二つに一つで、半額で売っている。

パリやロンドンに行くとなったら、さらに難しくなる。家中、もうエッフェル塔や赤いロンドンバスでいっぱいだ。オーストラリアでの初めてのツアー後には、もう知り合いと親戚の皆にブーメランとカンガルーを配っていた。娘には、なんと缶詰に入っているカンガルー。だが、これはぬいぐるみで、肉じゃなかった。俺自身が意表を突かれてしまった。ブリキの缶にぬいぐるみとは。

なにかを見つけるのがますます難しくなるなかで、たまに助けになるのはガラクタ市くらいなものだ。俺自身がぜんぜん上手に意思疎通できなくて、いつも桁外れに大きな額を渡してしまう。それとも為替レートのイメージをすっかり間違えてしまうから。だからいまは、ホテルからメモ帳と鉛筆を持って出ることにしている。そうすると、そこにはときどき、ちょうど滞在している街の名前が書いてある。それであとになって、バンドと過ごしたときのいい想い出にもなる。

よし、清潔なTシャツとシャツがまだあるぞ。長袖でボタンがついているものを、俺はシャツと呼んでいる。それをどう正しく言うのかはわからないが。コンサートのあとですぐに見つけられるように、シャツをソファーの背もたれに掛けておく。ひとまず服を脱ごう。こんなに寒くなかったらいいのに。たちどころに鳥肌が立つ。ひょっとしたら俺は本当に病気なのかもしれないぞ。だがしかし、いまは気にしている場合じゃない。正確な順番をしっかり守るよう、集中しなくちゃならない。はじめに、いわゆるファック用ズボン。短い革ズボンで、ティルが一瞬でぱっと開けて俺の尻が露わになるように、後ろはジッパーだけで留めてある。ここは前側のファスナーに最大限の注意が必要だ。というのも、その下にはなにも身に着けていないから。きょうは脱毛クリームを塗るのにちょうどいい日だったかもしれないが、またしてもその機を逃してしまった。明日はちょっと早めに会場入りしよう。

今度は膝あて。これは作業用制服を扱っているところでなら買える代物だ。歩道に石を敷く作業員たちも、こういうやつを必要とする。俺は作業員たちがあの小さな石を敷いていくのを見るのが好きで、見ながらすっかり感心してしまう。俺たちの住んでいるところでは、なにやら新しいケーブルを敷くために、作業員たちが道路をすっかり掘り起こしたことがある。それから、歩道にまた石を敷いていった。まもなくして通りの角にあの馬鹿々々しいパーキングメーターが設置されて、最後にまた全部が閉じられた。

俺たちは石を敷くわけじゃないが、格子状の舞台で演奏している。照明が下から上へと抜けるようにするためだ。俺がそこに倒れ込むとき、あるいはティルが俺を引きずり回すとき、なにもなかったら膝の皮がボロボロになってしまう。というのも格子には、俺たちが滑ることのないように特別にザラザラ加工が施されている。ひとまず試しに跪いてみる。完璧だ、ちっとも痛くない。やわらかい絨毯の上で膝をついているのだから、当然といえば当然なんだが。ほんの少し、血管が締めつけられる。

俺はキラキラスーツの長ズボンに手を伸ばす。脚に合わせて縦にスリットが入っていて、コンサートのさなか、瞬時に脱げるようになっている。長ズボンをファック用ズボンの上に履き、リボン状についている磁石と磁石を合わせて、脚のスリットをふたたび閉める。磁石のリボンだけだとコンサート中の負荷に耐えられないから、俺たちはさらにスナップボタンを縫いつけなくちゃならなかった。そういうわけで磁石のリボンはすっかり意味をなさなくなったが、理論的にはこれで良し。

おつぎは靴。これは結婚式のときのもの。結婚式だけで履くのはもったいないように思えたから、その直後にはじまったツアーいらい舞台上で履き続けている。そうこうするうちに俺たちはもうたくさん演奏しているから、靴はすっかり使い古されている。

俺の結婚式と時を同じくして、ディーター・ボーレン[36]もこの銀の靴が気に入ったようで、これを履いて巨大な広告ポスターに写っていたことがあった。俺たち二人の好みが同じなのは面白かった。奴がこの靴をいまや公の場で履いているからといって、俺がそれを履かない理由にはならなかった。ディーター・ボーレンのせいで、新しい靴を買う気もなかった。

靴ひもを力いっぱい締める。舞台上でほどけることがあってはならない。かといって、二重の結び目を作ってもいけなかった。というのも、コンサートの最中に素早く脱ぎたいんだ。二重の結び目の場合、もうほどけなくなるほど固くなってしまうこともある。

その次はジャケット。待てよ、そのまえに化粧だ。大急ぎでバスルームに向かい、鏡の前に立ってヘアブラシを探す。そうこうするうちにバンドの残りもバスルームにいて、ブラシは使用中。

「よぉ、きょうは遅れ気味か？」目の周りを塗りながら、シュナイダーが訊いてくる。化粧はみんなが楽しめるところだ。日々、新しいなにかを試してみることができる。あるいは、少なくとも変装にちょっとしたバリエーションをつけるとか。ブラシを待つあいだ、俺はひとまず念入りに制汗剤を吹きつける。だが、服のひどい臭いにたいした効き目はなく、強いデオドラントで呼吸が楽になるわけでもない。バンド全員がうめき声をあげる。皆がハンカチであおぎだし、あからさまに化粧室を出ていく奴もいる。どうやら少し大袈裟だったようだ。だが毎晩、お気に入りの制汗剤の匂いがすると、俺は心が落ち着く。そしてようやく空いたブラシを引っつかむと、髪に分け目をつけていく。毛のほとんどがブラシに引っかかる。もうこれは尋常じゃない。俺の抜け毛は深刻だ。癌かなにかか？　違う、癌の場合は化学療法をすると毛がなくなるんだ。俺は鏡をのぞいてみる。生え際がどんどん後退している。角はもう角じゃなく、もはや点呼広場になっている。どこも地肌が透けて見える。畜生、歳をとっていく。もはや仕方のないことだが、それがこんなにも早く、誰にでも明らかに見てとれるような状態になっているのがすっかりショックだ。いっそ黒い靴用クリームを頭皮に塗るべきなんだ。そうしたら少なくとも遠くからそんなにはっきりと見えないだろう。その代わり、俺は手のひらにたっぷりとジェルをのせ、頭に広げる。そして、きれいに撫でつける。髪の毛がもっとあったらカッコよく見えるだろうな。そうしたら、せいぜいカラーリングしなきゃならないくらいだ。ジェルじゃ白髪けどうにもならない。さいわい俺は舞台の後ろに立っている。だから、そこまではっきり見えるわけじゃない。

急いで化粧に取りかかる。スポンジで顔に軽くパウダーを塗っていく。粉が舞い上がってしまわないように、トムが天然ゴムを混ぜてくれている。だがヘアージェルのつけすぎで、ジェルのついた部分が白くできない。そこがおかしなシミのようになり、俺には湿疹すらあるように見える。次は、もう少し早めに化粧をはじめなきゃ。

それでいて白く塗るいまの方が、コーヒーで化粧していたかつてよりもいい。俺たちの誰がコーヒー化粧を見出したのか、もう覚えていない。バンドに訊いたら、きっと全員が手を挙げるだろう。

36　西ドイツ出身の歌手兼音楽プロデューサー（一九五四年〜）。ポップ・デュオのモダン・トーキング（活動期間は一九八三〜八七年、九八〜二〇〇三年）のメンバーだったことでも知られる。

いずれにしろ俺じゃなかった。ともかくいつの頃だったか、俺たちはかなりドロッとしたコーヒーで自分たちを塗りたくりはじめた。それには少量の水で溶かしたインスタントコーヒーを使うのだ。すると完璧に強そうに見える。ちょっと血が流れているようで、それでいて土や泥とか錆がついているみたい。コーヒーの混ぜ具合と塗り方次第で、かなり繊細な濃淡の差をつけることもできる。

俺はというと、顔と腕にいつもやや固めに混ぜたやつを塗って、それからその上にもう少し薄いコーヒーをかけて、体にも滴らせていた。そのあとはもう椅子に腰を掛けてはならず、なんにも触れてはいけなかった。コーヒーの感触は糊のそれに似ていた。コンサートの最中、すると俺は、言うなればきまってキレてしまうんだった。要するにすっかり舞い上がってしまい、落ちつきを失った。鼓動も激しくなった。もはやまともに演奏できず、夜ももう眠れなかった。吐き気と病的な興奮を訴えると、バンドは俺に酒の量を減らすよう助言してくれた。それ自体はいいアドヴァイスだったが、そのときはいまいち助けにならなかった。俺は狂っていく、と思った。だがそれから、ものすごい量のコーヒーを肌に塗っていることに気がついた。それは体にも吸収されていたんだ。きっと毎晩、二十杯ものコーヒーを体から摂取していた。それも、何週間も。

そういうわけで、俺はカフェインレスコーヒーを調達することにした。不可解な理由から、それはもうしっかり肌につかなかった。そこで二種類のコーヒーで混合版を作ってみた。そういうやつが東ドイツにもあった。俺はまだあのフレーズを覚えている――おまえには女がいるが、すぐには欲しくないという。コーヒーミックスにしてごらん、そうすれば大人しく横になる。そこで意図されていたのは、おそらく、そのミックスであればカフェインがほとんど入っておらず、だからそのあとで問題なく眠ることができるということだった。それなら、まさにうってつけだ。俺の混合コーヒーは、いちおうまだ十分、体にくっついた。だが汗をかきはじめると、ベトベトする小川となって体を下へと流れ、それが乾くとつっぱって痒くなった。なにかに触れれば、当然のことながらそれもベトベトになった。俺はもうまともにキーボードが弾けなくなってしまった。というのも鍵盤がコーヒーまみれになって、指が何度も滑ってしまい、そのあとは指が鍵盤にべっとりくっついたままになった。なんといってもコーヒーの香りは良かったが。コーヒーを淹れるとき、俺は味よりも香りの方がいいと思う。

そんなツアーでは、俺たち全員がずっとコーヒーのとても美味しい匂いを放っている。なにせ汗と一緒になると、そういう匂いは衣服にしみついて離れない。座っているのが機内だろうとバスの中だろうと、いたるところでコーヒーの匂いがする。いま、日常生活のどこかでコーヒーの匂いを嗅ぐと、俺はすぐさま条件反射してしまい、すっかり興奮して汗をかきはじめる。もうコンサートがはじまる、と思うんだ。つまるところ、他のメンバーはコーヒーを使い続けている。バスルームではいつも誰かが声を上げている――もうコーヒーはできてるか？　そして皆で延々と、できたてのコーヒーの混ざり具合をめぐる歓談で盛り上がる。俺は口をはさめない。というのも、いまはピエロのように真っ白だ。ピエロなんて嫌だが、それでも俺はそういう化粧をしている。いちおうパウダーを使っている。またしても髭をそり忘れてしまった。化粧の下から無精髭がチクチクする。見栄えは良くないが、コンサートでは観客が俺から十メートル以上離れているから見えやしない。

さて、化粧鞄からペンシルアイライナーを探し出す。また芯が折れている。学校で使っていた鉛筆削りのような削り器もそこにある。俺はアイライナーのペン芯を削り、唇を黒く塗っていく。黒色がまんべんなく広がるように、唇をきつく上下にこすりつけ、鏡をのぞき込む。なかなか悪くない。それから唇の両端を丁寧になぞっていく。どんなふうに言えばいいか、女だったらわかるんだろうが。

完璧だ！　リップライナーだったら、こんなに上手くできなかっただろう。

今度はショー眼鏡。もう初期のコンサートの頃から、俺はサングラスをかけていた。というのも、普通の眼鏡だとあまりにも平凡に見えてしまい、保険代理店の営業マンか電気工見習いのようだと思った。ラムシュタインに加わるまで、そもそもコンサートのために着替えることがなかった。さすがにそれで寝てはいなかったものの、それまでの日々と同じような恰好で、さっさと舞台に上がっていた。いま、あの頃のコンサート写真を見て、どうして俺もその舞台にいるのか、わかるものはなにもない。俺がバンドと関係があるようには、あるいはそもそも音楽と関係があるようにはちっとも見えない。だがサングラスをかけてみると、いくぶんマシになった。が、そのぶん度がついていなかったから、輪郭がぼやけてしまった。どこぞの柱にぶつかったこともあれば、階段でつまずいたこともあった。するとティルが俺のために、ガソリンスタンドでオーバーサングラスを盗んできてくれた。それなら普通の眼鏡の上にかけることができた。とはいえ舞台上はかなり暗かったから、それでもほとんどなにも見えなかった。輪郭はくっきりしていたが。たまたまある友人が——そいつも眼鏡をかけている——度付きのサングラスを作ってもらうこともできると教えてくれた。そこで俺は眼鏡屋で最初のショー眼鏡を作ってもらい、コンサートではそれをかけることにした。コンサートのときだけ。というのも俺は、サングラスが耐えられない。そのあとも、暗い空間ではさほど見分けられなかった。そしてコンサートや楽屋というと、たいていは閉じられた、それほど明るくない空間がつきものである。いま、この瞬間もそうであるように。

俺は国防軍体操をしに、手探りでシャワー室へと向かう。体操中の俺を見た誰かがそう名付けたんだが、俺自身が国防軍にいたことはなかった。もちろん、連邦軍にいたことだってない。歳をとりすぎていたのもあったが、原則的に、その場合は自分自身と戦わなくちゃならなかっただろう。というのも連邦軍とは何年ものあいだ、俺たちの最大の敵だった。帝国主義的な大国の利益を力でもって貫き通す、攻撃的な傭兵隊である、と教え込まれてきたんだから。

ひとまず腕を回すことからはじめる。体を温めなくちゃならない。力一杯、両腕を高く振り上げる。そのさい左手をシャワーヘッドにぶつけてしまう。ここはともかく狭すぎるんだ。おぉ、なんと手の痛いこと！　骨を折ったに決まっている。もう指をぜんぜん動かせない。さいわい俺は左手でそんなに演奏しない。慎重に手をぶらぶらさせ、一歩、後ろに下がる。さぁ、体操続行。ひとまず前に二十回まわす、そうしたら後ろに二十回、おつぎは左右反対にまわして、その後は、またその逆。汗をかきはじめる。顔の化粧がもう崩れはじめる。俺の健康状態はどうなっているんだろう？　おそらく喫煙からくるんだ。今度はいったん首だけをまわすことにする。舞台上で、俺はときどき無意識に、拍子に合わせて首を上下に動かしはじめる。それで、俺自身がしなやかでないと、すべてが引きつってしまう。バンドのあいだで、俺たちはそれをバングの痛みと呼んでいる。ヘッドバンギングに由来するんだ。これは普通、長い髪でやるもんだが、俺は長髪の自分をあるコンサート映像で見たあと、すぐに短く切ってしまった。ゲアハルト・グンダーマン[37]のようだったから。まだ誰かわかる人はいるだろうか。あの、歌うパワーショベル運転手。

首を十回まわしたところで、目がくらくらする。それで、反対方向にまわすことにする。目の前が

37　東ドイツ出身のシンガーソングライター（一九五五〜一九九八年）。

すっかり暗くなり、壁タイルにぶつからないよう、つかまらなくちゃならない。周りがまともに見えていないもんだから、熱いシャワーホースに触れてしまい、もう一方の手の指を火傷する。水ぶくれができないように、すぐさま冷たい水をかけなくちゃ。だが、ひとまずホースからは熱いお湯しか出てこない。耐えがたい痛みだ。とはいえ、そこまでひどいとも思わない。というのも、凍傷のときはとりあえず冷たい水がいいと言うじゃないか。それはつまり、やられたことをやり返すことでこらえるということだ。にもかかわらず、指二本には水ぶくれができている。

　もう十分、体を動かしただろう。よろめきながら楽屋に戻る。ほんの少しソファーに座って一休みしたいところだが、いまやすっかり多くの人でごった返している。連中はどこからやってきたんだろう、さっぱりわからない。ティルはなんとか、もうすでに着替え終えている。ちょうど気前よくシャンパンとウォッカを注いでまわっている。ソファーには女たちが座っている。興奮してなにやら叫び、煙草を取り出すなり平気で吸いはじめる。

「ハロー、ヤろうぜ（レッツ・ファック）！」俺は挨拶がわりに大声で言い、場の雰囲気をさらに盛り上げようとする。誰も気に留めない。おそらく連中は、俺のことをおつむの弱い見習工かなにかだと思っている。その国の言葉で意思疎通することすらできない奴だと。その点において、彼らは確かに正しい。もちろんゲストたちは俺のことを嫌っているわけじゃなく、ティルに夢中なだけなんだ。俺は自分のキラキラジャケットを探す。さっきはまだ椅子に掛かっていた。だがいまはその椅子に誰かが座っていて、その誰かがジャケットを箪笥の後ろに放り投げてしまっていた。取りにいくとするか。そのさい、人々のあいだをすり抜けていかなくちゃならないが、ティルがいまや音楽を大音量にしたもんだから、俺の状況をなかなか上手くわかってもらえない。すると、ティルは踊りはじめる。ときどきドアが開いて、クルーメンバーが、俺たちのもとに座っているのはどんな女たちだろうと見ようとする。

手がもうあと少しでジャケットに届こうというとき、少なく見積もっても門番みたいにみえる巨大な男にうっかり突き飛ばされる。その男はティルに、ジェスチャーを豊富に交えながら明らかにとても面白いエピソードを片言の英語で語っている。ティルは大声を上げて笑い、しきりにウォッカを注いでやっている。俺はジャケットをひっつかむと、袋小屋オフィスにいるトムのもとへ行くことにする。ファスナーの滑りを油でよくできないか、そこで試してみよう。そろそろ俺には時間がなくなっている。

さいわい、ちょうどトムがいる。俺はファスナーを見せる。トムは俺の手からジャケットを取ると、ファスナーを開けてみせる。何時間も試していたというのに、俺にはもうまったく力が無いらしい。俺たちはベビーオイルを少し垂らして、俺はジャケットを着る。

「いいか」トムが言う。「二十時四十分にはミート&グリートだぞ」そうだった、楽屋のドア横に貼ってある日程表（ディ・シート）にそうあった。毎日、そこにその日のイベントの流れが書いてある。要するに、いつ、どのバンドが出演するか。トップバッターは、どうやら毎晩Doors（ドアーズ）のようである。ともかく俺はそのように理解してきた。だがあるとき、それは入場許可のはじまりを意味するのだと説明してくれた人がいた。ということはCurfew（カーフィウ）も最後のバンドじゃない。そうじゃなくて、人々が会場を去らねばならないことを意味するのだという。謎が解けたいまや、バンド名をすぐさまカーフィウとしたくなる。そうすると毎晩、俺たちの宣伝ができるってもんだ。少なくとも日程表のレベルでは。その観点では、もちろん「きょうのニュース」[38]という名前にしたっていい。毎晩テレビで放送されるんだから。そうしたらテレビ番組雑誌『聴け』にも載る。あの雑誌がまだ存在していたら、であるが。いまはともかく『きょうのニュース』は終わっている。すでに二十時三十分。

急いで楽屋に舞い戻る。雰囲気はすっかりお祭り騒ぎになっている。俺にはわからない理由から女たちが笑い、金切り声を上げている。みたところ皆がコンサートまでまだあと残されている短い時間内に、首尾よくできるだけたくさんのシャンパンやブランデーを飲もうとしている。ティルが人々に、ウォッカを水ボトルに詰め替えたらどうだと説く。そうしたら、それをコンサートに持っていけるぞ。そういうわけで、俺が愛をこめて常温にしようとしていた水ボトルたちは、氷入りのボトルクーラーめがけてあっという間に空っぽにされてしまう。まぁいいか、俺はコンサートまでもうなにも飲みたくないんだから。だが、喉は渇いている。念のため、もう一度小便をしておこう。水分が本当に体内からなくなるように。トイレはしかしながら使用中だ。化粧がしたいのか、なんなのかわからないが、数名の優美な婦人連中がその前に立っている。ともかくドアには鍵がかかっていて、忍び笑いと荒い鼻息だけが聞こえる。

楽屋に戻る。いまや全員が、一枚ないしたくさんの写真をティルと一緒に撮っている。各人が一緒にカメラにおさまるよう、俺に写真を撮ってほしいという。自撮り棒を持ってくるべきなんだ。間抜けなことに、俺はいまどきのスマホに詳しくなく、普通の写真を撮ることすらできない。それじゃあ、もう一度。また、もう一度。これらすべての写真はどうなるんだろう？　誰が見るというんだろう？　あるいは、こう訊くべきか――誰が見なくちゃならないんだろう？　それらはいまや何百年ものあいだ、クラウドのどこかに置かれたままになるのか？　アメリカの砂漠に置かれたサーバーに？　質が悪くなることはないのか？　そんなに頻繁に写真を撮られて、魂が消えていくことはない？　さいわい、俺は一緒に写っていない。すると、トムが警備員を連れて楽屋にやってきて、人々を会場の所定位置に移動させようとする。あわただしい喧噪が生まれる。ゲストたちは、ジャケットや鞄を俺たちのもとに置きっぱなしにして、いよいよそこは楽屋らしく見える。っていうか、楽屋か。すると皆は、もういなくなっている。ティルは物思いに沈みながらシャンパンを一口飲み、俺たちは仲睦まじく沈黙する。

*

そういうわけで俺たちはいまや、折に触れて小さな村のホールで演奏していた。ゆっくりと、少しずつ、そのようにして最初のファンを獲得していった。彼らはときに、俺たちが次に演奏するのはいつかを知りたがった。それはとても喜ばしいことだったが、もっと有名になりたいのであれば、いい加減、最初のアルバムを発表しなければならなかった。

俺たちの知っていた唯一のレコード会社が、アミーガという名前の東ドイツ国営レコード会社だった。一九八九年に、その会社からフィーリング・Bのアルバムが世に出ていた。統一から五年が経って、東ドイツのほとんどすべての会社同様、この会社も消滅していた。なかなか成功していた東ドイツのグループであるシティのメンバー二人が、独自のレコード会社を設立していた。俺たちは、一緒にやった何回かのコンサートやパーティーで彼らのことを知っていたから、カセットかCDを持って

38　第一ドイツテレビ（ARD）の定番ニュース番組。

――というのもあの頃、ちょうどメディアが入れ替わろうとしていたから――トレプトゥにある彼らの小さな事務所を訪れた。俺たち全員がどうにかして座る場所を見つけると、二人は少しのあいだ、俺たちの曲に耳を傾けた。会社の方針に合う音楽じゃないんだよ、と彼らは説明した。ひょっとしたらもうあと一、二年練習を重ねて、それからもう一度出向いておいで。おそらく彼らにとっては、東ドイツのバンドあるいは東ドイツのロックを維持することの方が重要だった。それ自体は実のところ尊敬すべき動機だったが、俺たちには、その時点でそれほど役に立たなかった。

　別の会社がもう少し興味を示してくれたものの、合計でたったの一万五千ドイツマルク[39]の前払いを提示しただけだった。それでは落ち着いてアルバムの録音をするには不十分だった。そこで俺たちはハローワークに出向き、フリーのアーティストとして登録することにした。少額の初期資金を手にしたが、失業手当を申請する権利も失った。それも、永久に。それはつまり、いまから俺たちには音楽で食べていく以外の選択肢が本当になくなったことを意味していた。

　その後ほどなくして、ふたたび、ある村のホールで演奏することになった。到着してみると、すべてがまだ鍵のかかった状態だった。半時間、閉まった扉の前で待っていると、主催者が悠長に風呂から出てきて、裸足のまま、俺たちをホールに招き入れた。ホールには舞台の端に、いくつかホーム用スピーカーが俺たち用に置いてあるだけだった。それではせいぜいソロ歌手のコンサートに足りる程度だった。無性に腹が立ってきた。わざわざその村までやってきて、いいコンサートをしようというのに、準備があまりにもお粗末であるがために、ぜんぜんまともに響かせることができないんだ。主催者はおそらくこう考えたに違いない。どのみち満員になる。それなら、まともなスピーカーにかけるお金を節約しよう。バンドはもうそこにいるんだから、スピーカーの一つや二つでコンサートをすっぽかすこともないだろう。

しかしながら俺たちは、さっさと帰る方を選んだ。とはいえコンサートをキャンセルして、なんとも馬鹿々々しい気分だったから、クラブ支配人でもあった音響技師に、クナーク・クラブで、無償でいいから前座として演奏させてもらえないかと訊いてみた。難なく手はずが整った。その舞台はものすごく楽しかったうえに、親交のあったある歌手のマネージャーに、おそらくとてもいい印象を与えることになった。彼はそのクラブの上に事務所を構えており、たまたまコンサートを聴きに降りてきていた。そのようにしてゆっくりと、俺たちは、東ドイツの村々を演奏しながら渡り歩くという、その明らかに意味のない日々に別れを告げて、真剣なバンドになろうとしていた。

フィーリング・B時代、俺たちの目には、マネージャーとはできる限り多くのコンサートを手配するためだけに存在しているように映っていた。いつ、どこで、誰のために演奏するかは、俺たちにとって、そもそもまったくどうでもいいことだった。報酬はいくらか、それすら関心がなかった。俺たちにとって、ギャラはどのみち交渉可能なものじゃなく、だからいわば神から与えられたも同然だった。たいてい百マルクで、東ではすべてがとても安かったから、それでまるまる一か月は悠に暮らせた。コンサート以外のあらゆることは、俺たち自身がバンドでやりくりした。スタジオを探したのはヴォーカルだったたし、アルバムのジャケットは俺たち皆で一緒に作成した。それ以上、東ドイツではバンドとしてすることがなかった。

39 当時の価値でおよそ百万円。

だから俺たちは、というか少なくとも俺は、できる限りたくさんのコンサートを手配すること以外に、マネージャーとはそもそもなにをするのかを知らなかった。そしていまや、バンドというものの本格的なマネージャーであるその人物を前にして、緊張していた。彼は、それと感じ取ることのできる威光を放っていた。それでいて、ちょうど同じくらいの年齢だった。だがおそらく俺たちが必要としていたのは、まさにそれだった。俺たちがどうなっていくべきかを、彼がはっきりと理解していたのは疑う余地がなかった。俺たちのその一歩が正しかったのか、間違っていたのか、それは決して明らかになることがない。そうしなかったらどうなっていたかなんて、誰にも言うことはできないんだから。そして俺たちは、議論の余地なく、わりあい成功したバンドになっている。誰がどんな役割を果たしたか、それを言うのは見る者の視点においてのみ可能だ。その後の展開に俺がいつも幸せだったわけじゃないことは、ほとんどの場合、俺自身のせいでもある。そういう葛藤は、おそらくどのバンドも経験していることだろう。ミュージシャンでありながら、自ら退屈な業務上の関心事にかかずらい、神経を消耗させるミーティングを延々と繰り返し、あらゆる書類を、それが理解できるまで丁寧に読み通す。それともひたすら音楽をやって、仕事としては自分が想像したのとはちょっと違った形になっても、それを受け入れて生きていかなくちゃならないか。両方を手にすることはできないんだ。あるいはやっぱり、業務上のことにも意見を挟んでいく。だが、上手くいかない。そうしたら、そっちの方がもっとストレスが溜まる。だったらいっそ事務所にまったく行かないことだ。ミュージシャンとしてどのみちやることもないんだから。マネージャーは、ともかくそう言った。彼とはその後、道を分かつことになった。ひょっとしたら、こういうことすべては成功となんの関係もないのかもしれない。業務上の成功だろうと、それ以外のなんらかのそれだろうと。

どうして俺たちにそんな幸運が持てたのか、と考えると、ときにこう思う。それはただ単に、俺たちがそもそもまだ存在していて、いまでも一緒だからだと。俺たちのように長く続いているバンドのほとんどは成功している。大きなフェスティバルで演奏するバンドの多くを、俺はもう子どもの頃から知っている。そうしたバンドは、ときにメンバーの一人が死んでもなお活動をやめることがない。少なからずのバンドは、創設メンバーが一人になったとしても、それどころかそっくり誰もいなくなったとしても、幽霊のように世界中をさまよっている。そういう状況になったら、俺はカラオケに行ってやるんだ。滑稽であろうとしたかったら、人々に耳打ちする――喧嘩は売らないほうがいいぜ、俺はカラオケ戦士だぞ。アメリカでは、カラオキ・ファイターと言っている。あるいは、しゃあねえ戦士だと自己紹介する。そのような者として、抵抗せずに殴られるがままになって、言うんだ――しゃあねえ。しゃあねえ、受け入れるしかないさ、誰かが死んでしまったバンドも、そう言う。だがバンドキャリアが終わるのは、いつも死ゆえなわけじゃない。むしろミュージシャン同士の差が開きすぎて、解散するときだ。親戚と違って、バンドメンバーは選ぶことができる。だが一度だけだ。それは結婚に似ている。関係維持に努めることもできるし、女を変えることなく、自分自身を変えようと努めることもできる。

バンドに加わった当時、全員と上手くやっていけるかどうかは、俺にとってひとまずどうでもよかった。単純に、一緒に音楽をやっていけば、おたがい自動的に理解しあえるだろうと考えていた。正直に言って、他の連中が悪臭放つ暴力的な社会不適合者たちであったとしても、一緒にい続けただろう。俺たちがいかに本当にとても仲が良いか、俺はずっとあとになって気づいた。俺たちは当初から、バンド内の不協和音の原因を無くそうと真剣に努めてきた。それは食事からはじまった。最初は各々が、テーブルに皿が運ばれてくるやいなや、がつがつ食べていた。誰が注文したのか、誰がそもそも食べたかったのか、そういうことにはお構いなしだった。当の本人がたまたま気をそらしていたり、あるいは少し席を外していたりしたら、自分の食べ物をまったく口にできないこともありえた。そこで俺たちは、食べ物の最初の一口は注文主に与えられなければならない、他の者たちが皿に手を付けてよいのはそのあとにする、と折り合いをつけた。そうすることで食べ物の主は、バンドメンバーにそれを取っておいてもらうよう頼む、小さなチャンスを得たんだった。そうこうするうちに、このルールは不要なものになっている。俺たちはむしろ痩せたいと思っているし、どのみち自分たちの皿ですら、きれいさっぱり平らげることがだんだんとできなくなっている。

女もさほど面倒なテーマじゃない。俺たちの場合はなおさらだ。好みがかなりバラバラなんだ。選ぶタイプが多様なほど、重なる危険も減る。もしそうなったとしても、一方がもう一方の気持ちをおもんぱかって身を引くだろう。なぜなら多くの者にとってはバンドの方が、一回の情事やそのときの色欲よりも大切だからだ。ミュージシャンは、一人の女と一緒にいるよりもはるかに長い時間をバンドとともに過ごす。というか、どの女と一緒にいるよりも。母親ですら、バンドとは比較にならないほどミュージシャンの子どもに会っていない。およそ人生のほとんどの時間を、同僚たちと過ごすんだ。おまけにミュージシャンは、バンドとともに生きるための金を稼ぐ。これはさすがにどうでもいいことじゃない。同僚の彼女が気に入ったからって、それをリスクにさらすことはしない。

いったいぜんたい、もっとも争いに発展しうるのが金である。思うに、金の配分をめぐる争いが、解散のもっとも大きな要因となってきた。普通は作曲者が、その曲の販売に何パーセントか関わることになる。曲の少なからずはミリオンセラーとなり、気兼ねない人生を用意してくれることを知っているから――ジョージ・マイケルの「ラスト・クリスマス」を思うだけでいい――どのミュージシャンも作曲者であろうとする。だが、バンドで一緒に音楽をしていると、その曲がいまある形になるのに誰が決定的な要素を添えたのか、あとになってもうはっきりと断定できない。それで、自らそうだと称した作曲者一人だけが報酬を受け取るとなると、他のメンバーは不公平に思う。ギタリストとドラマーだったら、前者の方が、そもそも一連の和音を思いつきやすいだろう。当然のことながら、ドラマーだってその曲には同じくらい必要だ。俺にとってより決定的に重要なのは、誰がバンドに属しているかである。

　俺たちは最初から、全員が同じ権利をもった作曲者になると決めていた。そういうわけで、同じ報酬を手にし続けている。そうでなければ、ひょっとしたら新しい曲は一つも生まれなかっただろう。アイディアを延々と磨き上げてもその後の報酬がないとなったら、誰がその気になるだろう？　だったら、さっさと新しいバンドを探す方がいい。ともかく一人ひとりに同じものを与える方が、より敬意に満ちていると思うんだ。六人の場合、バンドに注がれるエネルギーが少なすぎる、という危険も生まれなかった。むしろ、その反対。東ドイツでは、なんと上手く言った？　各人が能力に応じて差し出し、各人には必要に応じて与えよ。俺たちは、全員が同じ必要を抱えているという前提から出発した。ひょっとしたら俺たちのバンド内部では、まだ社会主義の一形態が支配しているのかもしれない。ミュージシャンによる独裁。昔、酔っぱらって興奮余って語りだしたくなったとき、あるいは暴言を吐いたとき、俺の声は裏返って、まるでエーリヒ・ホーネッカー[40]が話しているように聞こえた。すると、ホーネッカーぶるのはよせよ、とバンドに正されたものだった。もっとも、面白おかしく言っただけで、俺たちのあいだで深刻な軋轢が生じたことは一度もなかった。初期の頃は、そういうことを一秒だって考えたことがなかった。いよいよ船出できることを、皆でただひたすら喜んでいた。

新しいマネージャーを試してみよう、との意見でどうにか一致すると、その人物はさっそく、彼自身がマネージャーをしていた歌手も契約していたレコード会社に俺たちを所属させるべく、骨を折りはじめた。モーターという名の会社だった。俺たちは曲を吹き込んだカセットテープを送った。すぐさま不採用の返事がきた。ドイツでは、目下、この種の音楽への関心がありません。弊社では、革新的で進歩的な音楽を応援しております。この手紙を書いた人物は、あとあとまで不採用のことで話しかけられることになった。

ひるむことなく、俺たちのマネージャーはどうにかしてレコード会社の社長と一緒に車に乗る手はずを整えた。なんたる偶然とばかりに、俺たちのカセットテープがカーラジオに入っていた。モーター社の社長は二曲を聞き終えると、どのバンドかね、と尋ねた。マネージャーがさっぱりわからないふりをすると、社長はエサに食いついた。

あの頃、数々のレコード会社がまさしく富に溺れていた。ひじょうに成功したアーティストたちが、突如ドイツに生まれていた――デューン、スナップ、ルーナ、マルーシャ、それからＤＪエッツィ、キャプテン・ジャックといった人々も。するとそれがまた、冒険心旺盛な数多くの若者たちをレコード会社に招き寄せた。彼らにはしばしばふさわしい素養が欠けていたが、そのぶん異端的なアイディアや熱意に満ちていた。俺たちはいまや、アンドレーアス・ドーラウやベンヤミン・シュトゥックラート――なんてこった、なんて長い苗字だろう――＝バレといった、個性豊かな極楽鳥たちと渡り合えることになった。これらレコード会社の人たちはまさに、優位な立場にあったわけでも、唯一無二の存在であったわけでも、そっけない人たちでもなかったから、俺たちが音楽業界に参入するのは難しくなかった。社長夫婦は、俺たちミュージシャンよりももっとぶっ飛んでいた。新しいバンドにしては、俺たちはもういい歳をしていた。他のバンドだったら、解散しても、誰かが死んでもおかしくない歳で、最初のレコード契約を手にしていた。それなのに、かなりの大金を得た。最初の会社が提示した百倍はもらったに違いない。そういうわけで俺たちは、何頁ものA４用紙に一瞥もくれずにレコード契約に署名した。自分たちの名前が書いてあるところだけを見つめて、その下にもう一度ヘタな字で名前を書いた。だから、他にあらゆることが書いてある可能性があった。つまるところ俺たちには、レコード契約になにが明記されていようがまったくどうでもよかった。肝心なのは、そもそもレコード会社を一つ確保したことだった。それで多くのことが変わるに違いなかった。

いまや、もう決して働きにでる必要がなくなった気でいた。アルバムを一枚、あるいはそれ以上制作すべきであることはわかっていた。だが、会社の方もアルバムを売ろうとすること、そのために人々の注目を集めようとすることについては、考えを巡らせていなかった。そのためにはビデオ撮影をして、プロモーションツアーに出なくちゃならなかった。そのツアーで、アルバムないし製品（プロダクト）が――いまからはもうただそのように呼ばれた――親愛なるジャーナリストたちに紹介されるのだった。するとジャーナリストたちから質問が挙がったが、それには答えられなかった。というのも、いくつかの事柄については俺たち自身がまだ考えたこともなかったし、そもそもしっかり自己表現すること

40　エーリヒ・ホーネッカー（一九一二～九四年）。一九七一～八九年、ドイツ社会主義統一党（ＳＥＤ）書記長として、旧東ドイツで権勢を振るった政治家。

自体、一度も練習したことがなかった。俺たちは感情や意見を音楽で表現していて、それを言葉の形にしなくてよいという前提でいたが、どうやら人々はその音楽を、俺たちとは違ったかたちで聴いていた。あるいは、そもそもちゃんと聴いていなかった。

読みもせずに契約書にサインした時点では、それはまだ先の話だった。とはいえどんなことが書いてあったら署名していなかったか、俺にはわからない。聞くところによれば、レコード会社の従業員はつねにピエロの鼻をつけてバンドと話をしなきゃならないとするレコード契約もあるという。あるいは逆に、バンドがその義務を負うとか。だが見たところ、俺たちの契約書に卑劣なことはなにひとつ書いてなかった。

その後、ひとまずはなにも起こらなかった。すると突然、希望のプロデューサーについて尋ねられた。俺たちはすっかり圧倒されてしまった。そもそもプロデューサーとはなにをする人物なのか、それすら俺は知らなかった。フィーリング・Bの頃、いわゆるプロデューサーとは国家保安省(シュタージ)の一員で、スタジオを訪ねてくる人物と歌詞の内容を監視していた。だがリヒャルトが、プロデューサーなる人物について知っていた。リヒャルトは二、三の名前も知っていたが、それらを挙げると、レコード会社ではすっかり笑われた。そんな有名な人々が——まさにレジェンドだった——俺たちみたいな無名のバンドのために働いてくれるわけないさ。バンドのデビューアルバムにエネルギーを注ぐ気満々のプロデューサーなんて、そもそもこの世にいないのである。だが、俺たちのレコード会社はそのために金をくれたわけだ。それに、プロデューサーだって金を必要とする。

その後、俺たちは、どのCDにもアルバム・プロデューサーの名前が挙げられている、と教えを受けた。二、三の名前を書きだしてくるよう、さっそくレコード店へと向かわされた。収穫は多かったが、CDケースに載っているたくさんの名前のなかから本物のプロデューサーを見つけだすには、おそらくあまりにも興奮しすぎていた。そういうわけで、グレッグ・ハンターなる人物を選び出した。その名前を、キリング・ジョークのCDで見つけたのだった。キリング・ジョークは、ミニストリーやプロディジー、パンテラやザ・カルト、ザ・キュアーと並んで、俺たちがかつて毎夜のごとく聴いていたバンドの一つだった。レコード会社の従業員たちは、俺たちがもうリック・ルービンやボブ・ロックなどといった、おとぎ話のようなことを口にしなくなったことを喜んで、プロデューサーとコンタクトを取る世話をした。俺たちと俺たちの音楽を知るために、当の人物がリハ場を訪ねることになった。

出迎えたその人物は、むしろ浮浪者のイメージに当てはまった。親しげではあるものの、いくぶん自分には関係ないといった様子で、リハ場で俺たちの披露する努力の成果に耳を傾けた。たぶんそれについてなにかを言ったが、俺たちにはさして役立たなかった。その晩、俺たちはグレッグを連れて外にくりだし、ベルリンのもっとも興味深い側面を案内しようとした。あの一晩で、俺たちは普段の一か月を合わせたよりも多くのイベントに参加した。トルコのヒップホップ・コンテストにも寄ったんだ。イングランドで酒を入手するのは、ベルリンでそうするよりも難しいに違いない。自分の置かれた状況を、グレッグはしたたか利用した。その晩、彼はティルの絨毯にゲロを吐き、翌日はリハ場のソファーで眠って過ごした。午後になって、ようやくバナナを一本食べられるようになった。俺たちはそれからグレッグをまた空港へと連れていき、今日にいたるまで、彼が何者だったのか、なにを思ったのかを知らない。というのもその後、グレッグからなんの連絡も受けなかったのである。

当時、クローフィンガーというスウェーデンのバンドもかなり人気で、CDにプロデューサーとして名前の挙がっていた人物は、今度は本当にプロデューサーのようだった。そこで俺たちは、ヤーコプ・ヘルナーをハンブルクでのコンサートに招いた。俺たちがハンブルクではぜんぜん無名だったことや、ハンブルクがドイツの西側に位置していて、イベントがあれば必然的にクラブが満員になるようなところじゃないことは気にしなかった。小さな、しかも空っぽのクラブで演奏する俺たちを観て、ヤーコプはどんな印象を持っただろう？　俺たちの方は、とても好感が持てた。ヤーコプは決してロック音楽に関わっているように見えず、むしろ親しみの持てる職業学校教師のようだった。俺の世界像は揺らぎはじめた。音楽で成功する人たちは皆、しわだらけの顔をしたチェーンスモーカーとばかり思ってきたんだ。それでいて新たなプロデューサーは、まるで医者が患者を診るように、いまや俺たちのことをとても愛想よく観察した。グレッグ・ハンターのときと同じように、俺たちのリハ場を訪れて、同じソファーに腰を下ろした。だが、いぜんの来訪者とは異なり、カールという名前の仕事仲間を連れていた。曲を聴くやいなや、すぐさまウォークマンに録音して、俺たちにまったく新たな提案をした。ヤーコプは本格的に音楽に介入し、俺たちの中にある最善を、獰猛さをも引き出して、そのようにして俺たちが、自分たちのアイディアや感情を曲の中へと移していく手助けをしてくれた。いいプロデューサーとはどんなことを成し遂げるか、いまや俺たちは初めて知った。

ヤーコプはまた、アルバムの録音はスウェーデンで行うことにした。俺たちはもちろん興奮して、それには意義があるんだろうと思った。きっとヤーコプはただ単に、小さなバンドのために家を離れたままでいたくなかったんだろう。ストックホルムに住んでいたんだ。当時の俺にはまだ飛行機恐怖症があったから、俺は車でスウェーデンに向かった。自分たちの楽器は俺がこの手で持っていきたいから、という理由にしておいた。もうフェリーで海を渡るところから、すっかり魅了されてしまった。

すると、素晴らしい景観が目の前に立ち現れた。ストックホルムそのものも、とても気に入った。第二次世界大戦中に爆撃で破壊されなかった都市とはどのように見えるものか、伺い知ることができた。

ヤーコプは、アバ軍団によって設立されたと言われるポーラースタジオへと俺たちを案内してくれた。かなり一九七〇年代っぽくて、すべてが素晴らしく見えた。もっとも感動したのは冷蔵庫があったことで、そこから誰もが好きなだけコカ・コーラやミネラルウォーターを取ってよかった。さっそく二日目、俺はふたたびスタジオへと向かった。いよいよアルバムを録るぞ、と準備万端だった。そこはビジネスの営みでごった返していた。ケーブルがつなぎ合わされ、マイクが立てられ、アンプがあちこちに運ばれた。落ち着いて座っていられる場所はなかった。皆がただもう英語をしゃべっていた。

　時間があまりに長く感じられて、とうとうヤーコプに訊いた。なにかできることはないか？　彼は愛想よく言った――「フラーケ、なにもしないでいいんだよ（プリーズ・ドント・ドゥー・エニシング）！」それなら、と待機室のソファーに座って、コーラとミネラルウォーターを飲んだ。それらすべてを自分たちで支払わなくちゃならないことを知っていたら、いくぶん控えめでいただろう。だが、長いことそういうのはレコード会社もちだと思っていた。最初はそうなんだが、会社はもちろん、後日、その分を俺たちの給料から差し引くのである。その後、がっかりしたことに、最初はひとまずドラムだけを録音すると知らされた。俺は、だからすることがなかった。

　そういうわけで散歩にでて、街中の数々の運河に魅せられた。本格的な大洋航海汽船が――いまやすっかり古びた言葉だが、大型船を他にどう呼んだらいいかわからない――ところどころ島々からなる街のど真ん中を運行していた。水はとてもきれいで魅力的だった。信じられなかった。岸辺に停泊しているボートから目が離せなかった。日々、新たな、さらにより印象深い道や景観を見つけた。街はずれにあった宿からスタジオまで歩いていくのにも、しだいに慣れていった。

　何週間かが過ぎてようやく、とても小さな地下のスタジオで俺のキーボード演奏とサンプルを吹き込むことになった。キーボードの録音には高価なアバスタジオは必要なく、安い地下室で足りてしまうんだ。そのようなサウンドの場合、空間音響（サラウンド）はまったくどうでもいいのである。メロディーは一本のケーブルを通じて直接録音されるから。俺の場合はADAT（エーダット）トラックレコーダーに録音したが、いまとなってはもう誰も知らない発明品。ちゃんと曲に合うように、自作サンプルはすべてその場で音を合わせる必要があった。録音するときになって、それまで自分の箇所をいかに雑に弾いてきたかに気づかされた。いまや真剣に頑張って、そういうわけで俺の部分を吹き込むのに一週間以上も要した。ほとんど俺は、スタジオでヤーコプか共同プロデューサーのカールと二人きりだった。一緒に昼食に行くときは、彼らがなにかいいものを紹介しようとしてくれて、俺たちはありとあらゆる店を訪れた。

　一度はヤーコプが寿司に連れていってくれた。一度はいつも、初めての度（たび）。俺は、燻製生ハムの味がした茶色のお茶をちびりちびりと飲み、海苔やガムのような魚を訳がわからぬままあれやこれやと噛み続け、ちゃんとした食事が来るのを待った。俺たちはたがいに無言のまま向き合っていた。というのも、俺には音楽のことも、新しい楽器のこともさっぱりで、なにを話せばよいやらちっともわからなかった。ヤーコプの語っているバンドですら知らなかった。俺たちの録音が成功していたかどうか、それも判断できなかった。俺にはすべてが素晴らしく聴こえたが、バンドはつねにどこか不満を抱えていた。プロデューサーがドイツ語を理解しないことが、どうやらやっぱり問題なようだった。ヤーコプはだから歌を歌詞の内容じゃなくて、もっぱら響きだけで判断していた。俺は、それ自体はとてもいいと思った。というのも俺自身、どんなことが歌われているのかわからなくても大好きな英語のバンドがあったから。

晩になって、地下鉄の終着駅近くの宿で、俺たちはティルの歌声とギターのサウンドをめぐって口論になった。俺にはギターがいつも同じように響いたから、ギタリストたちがなにを言っているのかさっぱりわからなかった。だからもう一度、散歩にでたほうがよかった。自由時間を過ごすといっても、そんなにいろんなことができたわけじゃなかった。近場のレンタルビデオ屋から二、三の出来の悪い英語の映画を借りることはできたが、街のクラブには入れなかった。クラブの前には、かつて東ドイツで知っていたよりも長い列ができていて、ありとあらゆる人々が先に行かせてもらえた一方で、俺たちはいつも後ろへと追いやられた。ドレスコードに引っかかっていたか、知らず知らずのうちに、この地に伝わるなんらかの行動ルールを破っていた。

それでもたった一度、クラブに入れたことがあった。クローフィンガーの二枚目のアルバム・リリース・パーティーのさいだった。俺たちは、いまやプロデューサーが同じという共通点を持っていた。スウェーデンでは、そのようなパーティーをかなり質素に行うのが慣わしらしかった。というか、そもそもパーティーですらなかった。小さなクラブにおける、ただのコンサート。そこはともかく暑かった。俺たちにとってビールは法外なほど高く、おまけに人々が長蛇の列をなして待っていたから、俺は猛烈な喉の渇きと戦わなければならなかった。するとある娘が、自分のビール瓶を差しだしてきた。大きな一口をがぶ飲み。その一口にとどまった。というのも、お手製のシュナップスだったんだ。俺はかなり長いあいだ息を失った。それから扉の外にでて、散歩しながら宿に帰った。

そこでは床に直置きされたマットレスの上で寝た。でなければ、古いテレビの前に座って、パウルがスーパーメトロイドに興じる姿を眺めた。酒の買い方も新しかった。俺はたいていスタジオから帰る道すがら、スーパーで缶ビールを何本か買ってきては、晩にソファーで飲んだ。つまらなくなって、一度、缶に書いてあることを読み通してみた。するとアルコール度数がちゃんと書いてあった。たったの二パーセントだって？　このビールにはアルコールが入っていないも同然じゃないか。それまでは気がつかなかったが、それを知ったいまとなっては、もはやぜんぜん美味しくなかった。もう缶を飲み干す気も失せてしまった。そういうわけで、まともなビールを手に入れることにした。

そのためにはシステムボラーゲットと呼ばれる専門店に行って、ハローワークにいるときみたいに番号を引かなきゃならなかった。陳列棚からして、そこが嗜好品を扱う店であるようには見えなかった。むしろ事務所か病院のようで、それはそれで的外れでもない。窓は格子付きだった。四十五分後、俺は呼ばれて、身分証明書を提示したらビールが買えた。種類はカタログから選ぶようになっていて、店内にはボトル一本見当たらなかった。そんな具合にとても面倒だったから、値段はおそろしいほど高かったが、俺たちはいつも一度にかなりたくさんのシュナップスを買い込んだ。

おそらくスウェーデン人たちも同じようにしていた。というのも週末になると、ものすごい数の酔っぱらいが通りを縁どることになった。そして連中は、俺がそれまで見てきた酔っぱらいよりも、もっとずっと酔っぱらっていた。ほとんどの場合、真ん中の人が支えられなくちゃならなかったから、三人組で移動していた。人々はいたるところでひっきりなしにゲロを吐き、石造りの壁を地下鉄と間違えた少なからずの連中が、壁の中に入り込もうとする様子も俺は目撃した。彼らがクラブの前で何時間も並んでいるあいだ、凍えてしまわないように、外壁にはコイルヒーターがつけられていた。

自由時間のたびに街をほっつき歩いて、俺は、あっという間に端にたどり着けることや、比較的手つかずの自然がすぐそばにあることを知った。それからスタジオに向かって、散歩について報告すると、積もりに積もった怒りが俺のもとで爆発した。

雰囲気は緊迫していた。俺たちは予定を変更して、アルバム・ミキシングはスウェーデンではなくハンブルクで終わらせることにした。

そこは雰囲気がぜんぜん違った。このかん夏が到来していた。ストックホルムでは、四度を下回らなければ暖かいとみなされた。するとたちがもう生足で走り回っていた。ハンブルクの気温が、俺たちにはまるで熱波だった。おまけに数名の幼馴染がシュヴェリーンからハンブルクに引っ越してきていて、あちこち案内してくれた。俺たち東の人間にとって、この街はとてつもなく刺激的だった。ハンブルクのクラブほど荒々しいものを、俺はそれまで一度も経験したことがなかった。それと比べたら、ベルリンはまるで田舎のように思えた。

俺たちは毎晩、豪勢に出かけていった。プルガトリー、ハンス・アルバース・エック、モージョー・クラブ、ティーフェンラウシュ、グリューンスパン、プリンツェンバー。ドックスでのコンサートに、スター・クラブでのそれ。かのビートルズがかつて何週間もぶっ続けで演奏したと言われるところ。俺の全人生で、あんなに頻繁にあちこち移動したことはそれまでに一度もなかった。

それに応じて、昼間の俺はかなりどうしようもない状態だった。目を覚ますと、体を引きずるようにしてスーパーに行き、ヨーグルトとスグリの実を買った。それからスタジオまでの道をのろのろと歩きながら、ゆっくりと意識を取り戻していくんだった。ヨーグルトはスタジオで食べた。ときにスグリの実が腐っていたこともあったが、それは、俺がそれほど長く歩いたからじゃなくて、買うときにちゃんと気をつけていなかったからだった。そのときは自分のことでいっぱいいっぱいだったから。

それから俺たちは、皆で一緒に昼食をとった。そこで俺はそっとビールを何本か飲むことができて、少しずつ調子が戻ってくるのを喜んだ。まだなにも発表していなかったから、俺たちバンドのことを知る人はもちろん一人もいなかったが、俺たちの自意識はとても大きなものだった。夜、黄金のプーデル・クラブ前の階段に偉そうに座っては、感じのいい女が話しかけてくるのを待った。俺たちの外見が気に障らないほど、その女は酔っぱらっているべきだった。それも、俺たちがすっかり出来上がっているのが気に障らないほど。それほど多くの女、それもへべれけに酔っぱらった女はその地ですらいなかったようで、俺たちはたいてい俺たちだけだった。何年間もああやって座り続けることもできただろうが、話しかけられることはなかっただろう。

俺たちの寝泊まりしていた家の住人は、おそらくちょうど休暇旅行中だった。俺は自分の臭い服を洗うべく、洗濯物を洗剤と一緒に洗濯機に入れてからスタジオへと向かった。部屋の電気を消したら洗濯機の電源もオフになるとは知らなかった。節電対策だったんだろうが、そういうわけで、濡れた、相変わらず臭い服を、そのまま晩にまた着ていた。洗ってあるものだという前提でいた。洗濯がそんな大事(おおごと)だとは思ってもみなかった。どうして俺の周りは臭いんだろうと不思議だったが、それが自分に関係することだったとは思いもよらなかった。俺たちは、ありとあらゆるクラブですっかり酔っぱらってから、日の出とともにエリカへ移動した。その居酒屋では朝食をとることができて、土建屋やパンクたち、売春婦のヒモたちが、仲睦まじくハンバーガーを食べていた。俺たちの一人がひっきりなしにゲップをしていたにもかかわらず、親切に給仕してもらえた。次の晩、プーデル・クラブは閉まっていた。おそらく朝方だった。俺たちはいくぶん時間感覚を失っていたが、びっくりするくらい大きな喉の渇きは忘れていなかった。クラブ所有者はパンクという話だったから、卵リキュール一本とビールを何本か失敬してもかまいやしないだろうと考えた。シャッターはわりと簡単に引き上げることができた。それから俺たちは、幸せに浸りながらエルベ川の岸辺に座って、新たな一日のはじめの曳舟とフェリーを眺めた。空のビール瓶は、目の前を漂っていく発泡スチロールめがけて投げた。卵リキュール瓶で、俺たちはキャッチボールをして遊んだ。瓶をとったら一口飲んでよいのだった。朝まだきのハンブルクを少しずつ家へと向かいながら、俺たちはその遊びをまだ続けていた。あの頃の素晴らしい夜々を、俺はきっとそんなすぐには忘れまい。

スタジオでは、カーテンを閉めてビデオを観ることができた。そういうわけで俺は『ミラクル・ワールド ブッシュマン』を観て、もうその日は素晴らしかった。きっと音響調整室にも行ったが、なにかそこで役に立つことができたわけでもなかった。音について文句を言うのは、それを褒めるのと同じくらい意味がないに違いなかった。そうすると、またしてもなんらかのことに不満だったバンドを裏切ることになった。

ハンブルクでついにアルバムを完成させると、ひとまずそこからシングル曲を採らなくちゃならない、とレコード会社が言ってきた。これから発表するアルバムに注目を集めるためで、それにはビデオも含まれるとのことだった。なんでも、俺たちのプロモーションビデオが必要なんだという！　レコード会社は自らの勇気を前に恐れをなし、ビデオ用に「船乗り（ゼーマン）」を選んだ。それがもっとも穏やかな曲だったから。曲の基本的なアイディアはベーシストのオリヴァーによるもので、彼がベースでつまびくあの美しいメロディーを考え出した。俺たちがこの曲をコンサートで演奏するとき、オリヴァーは弾き損ねないようにいつもかなり集中しなくちゃならず、そうするとこの曲がもうさほど気に入らないのだった。だがいまやオリヴァーが曲を弾くんじゃなくて、音楽に合わせて、そう呼ばれるところのアクトをするだけとのことだった。

監督はラズロ・カダールと決まった。あのイェーヴァー・ビールのCMを作った人物。男がとても不自然に砂丘に倒れ込んで、それから灯台にビールが満たされるやつ。俺たちは、ミュージックビデオにCM監督を試してみるのはもっとも賢い戦略だと思った。つまるところ、そのビデオは俺たちのことを宣伝すべきだったんだから。すっかり感激して、台本を熟読し忘れた。知っていたのは、なにやら船に関係していることだけで、それ自体は皆がいいと思った。

そういうわけで、ハンブルク近郊にある映画スタジオに向かった。およそディーター・ボーレンの住んでいるところ。そこで、ひとまずその一帯を歩いてみた。あのディーターがどんなふうに住んでいるのか、一目見てみようというわけだ。俺の目にしたあれが本当にディーターの所有地だったら、そこはいい感じに控えめだった。だが、そのかんもっとビデオの方に関心を寄せるべきだった。

スタジオには砂でできた波が床に広げられ、そこに、とても原始的な仕方で不細工に組み立てられた段ボール紙の船があった。俺たちはひとまず化粧室へと送られた。英語を話す人物が二人、待ちかまえていた。二人のズボンはすっかりずり下がっていて、下着が丸見えだった。のちにそれは本格的な流行となったが、その頃の俺たちには知る由もなく、ズボンがずり落ちていますよ、と言ってあげるべきか迷った。ためらうことなく、二人はなにも訊かずに俺たちの髪をチョキチョキ切っていった。俺の場合は小さな塊を一つ残して、それを上のところでジェルで固めたもんだから、まるで頭の上に木炭を載せたようだった。俺の耳はとんがっているから、その髪型は似合っていなくて、俺は二人の決心に戸惑った。完全に参っていた。そして、なにひとつ逆らえないんだった。それから俺たちが、砂漠の中を、あるいはそれがなんであれその中を、ボートを引っ張っていく様子が撮られた。背景は別途、撮影された。ブルーバックと呼ばれるやつ。そのために彼らはまえもってハンブルクの港を撮影していた。エロチックな要素を高めるために、女が一人雇われていて、その女が印象深い目つきで地下鉄のトンネルを走った。MTVはこのビデオの放映を拒んだ。VIVA[41]はまだ存在していなかったと思う。それかVIVAも却下した。このビデオを知っている人は世界中でほとんどいないが、それがとりわけ不都合なわけでもない。

＊

ティルがまたかなり激しくバーベルを挙げている。きっと健康に良くない。とはいえおそらく、だからどうってこともない。ロックバンドで演奏すること自体が、想像しうるかぎりそうとう不健康。この騒ぎ、睡眠不足、頻繁なバス移動に飛行機での長時間移動、煙草だらけのクラブ、やはり煙だらけのリハ場、すっかり煙だらけの車、あいかわらずモクモクしている楽屋、一般的に言える酸素の欠乏、極度の緊張（ランペンフィーバー）——これを舞台上の緊張（ランペンフィーバー）と呼ぶのには訳があって、それは本当に全身を巻き込んでいく。慌ただしく飲みこまれる不健康な食事、それからもちろん大量の酒。となると、スポーツそれ自体は好ましいことである。

俺自身はまともにスポーツをしたことがない。学校では苦痛以外の何物でもなかったから、それが

41　ドイツの音楽専門テレビチャンネル。

なにかいいことでもありうると考えたことは一度もなかった。俺の経験では、スポーツはひたすら痛みを伴うもので、なるべく避けるべきなのだった。それがこのスポーティーなバンドであまり目立たないように、俺はティルとある策略を練った。およそ二十五年前のこと、コンサート開始のきっかり一時間まえに酒を飲みはじめることを習慣づけたのである。それよりまえに飲んでしまったら、コンサートのはじまりがわからなくなってしまうリスクを負った。あるいは、すっかり気持ちが悪くなった。昔のコンサートを想いだすことができるが、あの当時は、ぶっ倒れないようにひたすら集中しなくちゃならなかった。一方、一時間まえまで待ってから飲むと、そのあとの展開もまだ予測できた。ただし、比較的小さなフェスティバルでは余裕で起こりえたんだが、コンサート開始時間が後ろにずれ込んでしまうと都合が悪かった。俺たちがツアー中に絶好調で、あるコンサートから次のコンサートまでのあいだ、シラフになることなくひたすら飲み続けたこともあった。そのときは、まさに大きな白(ヴァイツェン)ビールが朝食に登場した。これ自体はしごく栄養満点。ともかく大概のところ、俺は一時間ルールを上手く守ってきた。

　ただ、調子を良くするために、その一時間になにを飲むかは考えなくちゃならなかった。ビールは都合がよろしくなかった。第一に、端的に言って単純にアルコール度数が低すぎたし、第二に、そうするとコンサートの最中に——いまだにショーと言うのが難しい——むしょうに小便がしたくなった。コンサートのまえにシュナップスを飲むのも気が進まなかった。飲むとすぐに酔っぱらってしまうか、脱水症状に陥りかけた。コーヒーリキュールとかそういうものがとても美味しいのは確かだったが、甘すぎたし、ベタベタした。そういうものでゲロを吐かねばならなかった経験のある人は、そういうものを二度と大量に飲めなくなるのがわかるだろう。シャンパンはなかなか良かったが、それはそれでそこまで美味しくなかった。おまけに、あの泡が俺の神経に触った。アルコール度数が十分だったかどうかも定かじゃなかった。そういうわけで、赤ワインに決めた。種類によってどんなに大きな違いがあるかを知って、たまげた。いぜんは、ワインはワインだろうくらいに思っていたが、蒙が啓(ひら)かれた。赤ワインには本当に味がひどいものもあった。

ポルトガルでのコンサートでは現地特有の心遣いとして、ポートワインがテーブルに置かれた。その美味しさに、俺は度肝を抜かれた。とてもまろやかで、少し甘く、それでいて甘すぎることもない。俺は大きなグラスで一杯飲み、とても調子が良くなった。ポートワインとはわりあい少量でたしなむものだ、と言ってくる者はいなかった。ポートワイン用のグラスは、言ってみれば指ぬき並みの大きさなんだから。ともかく、ティルと俺は理想的な飲み物を見つけたと思い、それからというもの、つねにポートワインを一瓶注文するようになった。

生きている喜びが高まった状態で、ティルにPortwein(ポートワイン)を一口飲ませてくれと頼んだことがあった。だが俺はいくぶん呂律が回っておらず、ティルはSportwein(スポーツワイン)と理解して、それがものすごく彼にウケた。すると俺も笑った。愉快なハシシュ友だちのなかには、自分たちは気分よくスポーツ煙草を巻いているんだと喜んで語る輩(やから)がいる。いらい俺たちは毎回、瓶のPortとあるその先頭にマーカーペンでSを描き、一人ひとりに、俺たちはこれからスポーツをするんだと宣言していった。そして一口、飲んだ。

その後は当たりまえの体(てい)で訊きあった――「おい、スポーツをはじめるか?」あるいは端的に――「スポーツの時間だ」他の連中の楽屋にいるときは、俺はついでを装って言った――もう向こうに行かなきゃ、スポーツをするんだ。すると皆はそれを当然のごとく受けとめた。それから俺はソファーに座り、大グラスに注がれたポートワインをちびりちびりと飲み干し、ひとまずは動かなかった。だが、ちゃんとコンサートの準備が整うように、いつしか不意に飛び上がり、普段コンサートでときどきしているように激しく手足をバタつかせた。またたくまにすっかり息を切らした。そしてコンサートがまだはじまってもいないうちから、筋肉が引きつってしまうんだった。だがそれはいぜんのことで、いまではちゃんと例の体操をやっている。

トムがふたたびやってくる。「ミート＆グリートの時間だ！」トムが叫ぶと、俺たちは飛び上がって廊下を先へと急ぐ。ハイケがスタンバイ済みだ。バンドと外の世界を調整してくれる人物で、彼女が俺たち一人ひとりの手にエディング・マーカーペンを握らせる。やや広い部屋へ向かうよう促される。ゲストたちが、もう俺たちを心待ちにしているところ。

そこには三十名程の人がいて、朗らかに、期待に胸を膨らませながら、俺たちのことを見ている。ラジオ番組の当選者や、その他の選ばれた幸運児たち。なにが約束されているのか知らないが、ともかく彼らは俺たちが部屋に入ってくるのをとても喜んでいる。俺たちは別々になって、俺は愛想よく微笑みながら最初の二人組に近づく。俺のことをハグしようと、女が両腕を広げる。だがそこで動きが固まり、驚愕してさっと身を引く。俺の服が放っている悪臭を予期していなかったんだ。あのオルフィーたち[42]と同じ状況。俺自身はいつのまにか慣れてしまったが、部外者にとってはそうとう衝撃的なんだ。腕をピンと伸ばしてＣＤジャケットを差し出し、俺にサインを求めるときの女の微笑はどこか苦しみに満ちたように映る。彼女の名前を訊いて、サインする。そんな具合に一人ひとりに応じていく。合間にバンドメンバーと短い言葉を交わし、ゲストたちの希望や特徴について意見を交わす。例えばシュナイダーが、あとでタトゥーにして彫らせたいからって背中にサインを書かせている男がまた一人奥にいるぞ、と教えてくれる。

バンドメンバーの名前をタトゥーにする人がいるなんて、と、いぜんはすっかり衝撃を受けたものだが、そういうのはさほど珍しいことじゃない。最初のラムシュタイン・タトゥーを見たのはウィーンでのことだった。背中か腕にサインのタトゥーが欲しいなら、名前を直接体に書かせるのがもっとも賢いやり方だ。俺たちは快く引き受ける。もう無数の物にサインしてきたんだ。携帯にシャツ、帽子、タオル、鞄、運動靴、ベビーカー、車いす、松葉杖。新聞に紙幣、身分証明書、パスポート、ズボン。もちろん美しい娘たちの生肌にも喜んで。サングラスにギター、ギターピック、この場合は六人のサインを全部書き入れるのが至難の業。入場券に、俺たちと他の者たちの写真にも、テーブルを丸ごと覆うほどのポスターのときもあれば、それよりももっと大きい旗のときも。それから、その他ありとあらゆるもの。それにひきかえ裸の背中とは、ずいぶん簡単な話である。冗談でなにか別のことだって書けるぞ。なんたって本人には見えないんだから。Falke（鷲）と書いてみようか。サインをたくさん書いていると、ときにうっかりそういうことが起きる。もちろん笑えない。そいつの背中にヘレーネ・フィッシャー[43]とも書けるなぁ。

そうする代わりに、シュナイダーに告げる。前の方に立っている娘が、おまえのことをシュトゥットガルトいらい知ってるってよ。だからひとまずそっと見てみたほうがいいぜ、名前を想いだすまで

42　ドイツの人気児童書の主人公。オルフィーは靴底や泥など、汚いものが大好きな生き物として描かれている。
43　ドイツの人気歌手（一九八四年〜）。

な。でないと気まずくなるぞ。その場で語った作り話で、もちろんでたらめだが、いまやシュナイダーがまったく知りうることのない名前を懸命に想いだそうとしている様子を観察することができる。するとファンの一人が携帯を手に押しつけてくる。礼を言ってしまおうとするが、俺のスーツにはポケットがない。ファンは笑う。冗談でそうしていると思っているんだ。携帯に向かって話すことができるのを、まるで俺が知らないふりでもしているって。そういうことなら、と携帯を耳元に近づけて、言う――「もしもし」キー、ギー、音がすごい。この部屋は電波がかなり悪い。やっと聞こえる――「ヴォルフガング、どうしたんだ？　ヴォルフガング、ヴォルフガング！　おい！」俺はヴォルフガングに携帯を返す。「聞いたか」ヴォルフガングが電話口に向かって叫ぶ。「マジでラムシュタインだぜ！」

他の人々は携帯を使って、むしろ写真を撮っている。俺たちは個々に走り回っているから、各人が一人ずつ写真を撮らせなきゃならない。ときどき人々が俺たちを捕まえて、二、三人のミュージシャンと自分とが、あるいは彼氏ないし彼女が一緒に写真におさまるようにする。

トムが全員で集合写真を撮りましょうと促し、喧噪に終わりをもたらす。ハイケがそのあいだに携帯を集めて、一つずつ持っては一行と俺たちの写真を一枚ずつ撮っていく。それから俺たちはまた部屋に戻る。五分後、いよいよはじまる。

コンサートのまえに、最後にトイレへ行っておこう。だがトムが廊下に立ちはだかり、なぜまだサイン入りカードと廊下に飾ってあるポスターにサインをしていないんだと訊いてくる。俺は、壁に粘着テープで固定されているペンに手を伸ばし、ポスターにサインしていく。かなりたくさんある。ポスターは一種のお礼として、主催者と現地の従業員に配るんだろう。サインし終えて、ペンをふたたび壁に貼りつける。サイン入りカード用に、トムがもう少し細い銀色のペンをくれる。見たところ、およそ百枚はあるだろうか。さいわい同僚たちはいつも同じ場所にサインしているから、そのつど自分用に新たな場所を探さなくていい。あと二分。インイヤーモニターを装着しなくちゃならない時間だ。

手短に説明しておこう。俺たちが現在知っている形のロックバンドは、一九五〇年代から存在している。踊りに合わせて演奏しようとなったら、舞台に上がって演奏しはじめた。ドラムはダンスホールでも十分聴こえる。一方、ギターはそれほど音が大きくなかったから、エレキギターが発明されて、ギタリストたちは自分たち専用のアンプを舞台に持ち込んだ。するとピアノはいよいよ張り合えないだろうとなって、こちらも電気版が発明されて、すべての弦は長いピックアップを通してアンプにつながることができるようになった。残るはヴォーカルだった。ヴォーカルはというと、マイクといわゆる歌唱装置を手にした。要するに、マイクにつなげられたアンプを経由して、信号が舞台左右に置かれたスピーカー二つに送られるようになった。比較的大きなホールで演奏するようになると、ずっと後ろに立っている人にも音が届くように、ギターとドラムの音量をさらに上げる必要が出てきた。するとスピーカー二つじゃ足りなくなって、専用のサブウーファーが入用になった。普通のスピーカーは広範囲の周波数帯に対応していなかったから。すると今度は、音楽がすっかりゆがんでしまった。小さなアンプじゃもちろん力不足だった。楽器ごとの音量を調整したいとなって、いまや個々の楽器はミキシング・コンソールにつなげられることになった。そこから信号がＰＡシステムに向かい──装置全体のための大きなメインアンプがそう呼ばれる──周波数の帯域は分けられて、個々のスピーカーからバンド全体の音楽が聴こえる仕組みになっている。つなげるスピーカーの数を増やして

PAを大きなものにしていけば、あるいはPAの数を増やしていけば、そのぶん音楽はゆがめられることなく大音量になっていく。ミュージシャンは皆、舞台上のスピーカーを通して自分たちの音がよく聴こえるようになるが、ヴォーカルだけは例外だ。というのも、自分の声が出てくるスピーカーの後ろに立っている。会場奥の壁に反響した自分の歌声を聴く恰好になるが、歌声は行って帰ってくるまでにとても時間がかかるから、遅れて聴くことになって、リズムよく歌えない。そういうわけでモニターが発明された。ミキシング・コンソールの第二の出力箇所から、いまや特別なアンプが操作されるようになって、そこにつなげられたスピーカーが舞台左右に置かれてミュージシャンたちの方に向けられた。これは英語でサイド・フィールド・モニタリングと呼ばれている。

ところがいまやバンド内のとりわけギタリストたちが、舞台上で非情にも自らのアンプをさらに大音量にしてしまった。なんでも、そうしないとちゃんと音が響かないからなんだそうだが、本当のところは、大音量の方がカッコイイと思ったんだろう。すると、またしてもヴォーカルが歌声をまともに聴けなくなった。モニター・チャンネルの音量を上げたら、フィードバックが生じてしまった。そういうわけでヴォーカルは、自分のスピーカーを目の前に置かせてもらえるようになった。音がちゃんと届くように少し斜めになっているやつで、ちょうどヴォーカルの顔に向かって怒鳴っている恰好になった。俺たちはそれを三角チーズと呼んでいた。バンドが大きくなるにつれて、舞台にはたくさんのスピーカーがあちらこちらに置かれていって、いつのまにかロックの舞台は家具屋の倉庫の様相を呈していった。あちこち駆けまわるスペースは、もはやほとんど残っていなかった。

そこで発明されたのがインイヤーモニターだった。モニターのミキシング・コンソールから、いまや信号が発信機に送られる。ミュージシャンはベルトのところに、およそ煙草ひと箱大の小さな受信機をつけていて、そこからケーブルがヘッドフォンへと伸びている。いまやもう舞台上にスピーカーは要らなくなり、全音響がより良く調整できるようになっている。ただ俺は当初、この受信機に苦労した。というのも、ときどき電光石火のごとく素早く着替えなくちゃならなかった。それか、手足をじたばたさせなきゃならなかった。すると受信機が落ちてしまい、どこかに引っかかった。そういうわけでベルトをかなり頑丈な首輪に作り替えて、受信機の後ろ部分に粘着テープを貼って首輪にしっかり固定した。そうすると、もうあとは耳まで短いケーブルが必要なだけで、だんぜん自由に動けるようになった。ヘッドフォンが耳からずり落ちる心配もなかった。他のバンドメンバーは受信機をベルトのところにつけて、ケーブルはトムに背中に貼ってもらっている。彼らはもちろん皆、いまやすでに準備万端だ。モニターミキサーがもう俺の受信機のスイッチを入れている。音量は3になっているか、もう一度チェックする。それから丁寧に首輪をはめる。革が熱気とひっきりなしの汗で石のように固くなっている。バックル部分が喉に当たって、まるで誰かに絞め殺されているかのようだ。とはいえ、それ以外は完璧。少なくともぐらつきはない。ヘッドフォン越しに、そうこうするうちにバンド連中が楽屋で最初のコンサート曲を弾き慣らしているのを知る。そうすると舞台上で最初からグルーヴ感が生まれるんだ。これも使うのが好きな言葉じゃないが、そんなふうにバンドが息をピッタリ合わせて一気に観客を引き込む演奏をするときに得るその気持ちを、他にどう表現したらいいかわからない。

　いまや、いよいよ本当にコンサートがはじまろうとしているから、彼らはさっとまた楽器を置いて廊下に集まる。バンドが俺を呼ぶ。

「モミの森に行っとかなきゃなんだ！」[44] そう叫んで、トイレに駆け込む。どうして俺一人だけがそんなに面白いと思うんだろう？　普段から俺たちの曲の歌詞を引用するのが好きで、それを楽しんでいる。なにかを手にしたいとき、俺のために誰か登ってくれないか[45]と訊いてみる。そして、よくこう叫ぶ――「俺にはその気がなくってね！」[46]

　これも引用で、実のところいつもピッタリあてはまる。だが、いまはその気があって、ただ、かなり急を要す。俺自身、遅れている自覚はあるんだ。とはいえファスナーには注意を払わねば。

　ふたたび廊下に戻ると、トムがもうシュナップス入りグラスを載せた盆を手にしている。俺たちは毎回コンサート前に、茶色のテキーラで乾杯するんだ。俺のグラスは少し明るい。というのも、きょうはただのレモンジュースだ。だが俺だってもちろん一緒に乾杯したい。もう一つ明るいグラスがある。おそらく、昨日また誰かが羽目を外して、もうシュナップスを見られないんだろう。やれやれ、誰が取るだろう？

　俺たちのもとに、いまやニコライも立っている。ツアーの責任者で、だから皆のボス。ニコライは仰々しいヘッドフォンを頭に載せている。もう無線を通じて舞台とつながっている。ニコライが言う――「舞台の方は準備万端だ」

　それから俺たちを一瞥して、一瞬、ニンマリすると、無線機に向かってしゃべる――「バンドも準備ＯＫだ。会場ライトを落とせ」

　ニコライのそう言うのが、とても小さな声で聴こえる。というのも、俺はもうイヤモニをつけていて、舞台用にミキシングされた音響を聴いている。会場にはまだ音楽が流れていないが――俺たちはまだ演奏していないんだから――舞台には複数本のマイクが置かれていて、それらを通して観客の様子が聴こえてくる。観客の喜んでいるのがはっきりと聴こえる。いまや会場の照明が落とされた。いよいよコンサートがはじまるという確たる合図。まさにこの瞬間を、人々は何時間も待ち望んできた。だがいまのいまは、その喜びはまだあともう少し早すぎる。俺たちはちょうどシュナップスグラスで乾杯している最中なんだ。さっと飲み干し、いざ出発。

いちおう、いまや舞台に向かって歩いていく。ロックコンサートと言えば映画で目にする、あのシーン。バンドが長く暗い廊下を抜けていく。もういくたび俺たちは迷って、どこぞの厨房やら物置部屋とやらに行き当たったことだろう。観客のど真ん中だったこともあった。すると人々は、俺たちが舞台に現れると期待していたものだから、不思議がるんだった。こういうことは意外にも頻繁に起こる。俺たちがなにも考えずに、ただ前を行くクルーメンバーの後をのそのそとついていってしまうからだ。ひとまずエレベーターで正しい階まで行かなくちゃならないときもある。すると数秒の間が生まれ、俺たちはたがいを見つめ合い、なんて恰好をしているんだろう、とんだことになっちまったなぁ、と驚く。そういうときは、ときに大爆笑してしまう。他の奴らだったら年金について考えを巡らせているだろう歳になって、なに馬鹿なことをやってるんだろう、と気づくんだ。俺たちが真面目な印象を与えることは、きっとない。

すると扉が開き、いまや会場の中にいることが雰囲気でわかる。見えるわけじゃない。なぜなら舞台の後ろも、もうすべて真っ暗なんだ。技術者たちが、懐中電灯の光をせわしなくあちこちに向ける。

44　曲「おまえ無しで（Ohne dich）」からの引用。
45　曲「薔薇のような赤（Rosenrot）」からの引用。
46　曲「その気なし（Keine Lust）」からの引用。

それは少し、野外キャンプにいるときのよう。俺たちは複数のケーブルをまたいでよじ登っていき、照明を避けながら舞台にたどり着く。

映画だったらいまや喝采が沸き起こり、俺たちは弾きはじめるんだろう。だが、俺たちはここで、映画の中にいるわけじゃない。舞台の前には、まだ幕が垂れている。

だから、ゆっくりと所定の位置につくことができる。俺は自分のキーボードに目をやるが、すべて大丈夫かどうか、もちろんわからない。中を開けてみることなんてできやしない。仮にそれが可能だったとして、わかるものもないだろう。だから俺は、一連の行為をしないで済ますことができる。ひょっとしたら、いま、やっぱりだんだん緊張してくる。極度の緊張というのはれっきとした病気で、それを取るに足らないことだと言う必要はまったくない。俺の調子が悪いときに、症状の原因がなにかはどうでもいい話だ。とはいえそれ以外、調子はそんなに悪くない。レモンジュースが心地よく喉元で燃えている。

俺は、照明の上に立ったティルが、目の前を小さなモーターの手を借りて天井まで引き上げられていくのを見つめる。ティルは舞台上で、素早くピンクの毛皮ジャケットを羽織っている。俺は舞台後方を振り返って、ニコライの方を向く。ニコライが懐中電灯で全員が位置についたとの合図を送り、俺は最初の曲のイントロをはじめる。きっかり二十一時。とはいえ見えたわけじゃない。舞台の向かい側に掛けられている時計に気づくのは、ようやく三十分が過ぎる頃だろう。ただ、わかるんだ。俺たちはいつも時間通りに演奏をはじめるんだから。そうしない理由があるだろうか？　俺の機嫌は上々だ。

自分たちのコンサートを、いつか観客の側から見てみたい。だが、少なくとも俺がバンドで演奏しているうちは無理だ。一度、録画されたものを観たことがあるが、すべてがどんなふうになっているかを観て、すっかり呆然としてしまった。バンドの皆がなんたるおふざけに興じていることか。というのも舞台上の立ち位置から、俺には皆の様子がまるきり見えない。腹の底から笑わずにいられなかったが、しょせんそれはただの映像で、コンサートにいるときのその感情を映像が代替するなど、どだい無理。

描けるのはだから、俺が舞台上で観察していることだけだ。イントロとなる俺の音に続いて、ドラムとギターの奏でるリズミカルなアクセントに合わせて、舞台に組まれた足場から打ち上げ花火に火が点けられる。爆音とともに俺たちもほんの少し照らしだされて、半透明の幕にその影を見分けることができる。そうして人々は、俺たちがもう舞台に立っていて、演奏していることを知る。長いブレイクがあって、いよいよ幕が完全に下がると、人々は舞台と照明と、それからもちろんバンドとを、ゆっくり眺めることができる。

　はじまりを飾るのは「俺はおまえを痛めつける（イヒ・トゥー・ディア・ヴェー）」で、出だしを除けばまったくショー要素のない曲だ。だから俺たちは演奏に集中できて、それがすごく面白い。俺の場合はおまけに耳元でとてもクリアなサウンドが聴こえている。この曲はおそらく「俺はおまえを痛めつける（イヒ・トゥーエ・ディア・ヴェー）」と言わなきゃならないが、[1]戦争と恋愛においては、もちろん詩と歌においてはということだが、文法規則は度外視される。この曲が扱うのは――驚くなかれ――苦痛と服従だ。とはいえ確信があるわけじゃない。すべてがメタファーでしかないかもしれないんだから。もっとも、苦痛がなんのメタファーなのかはわからないが。

　初期の曲にも似たようなテーマのものがあった。「輪転花火（フォイヤーレーダー）」といって、正規のアルバムに入っていないから、なかなか知名度が低い。そのぶん、この曲をコンサートで披露するのはとてつもなく楽しかった。この曲用に俺たちはセックスショップで首輪とリードを買って、俺がティルの背中にまたがって舞台を行ったり来たりした。俺がいい具合に酔っぱらって上機嫌だったときは、観客のあいだを縫うようにティルを誘導することもあった。一度などはあるクラブで、バーカウンターの上で馬乗りになったこともあった。そのさい、俺たちはそこにあったすべてのグラスを落としてしまったが、苦情を言う者は誰一人いなかった。俺は手に鞭も持っていて、それでティルをさんざん打った。それはセックス店ではなく、乗馬用品店で買ったものだった。試しにそれで軽く自分の脚を打ってみたら、恐ろしいほど痛かった。なぜそれで力いっぱいティルの素っ裸の背中を打ちつけなくてはならないのか、俺にはわからなかった。その曲のあと、そんなことがあっても俺たち二人は相変わらずいつも仲が良かった。そういう曲にはいくつかいい演技が考案できる、と俺たちは悟った。

いっときなどはティルの頭で瓶を打ち砕くこともあった。最初は本当に本物の瓶をティルの頭で割っていたのか、覚えていない。映画のシーンでガラスの破片が必要になると、いわゆる飴ガラスと呼ばれるものが使用される。思うに、それは本物の砂糖からできているが、味を試してみたことはない。かつて少年たちが少女たちに感銘を与えるために、喫茶店でガラスコップを平らげたことがあった。遅くとも翌日の朝に、彼らはそれを悔やむんだった。俺の場合、そもそも勇気について語ることができたとして、そこまでの勇気はなかった。だから本物のガラスはどんな味がするのか、わからない。

　いずれにしても俺たちは、空の飴ガラス瓶を何箱かツアーの荷物に加えた。瓶の半分は、もう移動中に壊れてしまった。何本かはときに自分たちで粘着テープを使って修理することもできたが、俺たちは十分に気をつけることができなかった。ショー効果がより威力を発揮するように、楽屋でさらに血糊を詰めた。愚かなことに、俺はときどきコンサートのさなか、瓶を取り出すさいにくびをつかんで割ってしまい、ティルに触れることなく血が舞台に飛び散ったこともあった。もちろん目立たなかったが。ときには楽屋で血を満たすさいに細い飴ガラス瓶が割れてしまうこともあり、そうするとあらゆる物が血まみれになった。血を入れようとする者がよりによって怒りでもしたら、あっという間に楽屋は畜殺場と化すことができた。俺はツアーに着替えをほとんど持っていかなかったから、次の日、血が飛び散った服でミュージアムをぶらついたり、夜に薬局でコンドームを買ったりしたこともあった。俺だったら逮捕していただろう。それでいて、ただ舞台上でティルを怒らせたいだけだった。

1　文法的には「トゥー（tu）」でなく「トゥーエ（tue）」が正しい。

「俺はおまえを痛めつける」では、つまり、いま演奏している曲だが、しかしながらティルが俺を痛めつけることになっていた。反対だったら、きっと嘘っぽいだろう。ティルには俺なんか、ほんのわずかな動きで振り払えるだろうから。たがいの嫌悪感に真実味を持たせるために、俺はコンサートの最中、ずっとティルを怒らせた。わざと鋭い間違った音を出して、背後でティルのことを馬鹿にして、ときには前に出てきてティルを押したり、尻を蹴ったりした。曲のCメロにくると、ティルは俺をひっ捕まえて舞台上を運んでいって、浴槽に投げ入れた。それから、ちゃんと舞台からよく見えるように、リフトに乗って会場天井の方へと上がっていき、桶いっぱいの火花を俺にぶっかけた。そのさいティルは何度も、俺が本当に死んでいるかを確かめた。いぜんのフラーケは、実のところ死んでいた。というのも、いまや、さっきは着ていなかったキラキラ衣装で浴槽から現れるのだ。そして生まれ変わった様子で、舞台上をジタバタしながら歩いていった。

その一連の演目を、俺たちは直近のツアー・コンサート中盤でこの曲を演奏したときに行って、それがいわばショーの頂点をなした。いまはこの曲をいちばんはじめに持ってきているから、そんな馬鹿げた芝居に力を使うことなどできない。だがそういう理由でこの曲を省いてしまうのはもったいなさすぎるだろう。というのも、この曲をただ演奏するだけでこんなにも面白く、もうまた終わってしまうのがひたすら残念なんだ。俺の場合、最初の曲はたいていそういう気持ちになる。事実、そこでは見るべき新たな事柄があまりにもたくさんありすぎる。幕が下りてみるまで、アリーナがどんな形をしているのかわからない。すべてがどのくらい大きいのかも。野外コンサートで、陽の光が舞台に降り注いだだけで驚いたこともある。あるときは舞台前で観覧車が回っていて、ゴンドラからファンたちが手を振っていたこともあった。

＊

昔は、どうやってコンサートがはじまるかなんて考えもしなかった。フィーリング・Bの頃はそのままふらふらと舞台に上がって、最初の曲を演奏するまえに、すべての楽器がちゃんと動くかどうかをひとまず確かめた。ときには、どこかで油を売っている仲間の一人を待たなきゃならなかった。俺たちの声が聞こえると期待して、何度も名前をマイクに向かって叫んだ。

そのうち、ちょっとした即興演奏ではじめるようになった。その日の調子しだいで、観客にウケたりウケなかったりした。たいてい、人々はバンドに曲の演奏をはじめてもらいたがった。

バンドでポーランドに行ったとき、俺はそこで初めてコンサート映像なるものを目にした。とあるクラブで、午前中に『ストップ・メイキング・センス』が流れていた。そこではデヴィッド・バーンがギターを持って、ラジカセが置かれただけの空っぽの舞台に上がるんだった。それからラジカセのスタートボタンを押して、リズミカルな打楽器の類がはじまると、それに合わせてギターを弾き、最初の歌をうたった。曲ごとに新たな楽器が加わった。素晴らしいと思い、自分たちでもやってみたかったが、そのアイディアはもう使われていたし、どのみち俺たちに似合わなかっただろう。俺たちはパンクバンドだったんだから。

それからプリンスのコンサートビデオも観た。ショーは豪華で、最後まで緊張感に溢れていた。プリンスは未来派っぽい車で舞台に登場した。車の扉の閉まる音が、コンサートの最初の音だった。なんて独創的。もちろん俺だってそんなふうにやってみたい。だがそもそも、そのアイディアはもうプリンスのものだった。それに、どうやったら車を舞台上に持ってくることができるのか、俺たちはたいていい小さなクラブで演奏していたから、見当もつかなかった。それができたとして、そうしたらコンサートの最中にどうやってまた舞台から下ろすのか、考えようもなかった。俺たちにはただでさえ十分なスペースがなかったから。

ラムシュタインでは、当初、つねに「ラムシュタイン」という曲ではじめた。いわば自分たちを紹介したのだった。ティルは自分が歌う最初の音節のところで、要するに「ラム」で、噴射花火に火を点けた。そしてその火が、まえもって床に振りかけておいたガソリンに引火した。あるいは、ティルは後ろから自分のコートの両腕に火を点けさせた。「ラムシュタイン」はとても質素に編まれた曲だったから、音響技師が会場のサウンドを調整するのに都合がよかった。事前のサウンドチェックでは、ホールを吸収する観客がまだその場にいないから、空間の響き方がたいてい少し違うんだ。ときがたつにつれて、俺たちはどんどん他の曲を考案していき、もちろんプログラムも少し変えよう、となった。何年も「ラムシュタイン」ではじめるわけにはいかなかった。二枚目のアルバムを収録し終えた頃、ようやく曲々を新たなプログラムでつなぎ合わせ、違った形のコンサートの出だしをあれこれ試すようになった。俺たちは観客の反応に注目した。とはいえ、それぞれの出だしがどう受け止められるか、確信が持てたことは一度もなかった。観客とは、どのみち場所ごとにいつも違った反応を示すから。

一時期は、オリーにアコースティックギターを持たせてひとりで舞台に座らせたこともあった。するとオリーはいかにも歌人（リーダーマッハー）らしく弾きはじめ、俺たちからなにかまったく違ったものを期待していた観客は驚いた。少なくとも、それが俺たちの望んだ効果だった。その後、ミキシング・コンソールからオリーめがけて紐つきロケット花火が打ちこまれ、ギターに命中した。俺たちは、オリーの椅子に固定された紐を一瞬でぐいっと引っ張った。すると花火が爆発するタイミングで、オリーが舞台から飛び上がった。まさにその瞬間、ギターとドラムがパワー全開で曲を演奏しはじめて、すべてがいわばまた元通りになるんだった。

その後の出だしでは、俺たちが、ほとんどもう魔法みたいな仕方で舞台に現れることもあった。はじめに炎がいくつもの塔となって吹き出し、それらが舞台の上空真ん中でぶつかり合った。すると幕が下がり、人が目にするのは空の舞台だった。最初の音に合わせて爆竹がぶっ飛んだ。煙が引くと、俺が突然立っていた。もちろん、まえもって隠れていたのである。そして俺がイントロを弾きはじめた。次の拍子でまた爆音がして、次のメンバーが現れた。そうやって続き、残るはあともうティルだけになった。Aメロがはじまり、歌声は聴こえるが、姿がまだ見えなかった。するとシュナイダーのドラムのキックが前方にふらふらと移動してきて、突如、立ち上がった。ティルがバスドラムを肩の上に、いわば頭にして載せていて、歌をうたいながら『ABC新聞』[2]にあったコミックの登場人物のように見えた。最初のリフレインで、そのドラムを床に投げつけた。

それからというもの、俺たちはどんどん複雑な出だしを考案していった。アルバム『母（ムター）』のツアーでは、舞台美術全体がどこか病院のように見えた。手術用の照明が天井からぶら下がっていた。俺たちは、俺用に古い歯科用椅子をキーボード台に改造して、俺は医者の白衣をまとった。さらにト

2　旧東ドイツで発行されていた子ども向け月刊紙（刊行期間は一九四六〜九六年）。

ムが、輸血用血液の入った袋を白衣につけるという着想を得た。その袋をトムがどこから調達してきたのか、誰が知ろう。ともかく俺は、フランケンシュタインさながら舞台上にふらふらと現れて——医者の名がフランケンシュタインなんであって、怪物の方じゃない——歯科用椅子のもとであれこれ作業をして、照明をつけて、ボタンをいくつか押した。それからイントロを演奏しはじめた。ゆっくりと天井から巨大な子宮が漂いながら降りてきた。そこにバンドが待機していた。子宮が下まで降りてくると、メンバーが一人ずつ子宮頸管を通って裸で舞台に転げ落ちた。彼らは小さな布切れをまとっているだけで、本当に生まれたばかりであるかのように振る舞った。おぼつかない足取りで、ゆっくりと一種のシャワー場へと向かい、二酸化炭素のシャワーを浴びた。それでエネルギーがチャージされたということで、楽器の位置につき、演奏を開始した。するとティルがAメロのところで手術用照明の一つに乗って、天井から漂いながら降りてくるんだった。

『旅、旅(ライゼ・ライゼ)』アルバムツアーでは、技術者たちにツアーポスターの俺たちと同じ恰好になってもらった。コンサートがいまやはじまるという時間になったら、俺たちそっくりの技術者六人が舞台上は幕の前に立って、直前の準備をしだした。観客は、どうして演奏をはじめないんだろうと不思議がった。その馬鹿げた行為がなんのためか、知る者はいなかった。すると幕が下がり、まさにその瞬間、俺たちが本物のミュージシャンとして最初の曲を演奏しはじめた。一方、技術者たちは幕とともに消えた。曲は「旅、旅」で、俺たちはとてもピッタリくると思ったんだ。というのも「旅、旅」とは、もともと水夫たちを見張りにつかせる起床の合言葉だったから。あるいは、いまでもまだそうなのかも。

『LIFAD』ツアー用に——『最愛なる全てのものへ(リーベ・イスト・フュア・アレ・ダー)』の略称だ——俺たちは、いわばそれ専用の出だしの曲を作った。すでに録音の時点で、その曲でコンサートがはじめられるだろうと考えていた。そんなわけで、曲は実に「ラムの曲(ラムリート)」と言う。そこでは俺たちが半透明の幕の後ろでイントロを演奏した。ティルは口の中に照明を入れられるよう、歯医者に細工をしてもらった。電気ケーブルを通すべく、頬っぺたに穴を開けてもらい、そこにケーブル用の管をはめ込んだのである。ティルはいまや、つねにこの経路に栓をつけることになった。でないとなにかを飲むたびに、すべてがまた頬っぺたから飛び散った。

ティルのこの行動にはすっかり驚嘆してしまう。第一、機器一式を口の中に入れたまま歌うこと自体がすごく難しい。おまけに、照明は口の中でかなり熱くなった。最初の一打ち(ラム)でいつものように幕が下り、いよいよスタートした。

＊

あまりにも早く最初の曲が終わってしまった。間があかないように、俺はすぐさま次の曲をはじめる。「おまえたちはベッドが燃えるのを見たいか(ヴォルト・イア・ダス・ベット・イン・フラメン・ゼーエン)」のイントロ。曲のタイトルはプロデューサーが提案したんだと思う。それまではぜんぜん違った名前だった。というのも「おまえたちはベッドが燃えるのを見たいか」を演奏しようぜ、なんて誰が言いたいだろう。すっかり頭がイカれてるみたいだ。俺たちがこの曲を作った当初、それは「持ってくる奴(ブリンガー)」といった。俺たちは基本リフがとても気に入っていて、このリフがひとりでに持ってくる(ブリンゲン)と思ったんだ。歌詞はずっとあとになってつけられた。だがアルバムには別の、いわば公式のタイトルが載っているから——いまここで繰り返さなくてもいいだろう——次は「持ってくる奴」だと言っても、クルーたちはどの曲が演奏されるかわからなかった。だから俺たちは、いまやつねに公式のタイトルをリストに書くようにしている。

この「持ってくる奴」の演奏が、俺はともかく好きだ。ある箇所で、俺はだしぬけに激しくジタバタしはじめる。次のメロディーでは、まるで何事もなかったかのように、またキーボードの前でじっと固まる。一度、すっかり酔っぱらったときに思わずやってしまったんだが、いらいつねに繰り返さなきゃならない。でないと今回はやる気がないとか、全身全霊で演奏していないように見えてしまうかもしれないから。もちろん、そんな即興でやったことを繰り返すのは本当に馬鹿げているんだが、そうでもしなければ俺はコンサート中、ずっとただその辺につっ立っているだけで、それだと観客はがっかりするだろう。悲しいかな、ちょっとジタバタしただけですっかり息を切らしてしまい、汗をかきはじめる。もう二曲目でこのザマだ。

曲の終わりで、ティルはいわゆる火の輪（リング・オブ・ファイア）の中に立っている。なんといってもジョニー・キャッシュを、バンド全員が好いている。ジョニー・キャッシュをいいと思わない奴を、俺は一人として知らない。彼の曲「リング・オブ・ファイア」では愛がテーマだ。一方、俺たちのリング・オブ・ファイアは本物の炎からなっていて、さほど愛とは関係ない。俺は何メートルか離れたところに立っているが、あまりの熱さに息を止めなきゃならない。炎でもっとも危険なのは、熱そのものじゃなくて、炎が肺に入ってしまうことだ。体の表面で感じる熱はひたすら痛いだけ。前日にもう火傷している場合はとりわけそうである。ひどい日焼けを経験したことのある人ならわかるだろう。

火の輪を考案するまでは、このところで火炎放射器が投入された。するとティルは、空っぽになるまで存分に火炎を放つことができた。というのも、この曲がたいていコンサートの最後にきたからだった。いまは二曲目に演奏して、これももう終わろうとしている。

俺は指をあともう少し最後の音に置いたままにする。ベースが「その気なし」のイントロをはじめるまで。格別、魅力的な曲。八分の六拍子で、だからいわばテンポのよいブルース。比較的長い休止期間のあとで、俺たちがアルバムのアイディアを持ち寄ったときの、最初の思いつきの一つだった。そのアルバムが、その後『旅、旅』と呼ばれることになろうとはもちろんまだ知らなかった。「持ってくる奴」という名の曲がまだなかったら、「その気なし」が内輪ではきっとそう呼ばれていただろう。

舞台上で俺は、二台のキーボードのあいだに立っている。エンソニック製のサンプラー、ずいぶんまえからもうこのメーカーは存在しないんだが、それとローランド製のオルガンで、これまたこういうやつも残念ながらもう売られていない。本当にいい物の多くが、あっという間に、改良版と言われはするが、その実そうとうな改悪版でしかない物にとって代わられるのが、おそらく世の趨勢なんだろう。するとたいてい、あらゆるケーブル差込口がなくなっている。つねに新しいなにかがあればそれでいいんだ。眼鏡が壊れて、新しいものを買おうと眼鏡屋に行ったときも、眼鏡屋は俺を異星人でも見るような目つきで見て、こんなモデルはいまだかつて見たことがありませんよ、ずいぶん昔のコレクションだったに違いありません、と言ってきた。それでいてその眼鏡は二年前に同じ店で買ったばかりだったのに。まぁ、少なくとも感覚の上での二年前ではあるが。

俺が舞台で使っているサンプラーは、代用サンプラーもそうだがイーベイで買った。さいわい、この機械を修理できる奴をまだ一人知っている。そいつがいなくなってしまったらお手上げだ。俺はラムシュタインに加わったときから、もうこれと同じサンプラーを持っていて、いま持っているこの二つがもう動かなくなったら、どこからすべてのサウンドを手に入れればいいのかわからない。二つともとても古い代物だから、容量はごくわずかしかない。若者たちが想像だにできないほど、わずか。当初、コンサートでは曲ごとにフロッピーディスクをスリットに差し込んで、必要なサウンドをあらかじめ読み込ませておかなきゃならなかった。すると、バンドの皆が俺を待たなきゃならなかった。そういうわけで、サンプラーの一つにハードディスクドライブを埋め込んだ。だが、俺はそういう機器がどんなに繊細であるかをわかっていなくて、あるコンサートですっかり舞い上がって、マイクスタンドで叩いてしまったことがあった。そのさいおそらくハードディスクが壊れてしまったんだろう。そのあとはコンサート中ずっと、もう演奏することができなかった。サンプラーはもはやフロッピーディスクも読み取ってくれなかった。俺は馬鹿みたいに舞台に立ちつくして、ジェスチャーで謝るしかなかった。バンドはもちろん怒った。皆がふだん合図にしているシークエンスもなくなってしまったからだった。俺たちの音楽はもう当時から、俺たち人間が、コンピューターから生まれるグルーヴに合わせて演奏することから成り立っていた。そのグルーヴを作るために、俺はリズムやシークエンスを指でタイプ入力して、それらを数量化するんだった。つまり、音はまっすぐに並べられた。俺自身がまったく弾けないほど理路整然と。ときにはブレイクビートを吹き込むこともあった。俺がサンプリングしたドラムのリズムのことで、だからつまり俺が録音したものだが、曲に合うよう、すっかり変形してあった。するとシュナイダーがそれに合わせて、ひたすら耳の感覚で叩いた。その箇所が来るというとき、俺はサンプラーのスタートボタンを押して、ポーズのときはストップボタンを押した。リフレインで別のシークエンスが必要になったら、切り替えが必要だった。もちろんそのまえの拍子で。するとサンプラーから、あるいはそこに内蔵されているシークエンサーから、最初の拍子で正しい音が出た。要するに、俺は舞台上でやらなきゃならないことがたくさんあって、そうとう集中しなくちゃならなかった。バンド全員が俺の音を合図にしたからだった。あのハードディスク事件の類がもう起こらないように、俺たちはシークエンスをサンプラーから切り離して、それをMIDIファイル・プレーヤーで演奏するようにした。だが、またしてもその機械を扱うのが俺だったから、それをもってしても上手くいかないことがたくさんあった。いまでは、それはいわゆるミュージシャンアシスタントが担当している。巷の物言いに従えば、俺だってもうしっちゃかめっちゃかなんだよ。本当に巷でそう言えば、だが。

アルバム『旅、旅』の制作とツアーでは、音を作るのにアップルのノートPCも使ってみた。ロジック音楽制作ソフトを買って、あわせて大量のソフトウェア音源を調達した。だが、しょっちゅうOSを更新せねばならず、そうしないと新しい発明品のすべてを読み込むことができなかった。すると今度は古い音源がもう機能しないんだった。そんなわけで古い音源の更新版をダウンロードしようとしたら、それらがないか、ちょうど曲に使いたかったサウンドがまさになかった。そしてここぞという瞬間に、すっかり絶望してしまったんだが、コンピューター全体がダウンした。おまけに、一つひとつの音源で何千ものサウンドが使えるようになっていた。俺は音のイメージを抱いては何時間もかけて悪戦苦闘しながらなんらかのデータバンクをさまよったものの、しまいには自分がいったいなにを探していたのか忘れる始末だった。きっと百万もの音を手にしていたが、俗な表現で言うと、結局どれも糞みたいなものだった。それでも例外的に面白い音を見つけると、その音はそれだけだといい響きなんだが、他の楽器と一緒になるとぜんぜん聴けたもんじゃない、と認めなきゃならなかった。

俺はほとんど気が狂いそうになって、やっぱり昔のサンプラーを引っ張りだしてきた。何度も使う、合唱とか弦楽器とかのサウンド用にはまさにもう一台のオルガンを使い、いまや愉快そうにこの二つの楽器のあいだをジャンプしながら行ったり来たりする。

なんてことだ、もう「渇望（ゼーンズフト）」がはじまっているじゃないか！　俺はすっかり考えに慕っていたようだ、間違えた、浸っていたようだ。だからまったく気づかなかった。そういうことがこのところますます頻繁に起こる。俺たちはこの二つの曲をしばらくまえからこの順番で演奏しているから、俺は自動的に「渇望」を演奏している。渇望とはちなみに、アメリカ人がぜんぜん上手く発音できない単語だ。彼らはチェーンソーと言ってしまう。チェーンソーとはドイツ語で鎖鋸（ケッテンゼーゲ）のことで、この曲にとてもピッタリだ。よくよく考えると渇望よりもピッタリだが、俺たちは英語で歌いたいわけじゃない。

出だしですぐに、俺たちの上方で爆竹がドラムの音にピッタリ合わせて爆発する。爆竹とドラムブレイクのタイミングが合うよう、俺たちはこの曲の最初を延々とこねくり回さなければならなかった。これは本当に大切なことで、爆竹が違うタイミングで爆発すると、その爆音で拍子がすっかり狂ってしまう。火炎効果を音楽とシンクロナイズさせるのは想像以上に難しい。爆竹がまず点火しなくちゃならないが、それにどれだけの時間がかかるか、誰にもわからないんだ。

Cメロでは緑色の舞台用炎が壁となって、舞台の縁に立ち昇る。すると俺は毎回、それが均一に燃えているのを喜ぶ。本当にカッコよく見える。少したって、臭い煙雲が俺のもとにも届く。思いっきり鼻に入ってひりひりと痛い。おそらく毒性なだけではない臭いがする。

「渇望」でティルは、あの有名な腿（もも）たたきを披露する。どんなヴォーカルにも個性があるが、ティルはあるコンサートでしゅうし拳で膝を打ちつけるというインスピレーションを得たことがあった。それが音楽的に相応しいとあらば、いまではいつもそうしている。攻撃的なところでは、それどころか両手を拳にしてたたく。するとそれはダブル腿たたきとなる。当初、ティルの腿はいつも青あざだらけだった。

最後のリフレインで、ティルはマイクをしたたか額に打ちつける。あんまり勢いよくやるもんだから、マイクが壊れてしまう。あるいは頭の方が。ボキッと壊れる音がスピーカーを通して聴こえてくる。ギタリストだけが楽器を壊していいなんて、誰が言う？　するとティルは、そのマイクを観客席に放り投げる。それをキャッチした者は狂喜乱舞し、家への土産とする。もう使うことはできないが、そんなことはどうだっていい。ティルが翌日の晩にも新しいマイクでまったく同じアクションを繰り返すことなど、その者には思いもよらない。毎回マイクを額に打ちつけるものだから、もちろんいつも頭皮も一緒に裂けていく。そういうわけで俺たちが何日か続けざまに演奏すると、ティルの額全体がいちめん廃墟の領野になっている。傷の完治する時間なんてないんだ。

ティルは一度、それが理由でプールに入れなかったことがあった。開いたままの傷口がともかくたくさんありすぎて、監視員が許してくれなかった。それでいて俺たちはプールが大好きなのに。コンサートの翌日にアルコールが体から抜けるまで水中で泳ぐことほど、素晴らしいことはない。

さらに素晴らしいのは、コンサートのすぐあとに泳がせてもらえるホテルに泊まることだ。ホテルというホテルがプールを晩に閉じてしまいたいものだが、トムはしばしば俺たちのために開けたままにしてもらえるよう説得してくれる。すぐに筋肉をほぐす必要がある、とか言って。実は俺たちが思いっきり祝いたいのを、トムはもちろん明かさない。いぜんは可能な限りたくさんの女たちをホテルに連れ帰って、すぐさまプールに投げ入れたものだった。すると、たいていは服を脱いでくれた。念には念を入れて、女たちの持ち物も一緒にプールの中に投げ入れた。そうすると、そんなすぐには逃げられないからだった。それに続いて、すぐさまシュナップスの何本かが宙を舞い、そのそばを泳ぐときはいつも一口、勢いよく飲んだ。俺たちはその後、ホテルの廊下でもうまったく意識がまともでなく、素っ裸でエレベーターのあたりをふらふらとさまよった。次の日の朝になると、ホテルの従員たちが俺たちを相手にとても不機嫌だった。空っぽの瓶が、悲しそうにプールに浮いていた。それに、あのプラスチック製の寝椅子に衣服も何着か。プールの底には緑の植物が二つ、鉢の中に入ったままの状態で置かれていた。いまや、ようやく十分な水分を得たんだった。どのようにしてすべてが水の中に入ったのか、知る由もなかった。というのも俺たちはなにも飲まず、全員さっさとベッドに入っていたからだった。

もう「灰は灰に（アシェ・ツゥ・アシェ）」がはじまる。なんてことだ、時間があっという間に過ぎていく。コンサートはまだはじまったばかりな気がするのに。ときに俺は、人生もそんなふうにコンサートのようにあっという間に過ぎていくのでは、と怖い。少し慣れてきたと思ったら、もう三分の一が終わっているんだ。それでいて本当に楽しいのはアンコールのとき。だが、俺たちはまだそこまで来ていない。俺の人生も、望むらくはまだやっと半分が過ぎたところ。

パウルが前方の真ん中に立って、一人で演奏する。あの独特なギターリフをひたすらこする。するとリヒャルトが横に立って、そこに加わる。二人は壁のようにそそり立って同じリフを弾いているから、そのぶん余計に暴力的になる。ギター同士のあいだに摩擦が生じるように、二人はいくぶん違った仕方で和音をとらえている。二つの楽器がまったく同じように弾くと、音がさらに大きくなる代わりに互いがたがいを打ち消すとも限らないんだ。ギタリストたちがそんなふうに一体となって並び立っているのが、俺は好きでたまらない。すると彼らは一つの権力のようだ。チェスで言うなら、ルークが二つ並び立っている。誰も通り過ぎることはできない。

バンドにギタリストが二人いると、ちょっとした競争が生まれるんじゃないか、と考える人がいるかもしれない。ひょっとしたら俺たちのところもそうだったかもしれないが、全員がこのかんいい歳になって、たがいに張り合うよりも、共同する方が基本的により強力になれることを知っている。するとドラムが加わり、その殴打に合わせて上方で小さな爆発が起きる。ほとんどの曲でもわかっているはずなのに、俺はその都度いつも度肝を抜かれてしまう。

＊

ラムシュタイン初期の頃は、舞台で使用が許されている正規の火炎効果があるなんて思いもよらなかった。そのさいなんらかの資格が必要だなんてことは言わずもがな。コンサートでロケット花火を打ち上げるのがいかに面白いかに気づくと、大晦日が近づく頃、俺たちはともかくできるだけたくさんの花火を買い込んだ。残念ながら、俺たちのもとでは長いこともたなかった。ロケット花火のなかには、閉鎖空間で使うのが難しいものもあった。

運よく友人の何人かが、昔の軍の備蓄品を入手できた。すると、あの素晴らしいパラシュート降下部隊用の霧があった。点火すると五分間、かなり濃いオレンジ色の霧を発する榴弾。ひとまず試しにコンサートでテストしてみたところ、じきになにも見えなくなった。すっかり息ができなくなって、喉をゼーゼー言わせながら床に沈むしかなかった。もちろん、そんな状況で演奏は続けられなかった。俺たちは目が見えないまま舞台上を這っていき、たがいを見つけた。この先どうしよう、と皆で相談しあった。
その後の数日間、俺たちの鼻の中はいまだにあの煙の臭いがして、俺は持ち物すべてにぬめっとしたオレンジ色の層ができたように感じた。その感じは気のせいじゃなかった。その少しまえにコンサートへの道すがら、俺たちは荒廃したLPGを目にしていた。LPGとは農業生産協同組合のことで、有機農業やLPG車のそれとは無関係なんだが、ともかく納屋の壁に大きな換気扇が二つ埋め込まれてあって、それが相変わらずのろのろと風の中で回っていた。俺たちはその二つを手際よく外して、舞台上に置いてみた。それからその換気扇に霧の榴弾を貼りつけて、点火のさいにコンセントを差込口に挿し込んだ。すると、霧は舞台から観客の方へと流れていった。俺たちは霧の壁の後ろで落ち合って、心地よくテキーラで乾杯できた。というのも、分厚い煙があったおかげで誰も俺たちを見ることはできず、おまけに人々は自分たちのことですっかり手一杯になっていた。クラブが小さすぎたり湿っぽかったりすると、この曲のあとは舞台がもうまったく識別できなかった。そういうコンサートのあと、俺たちはつねに調子が悪く、ハンカチで鼻をかむと、みんなすっかり黒とオレンジ色になった。とはいえ、すぐに慣れた。フェスティバルで演奏するときは、煙がもっと早く引いていった。だが問題は、榴弾は点火したが最後、もう止められないことだった。風向きの都合が悪いと、霧は別の舞台の方へいってしまい、そこで演奏しているバンドのコンサートをすっかり台無しにしてしまった。

残念ながら、いま、その霧榴弾を使うことはない。使用厳禁なんだ。だが、持ってきていたら、「灰は灰に」の二度目のリフレインで点火していただろう。

俺たちは、最初の本格的なツアーをプロジェクト・ピッチフォーク[3]の前座としてやりおおせたが、そのさいに元外人部隊兵の一人と知り合った。そいつが、爆弾づくりがいかに簡単かを教えてくれた。じきに俺たちはコンサート前になると、空気を入れることのできるゴム製の動物人形をおもちゃ屋で買って、そこに少々爆薬を詰めるようになった。そんな細工を施してから、舞台上のよく見えるところに引っ掛けておいた。特定の曲がきたら、誰かが導線に電池をつなげて炸裂させた。それまでにもうバンドの大半が爆発のタイミングを忘れていたから、俺たちはときに仰天して腰を抜かしてしまい、楽器が手元から落ちて続きが弾けなくなったこともあった。当初は爆発のタイミングをそこまで正確に操作できず、そういうわけで、ほとんどつねにまったく予期せぬところで爆発した。驚愕のせいもあったにせよ、俺たちには、爆音によってひとまず数分間はすべてが綿越しであるかのように聴こえた。その状態から俺の聴覚が完全にちゃんと回復したことはついぞない。舞台上に引っ掛けておいた動物は、もう跡形もなくなっていた。粉砕されてしまったも同然で、かけらもなにも残っていない状態だった。だが、まともに動物に注目した人はいなかったから、その消滅に気づく人もいなかった。だから俺たちは一連の細工を省略することもできたが、爆発騒ぎがとにかく面白くて、そういう細部は気にならなかった。

「産卵期(ライヒツァイト)」では、背景効果のつもりで巨大な死魚を何匹も買ってきては爆破させた。だが巨大な魚一匹ですら、舞台の上ではさほど目立たなかった。楽器やアンプは、その後、死んだ魚のせいで臭いがすさまじかった。爆発によって死魚はあらゆる隙間に押し込まれ、そこで腐敗していった。そんな

3　ハンブルク出身のテクノポップ・バンド（活動期間は一九八九年〜）。

具合だったから、やっぱり死魚なしでそのまま直接爆薬に火を点けることにした。

そういえば、舞台全体を火炎スペクタクルにしてしまったこともあった。残念ながら、俺自身はその場に居合わせなかった。そういう姿勢が東ドイツで無意識のうちに習慣づいていたのかわからないが、ともかく人は、絶対その場にいなきゃならないわけじゃなかったら、いつもそっと身を隠そうとした。ともかく頑張りすぎない、が標語だった。ところで、俺たちと親交のあるドレースデンの画家が、ときにイベントを開催するんだが、それらイベントは特定のモットーのもと開催されて、いつも面白い。今回のモットーはベネツィアの夜だそうで、画家は俺たちにどうしても演奏してほしいという話だった。イタリアといって俺たちに想いつくことのできたすべてが「アズーロ」だった。俺自身はその曲をアドリアーノ・チェレンターノとトーテン・ホーゼン[4]で知っていたが、それがもともとイタリアで作られた曲だったということまでは知らなかった。「アズーロ」の独自バージョンを演奏しよう、と皆で決めた。

リヒャルトは家にこもり、興味深い変形バージョンを手に戻ってきた。そのバージョンでは基本リフが、もはやオリジナルとさほど関係していなかった。俺たち他の者は、アドリアーノ・チェレンターノのバージョンをカセットから俺のサンプラーに吹き込んだ。もちろんモノラルで。そうするとより長い時間ぶん保存できるから。あらゆる策を講じたものの、二度目のリフレインで容量は一杯になった。サンプリングしたその曲を、二、三音低くして再生してみたところ、いい具合にかなり病的に聴こえた。おまけに音程を下げて再生したぶん、曲は少し長くなった。音楽は数学である。だがオリジナルのリズムの揺れがあまりにも大きくて、いまいちそれに合わせて演奏できなかった。そういうわけで俺たちは、サンプリングしたものを出だしにして、そこにリヒャルト考案のリフを接ぎ木することにした。一種のリミックスとなって、全体は約十二分になった。火炎技術に関して見つけることのできたありとあらゆるものを詰めて、バンドは出発した。オリーと俺は家に残った。出番が来たら、どのみち曲の録音テープを流すだけという話だったから、俺たちミュージシャンがどうしてもその場にいなきゃならないわけじゃなかった。

パーティーはドレースデン市門外側に位置するニッケルン城で開催された。まさしく心を込めて改修されたばかりで、だから敷地全体が火気厳禁だった。そういうわけでティルは、バレないように周囲に気を配りながら爆弾を仕掛けた。そして連中は椅子を何脚か紙で覆って、それで舞台前に壁を作った。ガソリンがガソリンスタンドで購入され、楽器にも細工が施された。二人がアコースティックギターを弾いて、それに合わせてティルが歌った。はじめのうちは爆発がまだ比較的制御されていたが、ハードなリフがはじまると、ギタリストたちの手から楽器が吹っ飛んだ。爆破装置を作動させるために、しかしながらティルがいったん舞台を去らなきゃならなかった。それら爆発がシュナイダーにはうるさすぎて、彼も舞台をあとにせざるをえなかった。リヒャルトは柱の後ろに隠れて身を護った。その後、ティルがマイクを空中に放り投げると、もちろんそれも爆発した。続いてシュナイダーのバスドラムが爆発した。炎が燃え広がりやすいように、ドラムにはガソリンを浸したおがくずと細かい紙切れが満たしてあった。フロアタムも同様だったが、吹き飛んだときにはもうシュナイダーがいなかった。いまや舞台に残ったのはパウル一人だけだったが、パウルは楽器の残りを火あぶり用と

4　デュッセルドルフ出身のパンクバンド（活動期間は一九八二年〜）。

いった体でまき山のごとく積み上げて、その山が燃え続けるようにガソリンを振りかけた。火はどんどんあたりをのみこんでいき、舞台前に置いてあった椅子にも燃え広がった。念のため、パウルはそれらもまき山に放り投げていった。そのさい彼は、他のバンドメンバー同様、黒い、床まで届く上っ張りを着て、顔には被り物のマスクをつけていた。観客のなかの誰一人として、なにが起こっているのか理解した者はいなかった。主催者たちはあまりにも呆気にとられて、開いた口がふさがらなかった。あとになって、俺は一緒に行かなかったのがとても悲しかった。それいらい、どんな行動も見逃さないようにしている。

＊

ランニングマシーンのスイッチを入れる。あやうくランニング車輪と言いそうになった。というのも、それがピッタリくるメタファーだし、もともとそういうものとして考案していた。俺が舞台上で退屈することはない。むしろ、その逆。

「灰は灰に」はかなりアップテンポの曲だが、俺はまだ元気いっぱいで朗らかに歩きはじめる。すべて上手くいっているようだ。俺たちはツアーの最中に、ときに次のツアーの舞台効果について考えをめぐらす。俺のアイディアは、自分が一種のボールの中に立っていて、動物園の猿みたいに天井にぶら下がるというものだった。それで、ボール全体がぐるぐる回るのである。その場合、キーボードはどうしよう、という問題が生じた。どこかに固定できるとして、ケーブルはどうしたらいい？　回転したら千切れてしまうだろう。そういうわけで、キーボードは舞台に置いたままにしよう、となった。だが、俺はキーボードの後ろに立ったままなのが気に入らない。プラスチック製の縦長楽器二つの後ろに隠れてしまうなんて、誰が良しとするだろう？　ドラマーにならなかったのには訳があるんだ。ドラマーの場合、この問題はもっと大きい。彼らのなかには自身の周りに本格的な城を築く者もいる。ドラマーがモノ（ツォイク）を設置してみたら舞台がすっかり埋まっていた、というのは俺自身がもう経験済みである。打ちモノ（シュラークツォイク）[5]とは上手く言ったものだ。とはいえギタリストたちはギタリストたちで、舞台にたくさんのスピーカーを置きたがる。そうすると響きが良くなるんだと言う。だが、それが本当の理由じゃないだろう。東ドイツ時代に少なくとも複数のバンドで経験したが、ギタリストたちはわざわざ、まったくサウンドの出てこない偽のスピーカーをたくさん舞台に置いていた。そのはりぼてスピーカーを、コンサート後に、とてもコンパクトにたたんでみせた。だが俺たち自身がかなり早い段階で、楽器とアンプ一式を設置すると、舞台にはほとんどスペースが残らなくなることに気づいた。そういうわけで、それら一式を舞台の後ろか下に置くことにした。いまや舞台上の見栄えをもう少し工夫できる余地を手にした。そして、人々に俺たちが見えるように立つことができるようになった。それで俺はまさに、自分の脚が見えてほしかった。そういうわけで回転ボールのアイディアから、ランニングマシーンが残った。

　ひとまず俺たちは、フィットネスジムからランニングマシーンを一台借りた。俺はそれまで一度もジムに行ったことがなかったから、マシーンの上をただ歩くだけでもうすでにとても難しかった。つかまっちゃいけなかったから。速度を変えようものなら、たちどころに気分が悪くなった。

残念ながら、俺はほとんどいつも酔ってしまう。クリスマス市では乗れるのり物がないも同然だ。ゴーカートがせいぜいのところ。それですら誰かと衝突して鼻血を出したこともある。俺がそんなつまらない奴だから、子どもたちは俺と一緒にクリスマス市に行くと、いつもとてもがっかりする。俺は食べてばっかりだ。とりあえずジャガイモのパンケーキに、あのポッフェルチェというやつ、クワルクドーナツ、饅頭、アーモンド、近頃はキノコの入ったパンもある。それからもちろんグリューンコール付きクナッカーソーセージ。ところで、メニューに書いてあってもグリューンコール付きピンケルソーセージを注文するのは頑なにお断りである。いぜんは誰もそんなふうに言っていなかったんだから。それからいつも子どもたちに、統一前にクリスマス市で働いていたときのことを語って聞かせる。くじ引き売りだった。当時のことで真っ先に思い浮かぶのは、その寒さ。それまでの人生で一度も、七時間ぶっ通しで、氷点下の凍える寒さの中を椅子に座り続けたことなんてなかった。カッコイイ奴と思われたかったから、思いっきり薄着でもあった。だから字義どおり寒かったわけ。

毎晩レジから金を少々くすねていたことは、子どもたちには内緒にしておく。仕事初日の終わりに、ズボンのポケットにいくばくかを失敬したんだ。ついでに、東の金をすべて使い切ってしまったという理由で二、三の学童がくれた西側の金も。チェックする人間はいなかったから、毎晩、少しずつポケットに入れる量を増やしていった。良心が傷んだからやめたかったが、そうしたらそれまでの日々に比べて突然レジにもっとたくさん金があることになったから、ある晩まったく取らなかったらバレてしまうかもしれない、と思うことにした。

俺は酔っぱらっていたんだ、といって言い逃れすることすらできない。実は、俺たちくじ引き売りが交代で持ってきた何杯ものホットワインにはアルコールが一滴も入っておらず、入っていたのはラム酒の香りだけだった。俺たちが売っていたのは大量に刷られた空くじだったが、そのことをホットワイン店で働いていた者たちに白状すると、彼らの方でもそう教えてくれた。空くじは、店主が袋からざぁっと抽選箱に流し込んでいた。

ともかくランニングマシーンで何回か試しに歩いてみたところ、気分が悪くなった。そんな状況ではあったが、キーボードをその脇に立てて、歩きながら演奏してみた。すぐさま転んだ。ぜんぜんダメだった。だが、ある手段を思いついた。両脚がひとりでに勝手に動くように、音楽の拍子にピッタリ合わせて歩いたり走ったりできる運転速度にマシーンを設定するのである。曲ごとの速度を把握する必要があったが、するとなんとか上手くいった。俺たちは舞台用に、ランニングマシーンを回転できるように改造してもらった。百八十度回転したら、後ろ向きに歩くことになって、俺はひとまず長いあいだ練習しなきゃならなかった。なんとかぎこちなさそうに見えるまで、何度もすっころんだ。まぁ、完全にぎこちなく見えるようにはきっと決してならないだろうが。ベーシストがふざけて一度マシーンに乗ってみたことがある。すると、たったの一度も練習することなく、普通に走りながら演奏できていた。まぁ、彼にはサーフィンだってお手のものだから。

舞台の端には火箱が置いてあって、花箱のように見えるが肝心の花がない。二度目のリフレインが終わると、上から彗星花火が降ってきて、素晴らしく美しい赤い炎が箱の中から燃え上がる。コンサート中の火炎すべては、大部分はティルの考案した独自の動き（コレオグラフィー）に従う。ところで劇場用の炎とは、刺すように臭い。Cメロでは息を止めるのが最善だ。いつもそのことを考えようとするんだが、ランニングマシーンの上を歩いていて、おまけに演奏しながら優美に見えるように努めているもんだから、むろん叶わず、すっかり息ができなくなって、空気を求めてあえぐ羽目になる。電力系統の安定していない場所で演奏したときには、一瞬、ランニングマシーンが止まったこともあった。マシーンがどっちの方を向いていたかしだいで、俺は台座から舞台上を吹っ飛ぶことになった。あるいはキーボードに衝突した。きょうはいまのところ、すべてが順調だ。ただ、こんなに熱くなかったら！

いまや、もっと熱くなる。次の曲は「撃ち方始め（フォイヤー・フライ）」だ。実に、この曲は火炎をめぐるものである。もっとも、いまとなってはよくわからない。ひょっとしたら、すべてがただのメタファーなのかも。そうこうするうちに、ときに、火炎放射器を全投入するためだけに俺たちはこの曲を演奏しているような気がしてくる。ティルはそのために口元用の火炎放射器を開発した。装着すると、口の中から炎が出てくるように見えた。

効果は抜群で、俺たちはこの曲を映画『トリプルX』でライブ披露しないかとの誘いを受けた。俺たちはその映画に出演できることがとても誇らしかったが、その時点で、どういう映画なのかは知らなかった。撮影のためにプラハに赴き、そこから約百キロ離れた小さな村へと向かった。俺はふたたび、ひとまずチェコの景観に余すところなく魅了された。厳寒の中、雪が深く積もっていた。映画撮影とは周知のごとく待機を意味し、そういうわけで俺たちは待った。撮影クルーが自分たちと俺たちの体を温めるために、素晴らしく美味しい手作り蒸留酒を手配していた。今日であれば、そういうものを有機蒸留酒と呼ぶんだろう。あるいは、そもそも飲まないかもしれない。というのも、そのような飲み物は毒を持っているのではと不安がられるから。いずれにせよ、俺たちはじきに果てしなく上機嫌になり、寒さをまったく感じなくなった。俺たちにはチェコ人の火炎技術師たちがそばについていたが、彼らはあらゆる安全規則をさほど真剣にとらえていなかった。炎が必要になると、さっと巨大なガスボンベのバルブを開けて、そのあとふたたび閉めた。逆止め弁やそれに類するものはついていなかった。あったのはただ、炎を燃やすことに対する純粋な嘘偽りのない喜びだけだった。

　いまやこの曲を演奏するたびに映画ロケのことを想い起して、俺は上機嫌になる。最後のリフレインになると、実に皆があらゆる開口部から火を放ち、舞台上はまたしても本当に熱くなる。すると、この曲も終わりだ。俺は深呼吸する。だが、残念ながら酸素はそれほど入ってこない。いまのところ、きょうのコンサートで披露している曲はどんどんアップテンポかつハードなものになっているから、ここで、いわゆる流行歌(シュヌルツェ)を披露する。この言い方も、もうそれほど時代に合わないから、バラードとでも言おう。すると人々も少し息がつけて、力を取り戻せるだろう。あの一緒に歌うというやつも、とても大変だ。ジャンプしまくるのもそうとう疲れる。俺だったらずっとは続けられないだろう。俺自身が他のバンドを観るときは、いつも後ろの方に立って体を軽く上下に揺するくらいだから、誰も気づかないだろう。いままでの人生でポゴダンスを踊ったこともない。ただ端っこに立って、自分が踊る様子を想像するんだった。想い起すと、自分も一緒に踊ったように感じられてくる。それはダンスに限った話じゃなかった。

　そういうわけで、いまやバラードが来る。曲は「母」という。舞台背景もいつしかもう変わっているが、俺は前を向いているから、そういう変化にまったく気づかない。後ろでは幕が下りている最中だが、俺の方は観客を見ている。変化はなにもない。せいぜい人々がもう少し汗をかいているくらい。「母」はギタリストのリヒャルトが考案した曲で、たしか彼の娘のためだったと思う。そのときはまだ歌詞がなくて、だからまだ「母」とも呼ばれていなかった。それからティルがある母のために、ひょっとしたらティル自身の母のために歌詞を書いて、いまや三世代の曲になった。三世代の家というのもある。複数の世代が一つ屋根の下に暮らすアイディアそのものは素晴らしいと思うが、俺自身が実際に両親と一緒に暮らしたいかというと、その自信はない。地球規模で考えて地域規模で行動せよ、と言うが、またしても俺はしくじっている。少し考えはするものの、それからなにもしないんだ。

「母」でいま俺は、弦楽器向けに考えられた音型を演奏している。そのメロディーを作曲したのは俺じゃなくて、俺たちの友人だ。その友人はちょうど向かい側に立って、バンド全体の音をミックスしている。仕事中の彼を見るのは喜びそのもので、彼が特別その曲のためにフランスのミラヴァルまで来てくれたことを想い起す。そこで俺たちはアルバムを収録したんだった。その家には、のちにアンジェリーナ・ジョリーとブラッド・ピットが住んだ。俺は即座に彼らの子ども全員の名前をそらんじることができるが、自分のいとこ連中となると汗が噴き出す。このことについて、真剣に考えをめぐらせてみるべきなんだ。

かくして弦楽器の音型を演奏しながら、いままでの曲から少し回復する。ランニングマシーンのスイッチは切ってあるから、気を楽にしていい。時計に一瞥、もう三十分が過ぎている。ちょっとティルを見てみよう。リフレインも最後まで来ると、上から火花の雨が降る。ティルはその真ん中に立って、気にせず歌い続けている。俺はすっかり感心してしまう。というのも、火花が当たるとどんなに痛いかを知っている。すると、火花はゆっくりと肌を内側へと燃やしていくんだ。頭に落ちてきたら、シャワーのさいに、ティルの髪の毛は房となって抜け落ちる。風向きが悪いと俺も少し火花を浴びるが、俺の場合はまだジャケットを着ているからさほど悪くない。じょじょに曲は鳴り止んでいき、俺はふたたび最後の音を抑えている。ここは俺たちがいまいち首尾よく考えなかったところだ。というのも俺は、次の曲のために素早く着替えなきゃならない。その様子を観客に見られてはならない。でないと驚きが台無しになってしまう。だからいまや鍵盤から指を離し、階段を下へと急ぐ。そのさい、もうジャケットはさっと脱いでしまおうとする。だが、いまいましいファスナーが開かない。それで、痛みをこらえつつ、手品師のように体をくねらせながらジャケットを脱いでいく。あるいは脱出王のように。フーディーニ[6]みたいな。フーディーニと言えば、よりによって大学生に腹を殴られたのが原因で死んだそうだ。その直前、腹の筋肉を緊張させれば殴打から身を守ることができると学生たちに説明していた。講演後にフーディーニが気を抜いたさい、学生が不意に殴りかかったのだ。その話は、子どもの頃の俺に深い感銘を与えたものだった。

だがいまは、電光石火のごとく服を脱ぐことだけを考えなきゃ。俺の場合、なかなかフーディーニほど首尾よくさっとはいかない。すでにかなり汗をかいていて、ジャケットが体に張りついている。おまけに、示唆していたように、ファスナーがいまいち大丈夫じゃない。明日はひとまず、ちょっとコーラをぶっかけてみよう。とっさに、脱ぐのはこのまえのツアーでのことだったとの考えが脳裏をよぎる。いいや、このツアーでもそうだ。でもタイミングが違った。俺の頭はイカれちまったのか。いまや、ふたたびジャケットを着なきゃならない。着るのは脱ぐより難しい。それに、次の曲のイントロがもうはじまっている。どうしたらいいか、さっぱりわからない。隣にずっと、火炎クルーの二人が立っている。俺になにをするというんだ？　あぁ、そうだった、仕込み済みベルトを巻いてくれるんだ。少々きついが、調節している暇はない。なにも食べていなくてよかった。舞台裏をもう一方

6　ハリー・フーディーニ（一八七四～一九二六年）。アメリカで成功した奇術師で、「脱出王」としても有名だった。

の側へと走る。そこにはもう、あの巨大な鉄の鍋が用意されている。

＊

アルバム契約に署名してからほどなくして、俺たちのレコード会社になったモーター社が、いわゆる業界ツアーに参加しないかと持ちかけてきた。俺たちはまだ一貫したツアーを経験したことがなかったし、ともかく演奏したくてたまらなかったから、なにが待ち受けているかはわからなかったものの、承諾した。イベントの趣旨は、流通業者や販売に携わる者たちを褒めたたえて動機づけることにあった。同時に、新しいバンドの紹介がなされた。レコード会社の販売員とはいまいち俺たちのターゲットとする観客層ではなかったが、少なくとも彼らには、だからこそパーティーが記憶に値する体験になるのだった。

ビール醸造所や船の上、城など、俺たちは選りすぐりの場所で演奏した。コンサートが終わるたびに豪華なブッフェが用意されて、おそらくそれを誰よりも喜んだのが俺たちだった。俺たちはこれでもかと食べに食べた。初めてまともなホテルに泊まらせてもらえて、それも新しいことの一つだった。ケンピンスキーのロゴが誇らしくて、タオルですら盗んだ。個々の客室には、ミニバーと呼ばれる飲み物のぎっしり詰まった冷蔵庫が置かれていた。そういう高級ホテルのそういう小瓶類はてっきり無料なんだと思って、全部飲み干そうとしたものの、上手くいかなかった。というのも俺たちには毎晩パーティーがあって、そこでもすべてが無料だったから。かくしてティルは、毎朝、ボストンバッグを手に各部屋を回り、冷蔵庫をきれいさっぱり空にして、本当になにも残っていない状態にした。すると次のコンサート会場へと移動する道すがら、小さな貸し切りバスの中で、俺たちは飲み続けることができた。

当然のことながらレコード会社は、ホテルから請求された総額にして四万六千マルク[7]をふたたび取り戻そうとした。ミニバー分は各人が支払わなきゃならないのを知らないほど、俺たちが愚かだったとは信じられなかったんだ。俺たちとの話の中で、だが彼らは、俺たちが真実を話していて、どうみても本当に馬鹿者だったことを悟った。するとその金を、俺の知る限りでは大目に見てくれた。

コンサートの話に戻ろう。招待客たちは夜会服で来ていて、雰囲気は最初、かなり堅苦しかった。わざとらしくひょうきんな司会者がプログラムを進行させていたが、そのプログラムとは四つのバンドからなるもので、どのバンドにも平等なように、毎晩、出番が入れ替わっていた。俺たちはその堅苦しいザ・会社パーティー的雰囲気を壊したくて、出番前に、まえもって特別にガソリンスタンドで買っておいたガソリンを、そっと高貴な床に振りまいた。ティルが最初の曲で火花の噴水を立ててみせると、床はあっという間に明るい炎に包まれた。とっさにジャンプして避けられなかった人には、火が燃え移ったも同然だった。レコード会社はその後、ある女にマジョルカ島への旅行をプレゼントしてやらなきゃならないほどだった——会社を、ないし俺たちを訴えることのないように。おそらく、その女のスカートが焼け焦げていた。

燃えるやいなや、人々はすっかり我を忘れた。そのようなことをいまだかつて経験したことがなく、

7　当時の価値でおよそ三百万円強。

あのときその場にいた人は、もはや俺たちを忘れることがなかった。ポリグラムの当時の社長がコンサート後に俺たちの楽屋に座って、何度も言った――「おまえたちをアメリカで偉大にしてやるぞ！」

それいらいレコード会社の人々が話題になるたびに、俺たちはこの文を引用している。多くの人々が、すると一緒に祝いたがった。俺たちの方もかなり長時間頑張って、朝にはどこぞのレコード会社社長たちと幸せそうに抱き合っていた。彼らはひたすら幸せで、片言も絞りだせない状態だった。次のコンサートへの移動中は、それに応じて俺たちも気持ちが悪かった。コンサートのさなか、何人かがしまいのゲロを吐いたが、義務感から持ち場を離れなかった。着飾った観客たちには、それがなかなかショッキングだった。

おかしなことに、こちらが尊敬の念を抱かずに振る舞うと、とりわけ社長たちが喜んだ。俺は厚かましくその状況を極限まで利用しつくし、あるグループについて何度も激しく罵倒し、侮辱した。彼らは笑い転げ、うやうやしく媚びを売られないこともあるんだと安堵した。彼らの一人が叔母さんの編んだセーターを着ていて、前側にひし形模様が一つついていた。その忌々しいセーターを脱ぐよう、俺が執拗に頼んだところ、あとになって、その本当に魅力的な人物がいまだに忌々しいセーターと呼ばれているのを知った。俺たちは、禁忌を無視して気の赴くままに振る舞うことが報われるのを学んだ。また、西ドイツの都市が言いようもなく醜いのも目にした。エッセンを通り抜けたときは、自分が悪夢の中にいるのかと錯覚したほどだった。そんな街々に住んでいて、どうして東ドイツの建築を馬鹿にできるのかが理解できなかった。

その後、俺たちにもう流通業者ツアーはなく、あとはただ流通業者との会合が個別にあるだけだった。正しくは販売会合と言わなきゃならないんだろう。俺たちはそれを販売業者との会合とも呼んだ。あらゆるドイツの販売業者たちが、週末に特定の場所に招待された。すると、すべてがまた無料だった。俺たちのレコード会社はつねに特別なことを考案した。例えば、全員がリュックサックとポケットナイフ、保存用ソーセージを携帯して、バイエルンの森をハイキングしなきゃならないことがあった。スキー用リフトのところに、するとマルーシャ[8]が——眉毛が緑色のあの歌手——立っていて、歌っていた。山腹にはフィリップ・ボア[9]が——典型的なインディースバンドのどこかやや暗いタイプの歌手——玉座に座っていた。そして俺たちはというと、本来は藁用のトレーラーに乗って、トラクターに野原の上を引っ張ってもらった。そのさい隠れたところにあるスピーカーから「なんておまえはいい匂い（ドゥー・リー・ヒスト・ソー・グート）」が流れた。なんでも、その曲をヒットさせようという話だった。それは叶わなかったが、そういう面白い出し物は人々の記憶に残ったから、少なくともゲストたちが俺たちの名前を覚えてくれた。その代わり十二回、その都度ゲストを驚かせるために、俺たちはトレーラーに飛び乗らなきゃならなかった。その短い出番の度に、そのまえに皆でシュナップスを飲んだ。一連の出来事は、午前十時にスタートした。

晩には、バンジージャンプあり、空中ブランコあり、気球ありの巨大な遊園地が設営された。あらかじめホテルで、印刷されたばかりの金が手渡されていた。いわゆるパイネ・マルクで、パイネ氏は

8　一九九〇年代のドイツ・テクノシーンで有名になったDJの一人（西ドイツ出身、一九六六年〜）。

9　ロックバンドのフィリップ・ボア&ブードゥークラブの中核メンバー（西ドイツ出身、一九六三年〜）。

おそらくポリグラムの社長だった。あとで夜になっていたるところに積み上げられたその金で、現地の店で買い物だってできた。

公式のパートがすっかり終わると、一行はロープウェイに乗って山頂を目指した。俺たちがいたのはどうやらアルプスだった。俺は感激してしまった。というのも、人生で初めて二千メートルを超える山に登ったんだ。おぼつかない足取りでロープウェイから降りると、すぐさま山頂へ向かった。ほんの数メートル先なだけだった。だが俺が履いていたのは木靴だったから、かなり苦労した。その木靴は、ティルがガソリンスタンドで俺のために盗んでくれたものだった。試し履きできなかったから、少し大きすぎた。俺は古い靴を、コンサート後にうっかり泊ってしまった家に置きっぱなしにしていた。そこに住む男たちが帰ってきたとき、俺たちはすぐさま逃げなきゃならなかった。場合によっては、俺たちが彼らの家にいたこと自体はそんなに悪く取らなかっただろうが、どうやら俺たちは彼らの妻たちとも寝ていたようだった。俺はベッドにひとりで寝ていたが、それは男たちにはどうでもよかっただろう。あの状況で、男たちにそんな細かい区別ができたわけがなかった。

だから俺は、いまやしゅうし靴から滑ってしまい、山を下へとさがっていった。それから靴下だけになって雪の中に立ち、我ながら驚いた。おまけに救いようもなく酔っぱらっていた。山小屋では、もうまた一組あるいは複数組のバンドが演奏した。ウェイターたちがひっきりなしにシュナップスを載せた盆をテーブルに運んできた。もっとも真面目な、ネクタイを締めた業者もいつしかあらゆる抑制が効かなくなった。遅くともロープウェイが俺たちをふたたび谷のホテルへと連れていった時分のことだった。なんらかの理由から、そこにいた全員がそのホテルをひたすら精子の牢屋と呼んだ。

翌朝、自分たちを規律ある人間に戻そうと、俺たちはひとまずサウナに行った。そこにいたのはもちろん俺たちだけじゃなかった。女がいて、俺たちのことでひどく腹を立てていた。足の下にタオルを敷け、そんなに大声を立てるな、とのこと。女がいったんサウナから出ていったとき、俺たちはサウナストーンに小便をひっかけてからサウナをあとにした。焼け石にかける水というやつ。それから皆で一緒になって、女が満足そうにふたたび腰を落ち着けるのを窓越しに観察した。上機嫌で食事へと向かい、仲間のベーシストに事情を告げるのを忘れてしまった。それで彼はその日ずっと、いやに尿の臭いがしていたんだった。

レコード会社がそんな大それたパーティーを企画したのは、それが最後だった。それら数々の週末にいくらかかったのかは知らないでおこう。それ以降、アルバム販売数は急速に減少していった。いまや会合や大会のさいには、もうあと機械で淹れたコーヒーが無料ででるだけだった。

それでもモーター社のもとで人々は、相変わらずアイディアを出していった。販売業者たちが、バンドの一部と一緒に俺たちのMVを再現したビデオを撮ったこともあった。そのために俺たちは二手に分かれて、撮影用セットの用意されていたブレーメンあるいはシュトゥットガルトに向かった。当時のビデオの一つでいいから、ぜひもう一度観てみたい。

別の年には、モーター社主催の大規模なスポーツ大会もあった。客たちが十種目でミュージシャンと対戦するという企画だった。俺たちは綱引きに割り振られた。とてもリズムよく引っ張ったから、全戦全勝だった。綱引き用に、バイエルンの伝統衣装が渡された。あの独特なシャツに靴下、短い革ズボン。それで写真も撮ったが、なかなか悪くないと思った。すると世界中でドイツ人だと認識されるんだ。それいらい、俺たちはバイエルン衣装を舞台衣装のベースにした。いつしか俺はキラキラスーツを着るようになったが、ファック用ズボンがバイエルン時代の名残として残っている。これらすべてが、レコード会社のアイディアによるものだった。

だがもっとも並外れたアイディアは、俺たちを香港に送り込むというものだった。たまたまそこで、また販売業者の大会が開かれるとのことだった。場所はいつも違った。少数のバンドが一緒に行って、自らの所属する会社、俺たちの場合はモーター社の宣伝を行って、一種の文化プログラムを興（おこ）すべしとのことだった。俺たちは閉会セレモニーで、招待客であるポリグラムの従業員たちを前に三曲を披露することになった。俺たちを観る唯一の中国人は全員ウェイターだろう、とのこと。俺はなんらかの理由から香港に身震いし、かねてからの飛行機恐怖症が追い打ちをかけた。バンドはガイドブックを購入し、ことを観光客の立場から眺めていた。俺は家から離れるのが好きじゃないし、ドイツ人販売業者相手に三曲演奏するためだけに一緒に行く必要もないだろうと思い、知人と話をつけた。彼もキーボードが弾けて、彼が俺の代わりに行くことになった。

　二日後、俺はもちろんやっぱり一緒に飛行機の中にいて、万里の長城を上から眺めていた。死んだ者のように下から見るより、上からの方がいい。香港に着陸するさい、ものすごい豪雨に見舞われた。当時は空港がまだ街のど真ん中にあったから、俺たちは高層ビルのあいだを抜けて飛んだ。いくつかのビルには赤と白の縞模様の標識が固定してあった。おそらく、曲がれの印だった。窓をのぞくことができて、女が料理しているのが見えた。ようやく着陸して、香港の崩壊ぶりに呆気にとられた。高層ビルはすっかり壊れていて、いたるところで水がぽたぽた垂れていた。俺たちはホテルに連れていかれた。外から見て、ホテルだとわからなかった。というのも、下は地下鉄の駅になっていた。それからデパートがあって、ショッピングモールもあって、それに何階か事務所と住居が続いていた。七番目の階が——本当に七階で、八階だったわけじゃない[10]——ホテルの受付で、十四階から十七階に客室が割り当てられていた。

俺たちの知らなかったことで、だがじきに気づいたことに、俺たちの部屋はどれも建物の内側に面していて、窓がついていなかった。窓つきの客室は法外な値段だったに違いない。窓つきの生活に慣れていた俺たちは、そんな状態では眠れなかったから、夜にエレベーターで最上階まで上がっていって、防火扉をこじ開けて、梯子をよじ登った。しまいには屋根の上に降りたった。残念ながら敷居は二十センチの高さもなく、落っこちないよう、とても気をつけなきゃならなかった。しかも俺は高所恐怖症なんだった。だがともかく俺たちは、少なくともいくぶん息をつくことができた。外はこの上なく蒸し暑かった。

昼間は五分もたてば汗だくになった。ものすごい数の人がひしめき合っていて、俺は少し安寧を焦がれた。運河（カナル）ロードに添って無限に続くようにみえる市場では、ありとあらゆる生き物が売られていた。しかも、決して小さくない驚愕とともに気づいたことに、もっぱら食用だった。甘い子犬たちに、美味しい鳥たち。それらはバジルの束のように一つに結ばれ、錆びたハサミで嘴（くちばし）と脚が切り落とされた。もちろん、まだ生きていた。ありとあらゆる種類の海老、ロブスター、亀、亀はシャベルのようなもので生きたまま実が甲羅からはがされる。それからもちろん蛙。売り子が蛙の後ろ脚を持ってブンブン振り回すと、前側の体だけが壁に向かって飛んでいき、蛙たちの山に落ちた。蛙たちはというと、上から落ちてくる同じ種族の仲間に押しつぶされて死なないうちは、みじめにゲロゲロ泣きなが

10　ドイツでは一階を地階と呼んで、二階が「一番目の階」と呼ばれる。

ら前脚で逃げようとした。通りには大気中にとても気持ちの悪い臭いが充満していたが、それは動物から来るんじゃなくて、いわゆる悪臭果実からのものだった。とても美味しそうに見えたから、俺たちは感動して一つ買った。滑稽な遊びがはじまった。各々がこっそり果実を他の者の部屋に置こうとした。しまいにはそれをエレベーターにのせて、最上階へと送った。

俺たちもなにか食わなきゃならず、汚れたシャツを着たウェイターたちが、口に煙草をくわえたまま食事を運んでくるのに慣れていった。なにを注文しようと、いつも同じものがついてきた。プラスチック椀に入った米と一種の鶏肉スープで、スープにはもちろん骨や軟骨、臓物が入っていたが、それらはテーブルの上にそのまま吐き出せばよかった。その後、ウェイターが手で片づけてくれた。それから次の料理が運ばれてきた。はじめはスープを箸でどうやって食べればいいのかわからなかった。するとウェイターがテーブルに来て、錆びたハサミでお椀の麺と鶏肉を切るんだった。ともあれ、そこは議論の余地なく手頃な価格だった。その後、いくぶんより贅沢な価格で食事をしたときは、ウェイターが食後にテーブルクロスの四隅を持ち、食器も食事も飲み残しもすべてを一緒くたにして運んでいった。テーブルになにが残っていようと、まったくおかまいなしだった。俺たちは、それがそのまま捨てられるのか、同情に値するその者たちが厨房ですべてを分別しなきゃならないのか、あれこれ考えた。

ステージでは正反対のことを経験した。高級ホテルにイベント用の巨大なホールが設けられ、足りないものはなかった。化粧室には雑巾を持った老人が一人待機していて、品位よろしく最後の一滴も見逃さなかったが、俺にはそれがあまりにも不快で、小便をしないようにした。あるいは利用者がたくさんいて、老人が俺にかまう暇のないときだけにした。俺たちのステージが反響を呼んだかどうかはわからないが、そうだとしたら驚きだ。その後、俺たちはかなり途方に暮れながら他の出し物を観ていた。どこぞの中国人スーパースターたちが一種の流行歌を披露していた。ウェイターが対価を求めることなく注文したものすべてを持ってきてくれることに気づいて、ウェイター一人ひとりから、煙草を二箱ずつ持ってこさせた。

翌日、散歩をしながら、俺はむきだしの不安に襲われた。現地の人々が、いかに想像を絶する貧窮のなかで生きているかを目にしたんだ。三十平方メートルの一部屋しかない家に、二十五人もの人がいるのが普通だった。ひと連なりになっているいくつかの住居群に四百万もの人々が住んでいて、彼ら皆が食べようとしていた。きっと彼らは、俺たちを待っていたわけじゃなかった。ロックバンドとして、俺たちはそこでなにを求めていたんだろう？　そもそも、なにを求めていたんだろう？

ファースト・アルバムが世に出た当初、反応はとても慎ましやかなものだった。そういうときは、コンサートを行うにかぎるんだった。そういうわけで俺たちは、永遠に続くと思われたほど、演奏に演奏を重ねた。前座として、ソロ・バンドとして。ツアーに出たり、一回きりのコンサートを行ったり。MTVのための演奏もした。要するに、人々の許すいたるところで演奏した。もちろん選挙イベントは別である。だが、当然のこと誰も声をかけてこなかった。もっとも、リエザの青年クラブが主催した慈善イベントで演奏したことはあった。それはルワンダで飢餓に苦しむ人々をテーマにしたものだった。

なんとファッションショーに招かれたこともある。この話はミュンヘンのとあるクラブでのことだった。イーザー川が分岐して、島のように弧を描いて流れるところ。ショーのクライマックスは、モデルたちがあたかもバンドのように振る舞って、いわばプレーバックして楽器と格闘し、一方、俺たちは独特のものに身を包んだモデルの恰好で、ステージ上をカッコよくというより悪くうろつく、というものだった。ステージは実にキャットウォークと呼ばれるが、それは猫が歩くさいに両脚を、というか肉球付きのあの足を一歩一歩前に出すことからくる。そうすると脚を広げてよたよた歩くより、もっとエレガントに見えるんだ。残念ながら、俺がその説明を受けたのは数年後のことだった。

ともかくすべてはとても刺激的で、これまで俺たちはそんなたくさんの美女たちに囲まれたことがなかった。モデルたちは、少なくとも俺には絶対手の届かない存在に映ったが、プロの仕立て屋や振付師の女たちも、ものすごくエキゾチックで魅力的だった。さいわい全員が同じホテルに泊まった。酒のせいで、俺はいくぶん状況を正しく把握する能力を失っていて、女たちも夜の訪問をそれは喜んでくれるだろうという了解でいた。ドアをノックしても開ける者はいなかったが、ドアの前に立っているのが俺であることを知らないからだろう、と踏んだ。俺たちの部屋は二つドアを挟んだすぐ向こうだったから、俺は、自分たちの部屋の窓から外に出て、屋根枠にぶら下がりながら二部屋先までつたっていった。女たちも酒を飲んでいるから窓は開けたままにしているはずだと確信していた。つまるところ新鮮な空気に勝るものはない。そういうわけで、窓から真っ暗闇の部屋の中へと這っていき、もっとも近くにあったベッドに横たわった。そこにいた女は俺の訪問にいまいち感動しなかったが、礼儀正しく振る舞うのであれば、俺がベッドにいてもかまわないようだった。俺は比較的すぐに眠り込んで、目が覚めたら、まさにバンドの同僚の顔面を直視していた。そいつが隣のベッドに寝ていたんだ。俺よりも一足先に女たちを訪問しようと思いついた奴がいたというわけ。俺が窓から転げ落ちてきたときはなんと驚愕したことか、とそいつは語った。部屋に戻って窓から外を見て、俺は俺で激しいショックに襲われた。俺たちは七階にいて、外にはまともにしがみつけるものがなかったから。ファッションショーについては、こんなところ。

だが俺たちは、もっぱら従来型のコンサートでドイツ中を演奏してまわった。ツアーマネージャーとしてトムを味方に得て、トムがミニバスを運転した。さらに、もうすでに三人組のクルーと一緒だった。三人組は楽器とアンプを積んで、別のバスで移動した。一人は音響担当で、もう一人は照明と火炎効果担当で、三人目は舞台と楽器に従事した。もちろん俺たちは、すべてを自分たちで設営しなきゃならなかった。毎晩、新たに、何人来るだろうとワクワクした。ときにはコンサート三十分前の時点で、客が誰一人いないこともあった。不安になって、チケットが売れた枚数を尋ねた。「六十七枚は優に超えているさ」と言って、トムは俺たちを励まそうとした。六十七を優に超える人数って、どのくらいだろう――俺はむしろ想像したくなかった。ひょっとして千人？　それとも六十八人か。「ここでは人々が夜になったら出て来てチケットを買うのが普通なんだよ」その言葉はしばしば繰り返されたが、真実のものとなったことは一度としてなかった。

だから、よく前座として演奏した。報酬は減ったが、少なくとも他のバンドを観たい人々が来てくれた。メインバンドの数々は、例外なく、とても公平で親切だった。俺たちは驚いたものだった。というのも、そのような偉大で有名なバンドが俺たちにそんなにも良くしてくれるだろうなんて、思ってもみなかった。ラモーンズのもとで俺たちは、まったく同等の権利を与えられた。唯一、食事のさいはジョーイが食べ物をとるまでブッフェを引っかき回さないでくれ、と頼まれただけだった。俺たちは彼らのグルーピーにも感銘を受けた。俺たちの目には、もう聖書に登場するような年齢に達していた人々だった。ラモーンズは、まさに俺たちよりももう少し長いこと存在していた。それでいて、いまだに本当にカッコよかった。

彼らと一緒にフランクフルトにも行って、その地に駐留していたかなりたくさんのアメリカ人を前にして演奏した。基地があったなんて、俺たちは知らなかった。近くにラムシュタインという町もあった。その地は本当にあったんだ。パーティーでは、本物のアメリカ人が俺たちと一緒に座っていた。俺たちは意見の相違についてとことん激しくやりあった。背景知識のかけらもないまま、とりわけ俺が、まったく無意味にアメリカを罵った。アメリカ人が二人、負けじとやり返そうとしたら、二人はたがいに共感して、その後ほどなくして結婚した。だから、少なくとも意味はあったんだった。というのもそれらコンサート自体は、二、三の興味深い経験をのぞけば、俺たちにそれほど多くのものをもたらさなかった。ラモーンズのファンだったら普通はラモーンズのファンにとどまり、コンサートが一つあったからといって、俺たちの方へと鞍替えすることはなかった。

それでも、それらコンサートは無駄じゃなかった。サウンドチェックのさいに新曲を練習できた。俺たちはもういくつかアイディアを集めていて、こっそりプログラムに組み込んでいた。そうして何曲かを、次のアルバムに吹き込むまえにコンサートで人々を前に試してみることができた。曲はそれで本当に良くなった。そして俺たちがふたたびレコードを作ることについては、疑う余地がなかった。第一、アルバムを三枚発表するという契約を交わしていたし、それに、ことは本格的に楽しくなりはじめていた。

＊

俺は車輪に足をかけて、曲線を描くようにして鍋の中へとジャンプする。だが、そこには立てる場所がほとんどないことをあらためて悟る。というのも、鍋の中にはもう炎用のガスボンベが置かれている。床には照明が埋め込まれているが、恐ろしく熱くなるから触れちゃいけない。俺はリハーサルのさいに照明で身を支えてしまい、両手をひどく火傷したことがある。そのときは肌がそっくりそのまま細い保護用の囲いにこびりついてしまった。焼け焦げた肉の臭いで吐き気ものだった。なんだってバーベキューの場合はあんなに美味しそうな匂いがするんだろう？　塩加減によるのか、それともビールのせいか？　俺の場合はともかく臭かった。

おまけにキーボードのもとへと身をくねらせていかねばならない。それも一緒に鍋の中にある。つまるところ俺だってミュージシャンで、曲を一緒に演奏したい。それを俺自身がときどき忘れてしまう。そういうわけでキーボードを手に取って、鍋の中を身をくねらせていく。そして床の上で身を丸めて小さくなる。もう舞台作業班が来て、鍋の中にこれでもかというほど霧をまき散らしていく。急いで息を止めるが、いくぶん遅すぎる。すると鍋に蓋が勢いよくかぶせられ、ティルが――そうこうするうちにもう着替えている――鍋を舞台に引っ張っていく。俺にはそれがもちろん見えないが、足元でガタガタ揺れているのでわかる。どうやってティルはやってのけるのか、俺には謎だ。というのも全体は重さにしてきっと一トンはあるに違いない。バンドはいまやスープいっぱいの演奏をする。要するに曲は「俺の一部（マイン・タイル）」といって、スープいっぱいじゃないが、俺が言いたいのは、皆がエネルギー全開ってことだ。酒瓶いっぱいとも言えるし、ジョッキ満タンだっていい。[11]関心領域がどこにあるかで使い分ければいい。自動車ファンなら、ある者が右寄せしてぶつかったと言うだろうが、それで誰かがもう生きていない、の意味になる。調子がそれほど良くないときは、あらゆる鍋の上を走っていない、となる。鍋といえば、ティルがいまや何度か蓋をちらりと開ける。すると、あらかじめ中に入れておいた霧がもうもうと漏れ出ていく。いぜんは中に小さな酸素ボンベを置いていて、霧の中でも息ができたが、いつもまったく予期せぬところで空っぽになってしまった。俺は美味しくて新鮮な酸素が得られるとばかり思っていたから、まえもって息を吸っておらず、あやうく窒息するところだった。いまも、自分の唾でむせてしまった。こういうことは俺の場合、普段、映画館でしか起こらない。ちょうどハラハラする場面とか感動的なシーンで、すべてがすっかり静まりかえっているとき。咳をしなくちゃならず、鍋の中の霧を吸い込んでしまう。目がくらくらして、照明のスイッチを入れる。そうすることで、少なくともどっちが上でどっちが下かが見分けられる。ちょうど間に合った。というのも、いまやティルが鍋から蓋を取り、舞台上に投げ捨てる。激しい音がして、鍋の中にも振動が伝わってくる。霧がみんな漏れ出ていき、俺の下にある照明によって、すべてが素晴らしく美しく照らし出される。

ティルはAメロを歌いはじめる。すっかり思いもよらない形で俺が鍋から姿を現し、メロディーを弾いていく。電光石火の速さでキーボードを鍋の縁に引っ掛けている。ティルのマイクは包丁になっていて、何度も鍋のもとへとやってきて俺をつつき回しては、もう火が通っているかどうか様子を見る。いかにも待っていられないといった様子で、Cメロで火炎放射器を舞台に持ち込んで、しっかり温度を高めようとする。俺たちの場合、出来事がいつもCメロで起きるのがひょっとしたらだんだんわかるかもしれない。だが、そこが曲中、全員が演奏ないし歌わなくてよい唯一のタイミングなんだ。ともかく、ティルはいまや火炎ちゃんを——俺たちは愛を込めて火炎放射器をそう呼んでいる——思いっきり俺に向かってぶっ放ってくる。そのことがわかっているから、体をかがめて避ける。それにしても熱い。直近のコンサートでも熱かったが、こんなにも熱いことをどうやら忘れていたようだ。信じられない。俺の肌はきっと薄くなっている。俺はふたたび素早く姿を現して、そんな簡単につかまらないことをティルに示してみせる。すると、もう次の火炎攻撃がやってくる。相変わらず熱いが、今度の衝撃はそれほどでもない。だが俺は姿を見せながら、もうそんなに思いっきり笑えない。どんなにタフな奴であるかを示すために、勢いよく放たれる次の炎が直接顔の前にくるギリギリのところに立っていようとする。三度目の炎はまたしてもかなりひどいもので、四度目のそれをかわすことができるのは、ひとえにいまや短い休憩がくることを知っているからだ。だからふたたびちょっとのあいだ鍋から姿を現し、そんなに簡単には死なないぜ、と馬鹿にするようにティルに合図をしてみせる。本当のところ、俺は、ひたすら息をしようとしている。なぜなら炎が放射されているあいだに息を吸うのは、それこそ命取りになる。そうしたら炎を肺に取りこんでしまうんだ。だがいまだって、炎が空気中の酸素をすっかりのみこんでしまうから、まともに息ができない。まるでコンクリートを吸い込もうとしているかのような感じがする。それなら、やっぱりあとでしっかり息をするとしよう。相変わらず俺に火が通っていないもんだから、ティルはすっかり逆上して睨んでくる。彼の方もそんな簡単にあきらめない。今度こそ、とばかりにさっきの三倍もありそうなドデカい火炎放射器を引っ張ってきて、照準を合わせる。ぴったりのタイミングで俺は姿を消す。火炎放射器だけが巨大になったわけじゃなくて、そこから放たれる炎も大きくなったんだ。さっきまで汗をかいていたが、湿り気は

11　どれも俗語で「力いっぱい」の意味。

とっくに蒸気と化して、いまやすっかり乾ききっている。ジャケットもそうとう熱い。ファスナーには格別気をつけなきゃならない。さらに熱くなっているからだ。そういうことはサウナで経験済みだろう。金属類を中に入れちゃいけないことになっているが、それは、そういうもので火傷をする可能性があるからだ。その火炎攻撃後に姿を現すとき、俺は無理してほくそ笑みを絞り出さなきゃならない。その次はもっと熱い。状況がいくぶんクールダウンするまで、そのまま鍋の中に横たわったままの方が良くないか、考える。熱がもうあと十分の一秒長く続いていたらそうしていたかもしれないが、俺は自分を奮い立たせる。ティルにはことが面白くなってきたようで、いまや少し長めに火炎を放射する。俺は全身の肌が焼けてなくなってしまった感じがする。ゲームを台無しにしないために、あともう一度だけさっと立ち上がると、ティルがふたたび火を放つ。一連の出来事がいくぶん耐えやすくなるように、俺たちはありとあらゆることを試してみた。だが、蓋や道具を鍋に投げ入れたら投げ入れたで、余計な手間になって、それで俺が本格的に負傷する危険も高まった。俺のたどり着いた結論は、痛みをじっとこらえるのがもっとも簡単だというものだ。そのことは多くの分野で当てはまる。ひたすら耐える。するとじきに終わる。いまもそうだ。ティルは終わり、俺は鍋の中に横たわって室内履き(ハウスシューエ)を探す。すっかり動転しているぞ。俺が探しているのはもちろん手袋(ハントシューエ)だ。なんだって室内履きなんだ? 家でも履かないのに。子どもの頃から俺はそれが嫌で、いまとなっては靴を脱がなきゃならない人のもとに行くのも気が進まないほどだ。きっと俺の靴下のせいなんだろう。手袋をはめるのも好きじゃない。そうすると指にまともな感覚がなくなる気がするんだ。いまはだが必要だ。霧ですっかりなにも見えない。

ツアーのリハではまだ手袋を使っておらず、無数の火炎攻撃のあとで鍋から這い上がろうとしたとき、そうこうするうちに燃えていたも同然だった縁に指先がくっついたままになった。その後、コンサートがはじまって幾日か、その指で演奏しようものなら痛みで狂いそうだった。いつの間にか治っていたが。痛みが激しいあいだはできるだけ少ない音で演奏しようとした。いっときなどは指紋すらなく、銀行を襲おうと思えばできたくらいだった。むろん、実際には襲わなかったが。

このかん手袋を見つけ、手にはめる。急がなきゃ。でないと俺が鍋から出てこないうちに曲が終ってしまう。そうしたらティルが、いわばゲームに勝ったことになる。そういうわけで、ひらりと――自分自身はスポーツマンのつもりで――鍋の外に飛び出る。手袋はさっと鍋に投げ戻す。明日、同じ場所でまた使うんだ。その瞬間、俺のベルトに仕込んであった花火を火炎担当班が点火する。俺はその場の感覚で舞台上を駆け回り、ティルにつかまらないよう願う。ようやく深呼吸しようというとき、回り方が悪く、自分の点火装置から上がる煙を吸い込んでしまう。これは毒物以外の何物でもない。ひょっとしたら、それどころか放射性物質を含んでいるかもしれない。ストロンチウムとかそういうやつ。いまや曲のファイナルだ。俺は舞台を横切っていく。そのさなか、上から彗星花火が打ち込まれる。すぐそばに命中し、観客には俺が当たったように見える。ときどき舞台の内側に走りすぎると、彗星花火が本当に命中してしまう。するとものすごく痛く、その後、数日間は巨大なキスマークもどきの傷を負うことになる。

きょうはともかくすべてが首尾よく進み、実のところ、この曲はとてもリラックスして終わる。どうしてあんなに興奮したんだろう？　アウトロが流れているあいだ、パイロたちが――俺たちは花火班をそう呼んでいる――舞台裏でベルトを外してくれて、俺は用心しながら呼吸を整える。それから、奥の幕が下りるあいまにキーボードの並んでいる側にすっ飛んで戻る。ふたたび暗闇の中で、ケーブルやサーチライトを上手く避ける。ティルが上機嫌で俺のもとにやってきて、俺の尻をピシャっとたたく。

　俺たちは、たがいにニンマリと笑みを浮かべる。ゆっくりと、次第に、俺の呼吸は落ち着いてくる。後ろから舞台によじ登る。まだあと少し目がくらむだけだが、それにしてもかなり熱い。次はどの曲だっけ、と考える。皆目、見当もつかない。そういうときは、バンドが演奏しはじめるのを待つしかない。そうすればどの曲かがわかるだろう。だが、誰の演奏も聴こえてこない。耳がおかしくなっているんだろうか？　俺はオルガンのキーをいくつか押してみる。大丈夫、まだどうにか聴こえる。そういうわけで、もう少し待ってみる。こういうコンサートなら、ちょっとした間も害にはならないと考えて、オルガンをじっと見つめている。すっかり汚なくなっている。鍵盤にしっかり灰の層ができている。たくさん火炎を使っているからだ。オープンエア・コンサートの場合、最初の火炎攻撃のあとには焼け焦げた大量の虫がオルガンの上に横たわっている。俺は汚れを拭き取ろうとするが、かなりベトついている。雑巾かタオルが必要だ。

　驚愕から、不意にすっかり熱くなる。皆が俺を待っているのを想いだす。「おまえ無しで（オーネ・ディッヒ）」のイントロは、俺が弾くことになっていた。慌ただしく弦楽器のデータバンクを選び出して、弾きはじめる。とはいえ、これだけ待っていたのは良いことでもある。ティルは料理人の衣装を脱がなきゃならなかったから。そういうことは俺たちのもとでもマドンナとかと変わらない。いまやティルは着替え終わって舞台にいて、曲の出だしを歌いはじめる。たちまち、あの感情が広がる。俺たち特有の歌を聴くと、俺のもとでも広がるあの感情。ときに、ティルを真似て俺たちの音楽を茶化そうとする奴がいる。そういう奴らは絞りだせるもっとも低い声で唸って、ティルと同じことをしているつもりでいる。そうやって、俺たちみたいに演奏するのはいかに簡単か、俺たちがいかに単調で味気ないかを示してみせようとする。面白いかもしれないが、フェアじゃない。というのも、ティルは本当に素晴らしく美しいメロディーを歌っていて、ティルの声は俺の心にグッと迫ってくるんだ。俺たちは陰鬱ロックとか腕力ロックとか言われることもあって、それ自体は歓迎だが、もちろん真剣にハードな音楽に従事する者たちからそう呼ばれることは断じてない。彼らにとって、俺たちはむしろ幼稚園児どうぜんだ。彼らが俺たちをヘヴィメタル・バンドと呼ぶことはありえない。連中にしてみたら、俺たちは一種の流行歌（シュラーガー）を演奏しているようなもの。シュラーガーとは、またしても独特なドイツの名称である。シュラーガー音楽とは、そもそもどんな音楽をいうんだ？　英語から翻訳されたもので、ヒットからくるんだろうか？　ヒットは打撃（シュラーク）だから？　だったらドイツ語に翻訳したかったのも頷ける。でなかったら、そういう曲はヒットらーと呼ばれてしまうだろうから。

曲の演奏中になんだってそんな考えが脳裏をよぎるのか、自分でも驚いてしまう。ひょっとしたら、この曲は俺にとって余裕すぎるのかもしれない。それか、さっきの曲の蒸気で脳天がやられたのかも。あの連続デパート恐喝事件[12]の犯人、自らをダゴベルトと呼んだその男にも、もともと犯罪的傾向は微塵もなかったという。だが、塗装工場で働いていたところ、そこでの蒸気で鬱状態に陥ってしまった。そうやっていつまでもうだつが上がらないままだと妻に見捨てられると思いこんで、数々の恐喝事件

12　ダゴベルト事件として知られるドイツ史上最大の恐喝事件のこと。一九八八〜九四年、西ベルリンの老舗デパートKaDeWe（カーデーヴェー）を皮切りに、ハンブルクやブレーメン、ハノーファーその他にあるデパート・チェーンKarstadt（カールシュタット）が標的となった。

を考案した。初回はまだ上手くいったが、あとはもう現金引き渡しにはいたらなかった。警察は紙切れしか入っていない鞄を渡しただけだったから。悲惨な話である。おまけに俺は、その場に居合わせた。現金引き渡しの場面じゃなかったが、この事件は噂で聞いて知っているだけじゃないんだ。全ドイツ中がそうだったように、俺も関連する記事とラジオ報道のたびに熱くなって、どうやらかなり事情に通じていた居酒屋の連中の話にもじっくり耳を傾けた。犯人に電話をかけて、声を聞くことだってできた。俺はすごいと思って、何度もダイヤルした。舞台上のあの霧のあとで、幸いなことに俺自身がデパート恐喝犯になることはなかったが、どうやら集中できないという難点を抱えているらしい。

　もうアウトロがくる。曲の終わりにもうあと少し音が続くときに、それを他にどう呼んでいいかわからない。アウトロがあるにもかかわらず、この曲も、もうまたあっという間に終わってしまう。俺は幻覚を抱きはじめているんだろうか。レコードが聴こえてくる。誰がここでレコードをかけるというんだろう？　あぁ、ティルじゃないか。ということはつまり、いまや「ウィーン気質（ヴィーナー・ブルート）」を演奏しはじめる。

　オーストリアで監禁された少女たちをめぐる曲で、その娘たちはというと、何年も経ってから解放された。[13]解放してやれなかった娘たちがどのくらいいたか、考えるだけでも胸糞が悪い。そういう娘たちについて、まともにわかっていることがないのも珍しくない。この事件いらい、戸建ての立ち並ぶ閑静な住宅街を、俺は違った目で見るようになった。よりによってまともで親切そうな隣人が、ときに怪物に化けるんだ。一方で派手な人たちは、背後でいつもなにかと噂されるが、本当のところ、いつもそんなふうにまともを装っている奴らよりも、もっとずっと普通だ。『事件現場』シリーズでも、犯人はたいてい医者とか弁護士たちで、彼らは自分たちの権力と生活水準を維持するためならんだってする。人に感情移入する力がすっかり欠落している人間というのも存在するようだ。子どもを閉じ込めるなんて、誰が思いつくだろう？　そういう人間の中ではなにが起きているんだろう？　メディアでは事件がとてもスキャンダラスに引き延ばされていたから、俺たちはもう少し深いところを突く曲を作ることに決めた。というのも、ひどい、ひどい、と言うだけでは、事柄の深刻さに釣り合わないんだ。そういう奴はなにを考えているんだろう、そもそもなにかを考えているんだろうか、と俺たちは考えた。犯罪者のなかには善いことをしていると固く信じている者もいる。彼らの視点からしたら、その行為はしごくまっとうなんだ。彼らには集団の観点が欠けている。自分の考えに疑問を投げかける伴侶とか、そういう存在がない。「私たちは想像だにしませんでした！」同じ職場の者たちは、時間に正確で親切な同僚について、そのように言う。ひとりの人生をすっかり狂わせるのに、しばしほんの少しのことしか必要ないことを、多くの人は考えもしない。自分がいかにあっという間に犯罪者になるかなんて。

　ティルはこの曲で、自身を犯罪者の身に置いている。あんまり上手くやるもんだから、この曲を歌っているときの彼が本当に怖い。闇を——その闇の中で彼は、誰だろうといつも歓迎している——できることなら知りたくない。

　この曲は、音楽的にもかなり暴力的で脅迫的だ。きっかけとテーマはとても深刻なものだが、演奏

13　二〇〇八年に明らかになった、いわゆるフリッツル事件のこと。オーストリア東部はアムシュテッテンに住むヨーゼフ・フリッツルは、実の娘を二十四年間監禁し、性的暴行を加えて七人の子どもを産ませていた。ここではその子どもたちも含めて娘たちと言われている。

するとなると心地いい。攻撃的な音楽は、聴く者にとっても演奏する者にとっても、とても解放的に作用する。コンサートですっかり羽目を外す、他でもないヘヴィメタル・ファンたちこそ、知り合うと目立って穏やかな人たちだったりする。俺自身も、おそらくハードな音楽を必要としている。自分のネガティブな感情を洗い流してやるために。

昔はいつも大音量で、デッド・ケネディーズやセックス・ピストルズ、ザ・クラッシュを聴いていた。いまは俺自身がそういうバンドで演奏しているから、少し楽になった。わざわざ他のハードなバンドのCDを買う必要がなくなった。だが俺たちは、俺が聴きたいと思うほど頻繁にライブ演奏していない。だから俺には、俺たちのCDも必要だ。とはいえそのために、ひとまず肝心のCDを制作しなくちゃならなかった。

＊

ファースト・アルバムのときは、まだすべてが比較的簡単に上手くいった。俺たちはスタジオに向かって、もうずっとコンサートで演奏していた曲を録音すればよかった。さて、これから新しい曲を考案しようというんだった。すでに数曲あったが、アルバムをカバーするにはとうてい足りなかった。命令に従って創造的であれというのは、俺にとって解けない部類の問題に属する。レコード会社は二枚目のアルバムを待っていて、突然、ものすごいプレッシャーが生まれた。俺たちは誰も落胆させたくなかったし、他のバンドが俺たちのニュー・アルバムを細かいところまで批判的に聴くであろうことも知っていた。知らなかったのは、そもそも俺たちがこれからどんな音楽を作っていきたいのか、どんな方向に事態は進んでいくのかだった。同じことの繰り返しは嫌だったが、ならば獲得したあらゆる知見を手放せというのだったろうか？　実験済みの処方箋をもう使うなと？　なにか別のことをするためだけに？　俺たちの音楽は、俺たちが演奏した形でちょうど良かったんじゃなかった？　いったい俺たちの音楽って？

ひとまずダンスメタルなる概念を考案してみたが、そこからなにもはじめられなかった。そもそも誰もその概念を使おうとしなかった。自分たちであだ名をつけて、みんながそう呼んでくれるだろうと期待するのにどこか似ていた。だが、肝心なのはそこじゃなかった。重要だったのは、なんというか、新しく、より良いわけじゃないにしても良い曲でアルバムを作り上げることだった。レコード会社ではアルバムに関してとても大袈裟な概念が使われていた。だがここにきて、それが本格的な仕事になっているのに気がついた。じょじょに俺たちは、本当になにかをプロダクトするのだという気になってきた。なにを、の部分はわかっていなかったにしても。

折に触れて一人がアイディアを持ってきて、俺たちはそれを何時間もこねくりまわした。そこから使えるバージョンが生まれたと思ったら、その一部をDATカセットに吹き込んだ。当初は録音用に東製マイク二本を使っていた。黒い悪魔とも呼ばれていたやつ。それで録音したものがどんなふうに響いたか、想像できるだろう。翌日、聴いてみると、たいてい、それをさらに膨らまそうと思う者はいなかった。アイディアを録っておくために、ちゃんとミキシング・コンソールを使ってみても、だからといって状況が自動的に変わるものでもなかった。DAT責任者は俺だった。意味するところは、ある曲について面白い展開がみられたと思ったら、俺一人の判断でDATレコーダーを使って録音するというものだった。そんな役目を任されたことが、俺にはとても意義深かった。すると問題は、録っておいた音楽のあらゆる断片をあとでまた見つけられるように、いかに名付けておくかだった。思いついた名前はこんな具合に想像力満載だった——月曜、月曜1、月曜・新、月曜・超新…… そんな具合に火曜日も続いた。あるいはアイディアを得た曜日によって。アイディアをふたたび見つけるのに、それを分類しておくことのできるバンド名を言及する方法も、もちろん都合がよかった。そういうわけで、イカすビョーク・シークエンス、デペッシュ・モード・リフレイン、コールドプレイ・パート等々があった。コールドプレイはコールドプレイで、のちに語ってくれたところによると、ある曲の中でラムシュタイン・パートがあるんだという。もっとも、その名付けアイディアは俺たちが考案したものじゃなかったから、それも当然だ。ほどなくしてノートまるまる一冊が、DATカセットに関する書き込みでいっぱいになった。俺はそのさい、あとで聴きたいものを本当に見つけることができるように、一つひとつの録音にできるだけ多くの注意書きを添えるように努めた。かなり悲惨なことに、さらにすべてが無数の異なるカセットに分散されていた。そしてもちろん、どの曲についても複数のバージョンがあった。アップテンポのものがあれば、スローテンポのものあり、パンクっぽいものもあれば、今度はハードロック調のもの。あるリフレインをつけてみたり、別のリフレインをつけてみたり。ベースだけがメロディーを弾いたものもあれば、テクノ調のシンセサイザー・シークエンス・バージョンもある。せめていくらかでも概要がつかめるように、俺たちはボードを買って、学校でそうするみたいに曲としてまとまる可能性のあるテーマを書いていった。それからさらに、いくつかの段階を設けてみた。それはまるでサッカーみたいで、俺たちの場合は、チャンピオンズリーグ、ブンデスリーガ、二部リーガがあった。いまや、そこからひょっとしたらなにかが生まれるかもしれなかった二、三の名前を、少なくとも目にすることができた。だがティルが歌詞を思いつくまでは、それらのアイディアは意味を持たずにふらふらとさまようことになった。というのも、その曲の内容がわからないうちは、俺たちの方も、意味ある形で曲を変えたり改良したりすることができないからだった。多くの音楽的アイディアが、特定の歌詞を伴ったとたんに正当性や意義を失うものである。もっとも美しいパートですら、完全に必要なくなることもある。あるいはもっとひどいのは、その曲に歌詞がつけられなかったら、すべてのアイディアがお蔵入りとなることだ。ティルがインスピレーションを得やすいように、一方で、ティルに提示される音楽的なテーマは語りかけることのできる良いものでなくちゃならない。そういうわけで俺たちは、それがどういう方向に進むかはわからないまま、それでも丁寧に一つひとつのアイディアに従事しなくちゃならないのである。こういうことはすべて複雑に聞こえるが、実際、複雑だ。

しっかり集中して作業に当たるには、方法が一つしかなかった。俺たちは皆でどこかに籠らねばならなかった。そういうわけで、住みながら音楽を作ることのできる家を探した。その家はもちろん素敵な場所にあるべきだった。できればバルト海沿岸。俺たちはリオ・ライザー[14]の家にたどり着いた。というのも、彼の家にはもうスタジオのような設備が整えられていた。リオが俺たちとの付き合いに不安を抱くなんてこともなかった。ミュージシャンの方が、どこぞの気おくれしたジャーナリストた

14　リオ・ライザー（一九五〇〜九六年）、西ドイツ出身のシンガーソングライターで、トーン・シュタイネ・シェルベン（活動期間は一九七〇〜八五年）のヴォーカルとして知られる。

ちょりも、もう昔からよっぽど先入観抜きに俺たちを見てくれた。

リハーサルをはじめるべく出発したところ、ちょうどリオが亡くなったとの知らせを受けた。だが、詰めた荷物をふたたび解く気は俺たちになく、そういうわけで楽器を持って、そのままバルト海沿岸をさらに先へと進み、他に適した家がないかと探した。まるでメルヒェンにあるように、東ドイツの合宿施設があった。複数の階に無数の部屋。そしていたるところに、あの素晴らしい東製のヒーターに鋼製の格子柵があった。そこで俺たちはすぐさま友人全員を集め、豪勢なパーティーを開いた。週末のあと、そうすると回復するのに幾日かを要した。あいまに向かいの農場で乗馬を習った。俺自身はその場にいなかった。なにがいちばん怖かったのか、馬だったか、痛みだったか、はたまた恥をかくことだったか、俺にもわからない。

リハ場にいたことは、むしろ滅多になかった。そこは俺たちが学校時代から知っているような、れっきとした教室だった。推して知るべし、教室に関して俺たちには良い想い出がなかった。窓に防音措置を施すのは面白かったが、いざ演奏を開始しようとなると、相変わらずなにも思いつかなかった。ドラムの音があまりにも大きすぎて、俺は頭が痛くなった。そうしたら自分の部屋で横になって本を読むか、台所でビールを探すんだった。ダイニングテーブルの上方にはケリー一家のポスターが飾ってあった。それは、俺たちが自分たちを鼓舞するために、雑誌『ブラヴォー』から切り取ったものだった。テーブルには、死んだ魚が二、三匹、置いてあった。夕食に焼こうと、俺たちが口八丁手八丁で漁師からせしめたものだった。すると、もう次の週末が待っていた。面白半分で、またどんな具合に前進しているか様子をうかがいに、レコード会社の人間も訪ねてきた。俺たちは晩に赤ワインを交えながら、貧しい結果を披露した。そして、それらを試作品と呼んだ。

何年かたって、その次のアルバムのときには、俺たちはすべてをぜんぜん違った形で、プレッシャーもストレスもまったくない形でやろうと試みた。だが結局、セカンド・アルバム以降、どのアルバム制作のさいも同じように進んだ。実のところ、それが悪いわけじゃまったくなかった。というのも、いつも何度もあの素晴らしい瞬間があった。ちょうどいいアイディアが生まれるのを、俺たちが一丸となって感じたときのこと。その数々の瞬間に、夢中になって、いわばたまたま見つけたそのエッセンスを維持しようと努めた。その経験は、誰も俺たちから奪うことはできなかった。

二十歳の誕生日だった。俺は基本的に誕生日を盛大に祝うほうじゃないが、これまたそんなふうには想像していなかった。二十四時間前からまともに寝ていなかったが、それというのも列車の中で過ごしていたからだった。いま、シチリア島のカターニアにいて、ガタゴト揺れるタクシーから降りたところで、マルタ島へと運んでくれる船が港に一艘も用意されていないことを悟ったのだった。俺はひたすら船のチケットを見つめた。そのチケットはベルリンで、より正確にはスレッズキ通りで発券されたものだったが、当然のこと、そのことはここでまったくなんの役にも立たなかった。船はなく、向こう三か月は一艘も来ないという。タクシー運転手はもうずっと、俺が港でなにをしたいんだろうと訝しげだった。

運転手が走り去るまえに、俺は素早くまたその車に乗り込んだ。車の中は心地よく温かかった。イタリアに冬があるなんて、考えもおよばなかった。数週間たてば、おまけにここで雪が降るのも見ることになるだろう、とのことだった。タクシー運転手は空港まで連れていってくれた。そこも港なのだった。電車の旅の全行程を、それに続く渡し船での運行ともども自らの身に引き受けたのは、まさに俺の飛行機恐怖症がもっともひどい時期にあったからだったのを、運転手は知らなかった。なんたることだ、いまや人生で初めて、外国にいながら自力で飛行機のチケットを予約して、ひとりでマルタ島へと向かわねばならなかった。それもイタリアから。バンドのもとに留まっていればよかった。そうしたら飛行中はありとあらゆる馬鹿げた冗談を言い合って、自分の恐怖症のことを考える暇はなかったろうに。いまや、大声で語り合い汗をかいている見知らぬ二人のあいだに挟まれて、座っていた。揺れの激しい二時間の飛行をへて、島に到着した。当然、俺のことを待っている者はいなかった。渡し船が本当に出航していたら、翌日に到着することになっていたんだから。どうして俺がマルタ島に行ったんだって？

俺たちは、そこで二枚目のアルバムを収録しようとしていた。フィリップ・ボアがスタジオを構えていた。そして、彼も俺たちのレコード会社に所属していた。ときにはそんな単純な話なんだ。俺たちが自宅からしっかり遠く離れていることが、もっとも大切なことだった。昔であれば、どんな機材がスタジオの各部屋にあるかが重要だったが、それはますますどうでもよくなっていた。機材そのものがぐんと小さく、また安くなって、どこへでも持ち運びできるようになっていた。そして、俺たちはどこかへ行かねばならなかった。そうでもしないと決して全員が揃って演奏できない、となりかねなかった。というのもベルリンでは、もっとも遅くやってきた者がリハーサルに加わったら、最初に来た者がもう去るという具合だった。やれ歯医者だの、税理士だの、保護者会だの。俺も例外じゃなかった。そもそもリハーサルに加われただけで、もう自分が誇らしかった。

マルタ島でもっとも大きな問題だと判明したのが食事だった。かつてイギリスに占領されていたからか、いくぶん味が良い食事にありつくのがどうしてあんなに難しかったのか、俺にはわからない。

俺たちは町で唯一のレストランで何時間も食事を待たねばならず、晩の貴重な時間を失った。すると、すべてが油まみれなんだった。比較的大きな町ではインド料理を食べた。晩にパウルがまたもや食事を無駄に食べたことがあって、ゲロのシミを残したんだが、それはとても色が鮮やかだったから、そのあと六週間も目立った。州都のディスコで、俺たちと話そうという者はいなかった。いわんや踊りたい者も。ラムシュタインの名を出したところで、当然のこと、だからどうってこともなかった。

当時、俺たちの身に降りかかったもっともセンセーショナルな出来事が、ポパイビレッジを訪れたときのことだった。湾沿いのその地は、ポパイ映画が撮られたことからそう呼ばれていた。湾にはセットがまだそっくりそのまま残っていたが、俺たちはその映画世界を湾の向かい側から眺めることにした。入場料を払う気がなかったんだ。その点を除けば、そこはその地方で唯一もっとも美しい場所だった。栈橋のあたりを少しうろつき、眺めを讃嘆した。それから寒くなって、車に乗り込んだ。そういうわけで、状況がまったくつかめていなかった。波が来ていたんだ。その波がオリーを、羽毛のように軽々と海へさらった。流れのせいでオリーはもう陸に戻ってくることができず、仕方なしに泳いで湾を横断し、子どもたちが感銘するなか、満々たる水の中からポパイビレッジに降りたった。そうして入場料をちょろまかしたんだった。

あいまに俺たちは、夜に雨の降るなか、レンタカーで壁に激突することもやってのけた。マルタ島は実に左側通行で、いよいよ慣れる必要があった。車はすっかり大破した。さらに悪かったことに、衝突のさいにハンバーガーを喉に詰まらせてしまった。その直前、真夜中だったか、俺たちはバーガー・キングで食事したばかりだった。そしていまや、人生をどこで間違えたんだろう、と考えるにいたった。実のところ、それほど間違っていなかった。俺たちはただ二枚目のアルバムを収録したかっただけで、聞くところによると、どのバンドにとってもそれがもっとも難しいんだという。少なくとも、三枚目のアルバムに取りかかろうとするまでは。

　ついにやり終えた。アルバム用の曲をすべて吹き込み、ミキシングも、マスタリングも済ませた。なんならアルバムをすぐにでもリリースしたかった。曲たちを自由へと解き放つのが待ち遠しかったが、まだその段階じゃなかった。アルバム発表にはもっと多くの事柄が含まれるのを、俺たちは学ばねばならなかった。

　アルバムが完成するかなりまえの時点で、もう宣伝がなされなければならなかった。つまり、インタビューを受けなきゃならなかったんだが、これは俺たちの性にまったく合わなかった。それから、とりわけ芸術活動（アート・ワーク）を必要としたが、これはドイツ語でどう言ったらいいかわからない。ともかく、アルバム用に二、三枚の写真が必要だった。音楽新聞にも、セカンド・アルバムの方向を示唆する俺たちの写真を掲載しなければならないとのことだった。

　そういうわけで、俺たちは相応しい写真家を探した。少なくとも俺たちのマネージャーが。なにしろ俺たち自身は写真家を一人も知らなかった。というか、俺は二、三の名前を知っていたが——親が友人から借りた本に載っていた——どうコンタクトを取ればいいか、わからなかった。彼らがまだ生きているかすら、わかっていなかった。ゴットフリート・ヘルンヴァインの場合もそうだった。もう何枚か彼の写真を見たことがあって、俺はとても気に入っていた。スコーピオンズのアルバム・ジャケットも知っていたが、その写真を手掛けたのがヘルンヴァインだったとは知らなかった。スコーピオンズは英語で歌っていて、ドイツのバンドだなんて思ってもみなかったから。だから、ヘルンヴァインがドイツに住んでいたのも予想だにしなかった。共通の知人を通して、俺たちは、ヘルンヴァインがケルン近郊に住んでいて、ロック音楽に関心があることを知った。なんでも、ローリング・ストーンズやマイケル・ジャクソンにも会ったことがあるという。

たがいに知り合えるように、ヘルンヴァインがケルンでのビザール・フェスティバルに来てくれた。あの頃、俺たちはまだ無名だったから、午後の早い時間帯は陽の光のもとでの演奏だった。きっとそんなに感銘を与えるものではなかっただろう。それから俺たちがまたバックステージにつっ立っていたとき、ゴットフリート・ヘルンヴァインただひとりが唯一のロックスターのように見えた。俺たちには話しかける勇気もなかった。もうその翌日、俺たちはケルンからアイフェル山地は彼の城館へと向かうことになった。アイフェルはフランスにあるものとばかり思ってきたから、俺はいくぶん面食らった。きっとエッフェル塔だから。エッフェル塔のせいだ、が正しいか。また間違えた。険しい山を上へと走り、門をくぐって一目見て、その眺めに俺たちは言葉を失った。あんな途方もない文化遺産を私的に所有する、ないしは使用するなんて、東ドイツではありえなかった。東ドイツだったら、せいぜいフェルトのスリッパを履いて各部屋を案内してもらうのが関の山だったろう。なんともなしに、そこでは一群の従業員たちがのどかに働いていた。召使たちは黙々とダイニングテーブルにクロスをかけて、食事を運んできた。それからヘルンヴァインが、彼の絵の飾ってある各部屋を案内してくれた。絵は俺が想像していたよりも大きくて、微に入り細を穿つ推敲が重ねられていた。びっくりしたことに、なんと全従業員がこれらの絵を模写していた。小さい頃から知っていたものも含めてたくさんの絵やポスターを目にしたが、それらもヘルンヴァインの作品なのだった。彼が画家でもあったことを、俺は知らなかった。そんなに有名だったのも。

ヘルンヴァインの写真コレクションは別館にあった。最初に見せてくれた写真はどれもみんな真っ黒で、現像のさいになにか上手くいかなかったのかと思ったが、もちろんそれは意図してなされたものだった。じっと目を凝らすと、暗い背景に暗い顔がいくつか識別できた。なにも見えないポートレイト写真を撮るなんて、並大抵の芸術家じゃないに違いないと思った。それから、記念の壁を見せてくれた。要するに、有名人が、もちろんヘルンヴァイン自身と写っている写真が飾られている壁のこと。モハメド・アリと腕を組んだヘルンヴァインが写っていた。ミック・ジャガーとも。その壁を眺めたあとで、俺たちはますます怖気づいて、なにも言えなくなってしまった。

それから俺たちは仕事場になっていた回廊へと場所を移した。そこで化粧が施されると、ヘルンヴァインは猛烈に撮っていった。撮り終えたフィルム本数をかぞえようとしたものの、俺は全体像を見失った。千五百枚くらい撮ったよ、とヘルンヴァインは言うんだった。俺たちの最初の写真のときとは、もういくぶん事情が違っていた。誰がそのすべてを支払ったんだろう？　それから写真を現像させるために、従業員が一人、街へ送られた。晩にはもう出来上がるだろうとのこと。俺たちにはてんでのみこめなかった。俺たちがフィルムを一本現像にだしたら、写真を手にするまで、いつも一週間はかかっていた。だが、そういうわけで、心地よく写真を待っていられた。城館の庭園をぶらぶら散歩したり、談笑したりしながら時間をつないだ。俺たちはまだ化粧をしていて、血糊を浴びたままだった。いかにしてヘルンヴァインが悪魔と手を組んでいるという評判へといたったのか、いまやよく想像できた。というのも、そんな状態の俺たちに出くわしたら、城館を見学しにきた人々はなんて思っただろう？　現像した写真を見るまでもなく、それが見事な出来ばえになっているであろうことを俺たちは悟った。

　しばらくして、皆でアルバム・ジャケットに相応しい各人のポートレイトを選んでいった。一人だけ優遇されることのないように、それぞれの顔が表（おもて）にくるよう、俺たちは折り畳み式ジャケットを六バージョン作成した。大概のバンドではヴォーカルが注目を浴びるが、それは避けたかった。新聞紙上にアルバムの宣伝が載ると、誰が表になっているやつか、ワクワクしながら見たものだった。ただサインをするときだけ、いまや混乱が生じた。というのも俺たちは一定の順番に並んで座っていたから、その都度自分の顔を見つけるのに、ジャケットをあちこちめくらなければならなかった。すると何人かがうっかり間違えて別の顔にサインしてしまうことがあった。するとその顔の持ち主が自分の顔に別の名前を見つけることになって、今度はまた別の顔が豚のような鼻やちょび髭を、はたまた眼鏡をもらうなんてことも起こりえた。ともかく俺たちは、セカンド・アルバムにようやく素晴らしいジャケットを手に入れたんだった。

　先行シングル盤には「天使（エンゲル）」が選ばれた。この曲用のビデオを、俺たちはドロ社とともに制作するとのことだった。あの当時、ヨーロッパのミュージックビデオの大半を撮影していた制作会社だった。バンドの皆はクエンティン・タランティーノにものすごくはまっていた。とても大勢の人たちが良いと言うと、俺はいつもどこか疑ってしまうんだが、『パルプ・フィクション』は好きだった。『フロム・ダスク・ティル・ドーン』はそれほどでもなかったが、その意見は誰にも言わなかった。バンドがこの映画にならって「天使」のビデオを撮りたがっていたから。あるいは、それに依拠しようとしていた。アイディアの盗用を、より美しく言い換えた表現。

　都合の悪いことに、映画では六人組が登場しなかったから、俺たちは役割を分担せねばならなかった。三人がバンドで演奏して、もう三人が映画の舞台でありビデオの舞台でもあるバーの客を演じた。

ビデオに登場するのが俺たちだけにならないように、もう何人か、ハンブルクの歓楽街から一風変わった人たちが招待された。とてもいいアイディアで、おかげで撮影はいよいよ一層楽しくなったし、そのうちの何人かとは友達にもなった。それか、もっと頻繁になにか一緒にするようになった。彼らは撮影まで長旅をすることもなかった。というのも撮影はドックス裏手のプリンツェンバーで行われた。ドックスとはシュピールブーデン広場にある、とてもいいロック・クラブだった。

『フロム・ダスク・ティル・ドーン』では、蛇踊りの類を披露するダンサーが出演する。そのダンサーの脚から、男たちの一人の口へとテキーラが滴り落ちる。おそらくバンドはやっぱりちゃんと映画を観ておらず、そういうわけで皆が、俺がその男の役になって女の足を口に含ませるべきとの意見だった。そうとう奇妙だと思ったが、俺のせいで撮影を止めたくなかったから、もちろんその役を引き受けた。それでなくても当初の撮影予定をとても押していた。しかも、檻の中でリフレインを一緒に歌うことになっていた子どもたちもいた。その子らが寝なきゃならない時間になって、すべてはより一層わけがわからなくなっていった。撮影は徹夜で行われた。俺たちが吸血鬼になるシーンがまだあと欠けていた。俺たちはさっさとへべれけになり、役を演じやすくした。その後も効果を発揮することになる方法の一つだった。翌日、最後のシーンを撮影した。そこで俺たちはそのバーを皆で一緒に去る。ビデオの中ではもっとも良くできたシーン。俺たちの視線は無数のトラックに向けられていて、運転手たちはもう吸血鬼の餌食になっているんだから。その様子を示すことはできなかったが、俺たちは、いちおう、ほどなくして撤去されることになったハンブルク港の古い倉庫から出てきていた。

今日の基準からすると、このビデオはとてもお行儀よく作られている。だが、当時はＶＩＶＡにも

MTVにも暴力とセックスに関する厳しい基準があって、俺たちのビデオが放送されるであろう可能性は、そういうわけで、もうとても小さなものだった。[15]

＊

さて、おつぎは「なんておまえはいい匂い」だ。ふたたびランニングマシーンの電源を入れる。「なんておまえはいい匂い」は、俺たちがいまのメンバー構成になってから皆で一緒に考案した初期の曲の一つだ。俺がバンドに加わった時点で、すでに四曲ができていた。「ラムシュタイン」、「船乗り」、「白い肉（ヴァイセス・フライシュ）」――これは当初、まだ英語で歌われていて、タイトルも「ホワイト・フレッシュ」だったから、俺はてっきり白い閃光（ホワイト・フラッシュ）だと理解して、核戦争をめぐる曲なんだろうと思った。まだあと「より低い音（ティーファー・ゲレークテン）」という一曲もあった。そう名付けられたのは、ギタリストたちがこの曲のために低い六弦をDの音に合わせたからで、そうすることで、普通ギターで弾けるよりもさらに低い音で弾けたんだった。「いにしえからの苦悩（ダス・アルテ・ライト）」は皆で作った曲で、いぜんは「ハロー、ハロー」と呼ばれていた。

俺たちの八トラックレコーダーで、ティルがこの曲に合わせて初めてなにかを歌おうとしたときのこと。ティルはひとまず「ハロー、ハロー」とマイクに向かって叫び、声が届いているか、あるいは

15　実際には、MTVでは放送禁止となったものの、VIVAでは頻繁に放送された。

自分で自分の声が聴こえるかを確かめた。手違いからこの「ハロー、ハロー」が録音されて、するといつもこの曲がはじまるというときに、ひとまずこれが聴こえることになった。そういうわけで、この曲はそれいらい「ハロー、ハロー」と呼ばれるようになった。俺はおまけにこの部分をサンプリングして、コンサートの予期せぬところで流せるようにした。もちろん正しいタイミングでも。まさにこの曲がはじまろうというとき。さらに、アルバムをスタジオで本格的に録音したさいも、曲の最初にこの「ハロー、ハロー」を入れ込んだのだった。

この曲にはさらに特別なところがある。二度目のリフレインのまえに、ちょっとした緊張感に満ちた休止がある。そのところで、俺たちにはまだティルの際立ったなにかが欠けていた。俺たちは曲を推敲するために田舎にある彼の実家にいて、そこで叫び声かなにかを入れようとしていた。とはいえなにを叫べばよいか、ティルにはわからなかった。俺たちはティルに尋ねた――普段はどんなことを叫ぶんだい？　曲に関係しなくてもいいからさぁ。長々と考え込むことなく、彼は怒鳴った――「ファックしてぇ！」　俺たちは、すぐさまそれを録音しようとした。そのさいに重要だったのは、ティルが思いっきり声を張り上げることだった。すると歌声が、こう言ってよければ、すっかり羽目を外してしまって、ちゃんとテープに録音できるまで、ティルは何度も叫び直さなきゃならなかった。奴はかなり切羽詰まっているなぁ、と村人たちは思ったに違いない。

その後、レコード会社の人たちは、この一文のことでそうとう色をなした。彼らがこれを聴き過ごしていたら、俺たちだってがっかりしただろう。曰く、この台詞がアルバムで発表されることは決してあってはならない。俺たちはもちろんその部分にこだわって、すると驚いたことに、レコード会社が譲歩した。俺はどのコンサートでも、この箇所が来るのはいまかいまかと楽しみで、ティルが俺を落胆させたことは一度としてなかった。すると俺は観客席の方を見やって、曲をまだ知らない人々が度肝を抜かれるかどうか、様子をうかがうんだった。

それから、なんとさらに俺の恐竜サウンドでソロパートを演奏させてもらえた。それは俺がこのバンドに持ち込んだ最初のソロだった。よくよく考えると、最後のソロでもある。残念ながら、きょうはこの曲を演奏しない。

目下、俺たちはいわゆるベスト盤ツアーのさなかで、バンドの考えに従えば、この曲はベストに含まれない。ツアーの名称はもちろんどうでもいい。俺たちはつねに最良の曲を演奏したいんだから。わざわざツアーに出て、誰が悪い曲だけを演奏するだろう？　そうこうするうちに俺たちはアルバムを六枚収録しているから、一枚につき四曲を演奏するので精一杯だ。でないと不公平だろう。そういうわけで、かなりたくさんの曲を演奏できない。まさにこの曲はファースト・アルバムのもので、当時、俺たちは音楽的にいよいよ結束を固めたばかりだったから、このPlatte（アルバム）の多くの曲が、俺たちにとってとても重要な意味を持っている。

もちろん俺たちが発表しているのはPlatte（レコード）じゃなくてＣＤで、だからAlbum（アルバム）と言うべきなんだが、新しいものを生みだすたびに、俺はいつもついレコードと言ってしまう。面白いことに、レコードの販売数はこのところふたたび急速に伸びている。一方、ＣＤの方は減少している。だが、それを本当に面白いと思う奴は一人もいない。ともかく何年後かに、たまたまであるが、俺がレコードと言うのも間違ってない、なんてことになるかもしれない。俺の親父もＣＤをすっかり飛び越えてしまった。親父はいつもカセットを聴いていたが、いよいよＣＤに乗り換える準備が整ったというとき、コンピューターにはＣＤリーダーがもう埋め込まれなくなっていて、音楽はスポティファイとかそういうストリーミングサービスで聴けるようになっていた。なにかある特定の曲が聴きたくなったら、俺自身はひとまずユーチューブで探す。するといつもミュージシャンの姿を見て、呆気にとられてしまう。というのもこれまで、数多くのバンドのライブ映像を一度も見たことがないんだ。子どもの頃は、ラジオで耳にしていたミュージシャンの顔を見ることがなかった。多くのバンド、あるいはミュージシャンについて、今日にいたるまで俺は彼らがどんな風貌の持ち主なのかを知らないし、ときにはそこで歌っているのが男か女かすらわからない。そういうときは音楽を、そこで演奏している、あるいは歌っている人物と結びつけることなく、ただそこにある曲として聴いていた。というのも曲の一つひとつの音を、俺に向かって語りかけてくる生き生きとした生き物のようなものとしてとらえていたから。そして俺にとって声は、メロディーからなる一本の川の中で漂っているなにかなんだ。リフレインは、すると安定した島々である。いいや、ドラッグをやっているわけじゃない。俺はひたすら音楽を愛しているんだ。もっとも強く、俺自身には理解できない音楽を。そのメロディーは、リズムはどこからやってくるのか、俺自身には説明できない音楽を。

　ところで、東ドイツには『メロディーとリズム』という音楽雑誌があった。この二つの単語の結びつきが、おそらく俺の中に深く刻まれている。ともかく曲に感動するのに、俺はミュージシャンが演奏するのを見なくてもかまわない。その後は、あのビデオ番組があった。カイ・ベッキングが司会をしていた『フォーメル1』[16]のこと。もちろん俺は、その番組を見たがった。残念ながら、放送を見逃さないためには学校をさぼらなきゃならなかった。そしてテレビを持っていた友人を堕落の道へと引きずり降ろさなきゃならなかった。すると最新のトップテン・チャートが短いあいだ流されていたのを目にして、驚いた。なんと、これらの曲にはビデオが存在していた。自分たちの曲がトップテンに入るなんて、当のバンドはどうやって知りえたんだろう？　そうでもなかったら、ビデオなんて撮る必要もなかったじゃないか。それとも、すべてのバンドがすべての曲に、ひとつずつビデオを撮っていたのか？　自分では説明できなかったが、突然、プリンスがどんな姿をしているのかを知って、すっかり熱狂した。俺は何度も学校をさぼらなきゃならなかった。マイケル・ジャクソンだって見てみたかったんだ。トーテン・ホーゼンも。彼らは巨大な料理鍋の周りを踊りながらボンマールンダー[17]について歌っていて、だからなんだというのか、わからなかった。他のバンドは、ウルトラヴォックスとかトンプソン・ツインズといった。それから、モダン・トーキングが「愛はロマネスク（ユー・アー・マイ・ハート、ユー・アー・マイ・ソウル）」を初めて披露したのも目にした。『フォーメル1』で見逃したぶんはすべて、時間のあるときにユーチューブで観ている。そういうときは本当に古い映像を見つけるまで、何時間もあちこち探し回る。

ランニングマシーンの上で、いま、踊っているみたいに努める。とても気楽なように見えなくちゃならないのが難しいところだ。すでに書いたが、楽そうに見えるものがたいていいもっとも難しかったりする。だが反対に、難しそうに見えるものが楽なことはなく、それは難しいままだ。

リフレインで、この曲はほんの少しゆったりする。すると、あの駆り立てるリフはなく、ギターはオープンな和音を奏でる。俺たちのなかには、ときにこのところでコンサート中に指を鼻の下に持っていく奴もいる。そうして口髭を暗示する。口髭をはやす奴といえば、俺たちの若い頃は敵のイメー

16　旧西ドイツの音楽番組（一九八三～九〇年）。
17　蒸留酒の一種。

ジがあった。そういう奴は清潔な中流階級の車に乗っている、音楽趣味の悪いプチブルだと思われていた。東のロックミュージシャンのなかには、偉大なる誇りを持って鼻水止めをはやした奴も二、三人はいた——ちょび髭を、俺たちはそう呼んでいた。そういう髭を、どこか偽善的で抜け目ない流行歌シンガーとかビジネスマン・メンタリティとも結びつけた。まぁ、東側でビジネスマンと呼ばれた存在のことだが。たとえば意地悪なウェイターなんかが、ときにそういう髭を生やしていた。

リフレインのあとにCメロがくる。間奏とか休憩パートとか言ってもいいが、そう呼んだところでカッコよくならない。驚くべきことに、ロック音楽の場合、ほとんどの曲が似たような形式で作られている。ひとまずテーマが紹介されて、その次に一番が来る。それから短いリフレインが来て、二番。二度目のリフレインは少し拡張されて、そしてあんまり退屈にならないように、たいていCメロがはじまる。

俺たちはたいていそのパートで調和のとれた型をあとにして、曲に新たな色彩を加える。歌詞の面でも、そのところでメロディー・フレーズのメッセージは別の観点から眺められることになる。だから、俺たちはCメロを「だがときにはパート」とも呼んでいる。それからたいてい、この曲でもそうするように、この部分を火炎効果に使う。今回はギターが燃えている。要するに、ギタリストたちの腕の外側が燃えている。そうやって二人が一つの絵をなすから、とても美しい眺めになる。あぁ、もう二人は振り向きはじめ、俺は二人がオルゴールにある人形みたいだと思う。注目がギタリストたちだけに向けられるように、ランニングマシーンの電源を切る。俺はどのみち暗闇に立っていて、誰にも見られていないから頑張らなくていい。その時間を使って一息つく。ついでに、少しでも空気がジャケットの下に入るように扇ぐ。それからシュナイダーに合図する。片足だけでリズムを刻んでいるから、シュナイダーにもいくぶん余裕がある。オリーもいまはちょうどすることがない。悠々と小瓶のビールを飲んでいる、あるいは飲んでいるのはなんだろう。オリーも暗闇に立っているから、俺にはわからない。いま、オリーはシュナイダーと俺を見て、俺たち二人に合図を送る。俺たちもその合図に応える。そのすぐあとに、新たな力で、奮起して最後のリフレインへと向かう。人々は踊りたいんだ。そして一緒に歌いたい。ひたすらずっと前だけを見ているなんて、どこかの時点でつまらなくなる。

　このまえのツアーで、ギタリストたちはここのところで自分たちのギターを観客席に放り投げた。だが、もうそれはしない。というのもギターを取り戻すのがとても困難だったんだ。ひとたびギターをキャッチしたからには、もちろんそれを返す気なんて観客たちにはなかったわけだ。それとも、あれはギターが燃えていたときのことで、ギタリストたちが燃えていたときのことじゃなかったか？もはや、なにがなんだかわからなくなっている。

　さて、今度は「ガソリン（ベンツィン）」だ。舞台にガソリンが流れるんじゃなくて、次の曲のタイトルがそういうのである。舞台上をガソリンが流れるなんて無理な話。俺たちは格子状の舞台に立っているんだから。まるでシェーンハウス通りにある地下鉄の通気口みたいなんだ。冬には温かい空気が流れ出るところ。統一後、俺は、冬の晩は車をその通気口の上に停めておいた。翌朝、エンジンがかかるようにするため。俺の古いメルセデス・ディーゼル車たちにはこの方法が実に上手く効いて、当時は警察官がやってきて、俺をしょっぴいていくこともなかった。ガソリン車の場合、寒くてもエンジンのかかりはずっといい。もちろん、それが理由でガソリンについての曲を作ったわけじゃない。とはいえ「ガソリン」は依頼されて作った曲だった。俺たちも歌詞を考えるよう、ティルが頼んできた。すべての負担がティルにのしかかってしまわないようにするためだった。そこでパウルがいくつかテーマを考えて、二、三のメモ用紙に書いてリハ場に掲げておいた。一九九九年以来、そういうわけでこのガソリンというメモ書きが、俺たちの鼻先にくっついていた。

　にもかかわらずこの曲は、アルバム『薔薇のごとき赤（ローゼンロート）』を制作する段階でようやく完成した。音楽的に言って、ややラムシュタインに典型的な曲じゃない。それはギターの演奏の仕方による。どちらかといえばパンクバンドの弾き方なんだ。この曲は、さっき演奏した「なんておまえはいい匂い」よりアップテンポでもある。コンサートのテンションがまた上がるように、意図的にそうしているんだ。次の曲はもっと速くなるだろう。足を動かしながら、もういまの段階でようやっとついていけるくらいだから、現時点でそのことがまったく想像できないが。いま、いよいよランニングマシーンが回転する。というのも俺は、たがいに向き合っている双方のキーボードで演奏しなきゃならない。だからタイミングよくマシーンを回転させる必要がある。さもないとリフレインのときにそこで必要な楽器のもとにおらず、一緒に演奏できなくなる。マシーンから舞台中央へと飛んでいきたくなかったら、歩くのをやめてもいけない。舞台上には、もうあの巨大な炎が立ち昇っている。なぜって、現にずっと燃え続けているんでなかったら、俺たちはどうして「ガソリン」という名の曲を演奏するんだろう？　イントロですぐにティルは、古いがとても美しい給油機を舞台上に引っ張ってくる。彼の友人が給油機の下に車輪を溶接して、あちこち引っ張れるようにしてくれたんだ。リフレインで、炎は俺のかなり近くをかすめていく。だから本当に正しい位置に立っていることが重要だ。野外で演奏するときは、風が吹くと、ところどころいつもとは違う場所で炎が上がることもあるが、そのような場合のために、舞台上に組んである横桁には小さな布の旗がくくりつけてある。それで一目で風向きがわかるようになっている。まるで空港にいるような気分。空港にも風向きを知らせてくれる吹き流し（ヴィントゼッケ）があるから。これは本当に風の袋（ヴィントゼッケ）と呼ぶんだと思う。

いままたふたたびCメロが来る。すると、なんたる驚き。ティルが給油機からノズルを取って、猛烈な炎を舞台に放つ。パウルはどのコンサートでも、火傷しないすれすれのところまで炎に近づこうとする。ティルに炎をまともに自分に向けさせるんだ。俺にはパウルが理解できる。ときどき炎を自分に向けて放ってもらって、一瞬ものすごく熱くなるのはいい気分だ。残念ながら、のんびりとその場面を眺めているわけにはいかない。ランニングマシーンに集中しなければ。

最後のリフレインで、マシーンはふたたびオルガンに向けられることになっているから、まだあと百八十度回転しなければならず、軽いめまいを覚える。できることといえば、せいぜいマシーンはそのままにしておいて、俺自身が回転して後ろ向きに歩くことなんだろうが、この速度では無理だ。それを「俺の心臓が燃えている（マイン・ヘルツ・ブレント）」でやってみたことがあって、自分の敏捷さがものすごく誇らしかったが、観客席でそれに気づいた者は誰一人いなかった。というのも、俺はそのとき暗闇の中に立って、ないし歩いていた。それらすべてを、自分たちのショーが撮影されたときにはじめて知った。映像を観て少なからず驚いたんだが、俺はまったく見えていなかった。つまり、ほとんどまったく。バンドの他の連中も、自分自身に関してきっとそう思ったに違いない。だが、俺たちがそうするのは意図的でもある。舞台が空間的にも雰囲気良く映えるように、照明にはいつもある種のアクセントが置かれて、全体的にかなり神秘的に暗くなるように工夫されている。俺たちだって、舞台がドイツ銀行の支店のように見えてほしくない。

まさにそのような印象を、俺は、ローリング・ストーンズがオリンピックスタジアムで演奏したさいに持った。その代わり、ミュージシャンたちはしゅうし全員よく見分けることができた。だがそんな無菌状態の舞台に立つくらいなら、俺は意味もなく暗闇の中で一人演奏するほうがいい。そうしたらもちろんもっと肩の力を抜くことができて、自分が見えるときだけランニングマシーンの上を歩いてもいいんだが、それじゃぁ同じじゃないだろう。観客もおそらく勘づくに違いない。パウルが言ったんだが、ポートレイト写真を撮るときでも、どんな靴を履いているかが重要になるんだそうだ。写真に写らないにしても、いい靴を履いているとか裸足であるといったことが、気持ちとなって表情に現れるんだと。

給油機から最後の火炎攻撃があって、今度の曲は「左、二、三、四（リンクス・ツヴォー・ドライ・フィア）」ないし「俺の心は左を打つ（マイン・ヘルツ・シュレークト・リンクス）」だ——いまはタイトルがどうなっているのかわからない。俺はマシーンをもう一段階速くして、今晩で最高の速度にする。持ち場を離れることなく観客に向かって行進していくことができるように、さっき、マシーンが観客の方を向くように回転させておいた。まったく、きょうも速い。汗が目に滴り、俺はあまりの熱さにもうまた身震いしはじめる。コンサート用に、俺たちはイントロを特別長めにしておいた。今度はどの曲が演奏されるか、観客にわかるようにするためだ。そうして皆がちゃんと手拍子できる。いま、バンドの残りのメンバーが行進しながら舞台に現れる。激しい炸裂音とともに、本格的に曲がはじまる。

＊

ドイツでいくぶん有名になると、アメリカでも舞台に立ちたいという希望が俺たちの中で膨らんだ。

そうしてはじめてまともなバンドになると思った。つまるところ、ドイツ語で歌ってドイツで有名になるのに特別な芸はいらない。だが歌詞を理解しないアメリカ人が良しとするのであれば、俺たちにとって、俺たちの音楽が本当に良いとなるのだった。そもそもヨーロッパの音楽市場はアメリカに圧倒されていると感じていた。アメリカが全世界にとっての音楽的道標なんだと。

当然のことながら、現地で諸手を挙げて歓迎してくれる者はいなかった。正確に言うと、俺たちが初めてためしにニューヨークに行ってみると、出迎えてくれた者は誰一人いなかった。にもかかわらず、俺たちはすっかり感激していた。すぐさまチェルシーホテルに居を構えて、それだけですぐさま国際的な芸術世界の一部になった気がした。もっとも、そのホテルは豪華とは無縁だった。あんなに脂っぽい部屋というのも、俺はそれまでのホテルで経験したことがなかった。俺たちの部屋のドアは鍵が閉められなかったどころか、そもそも閉められなかった。というのも、あまりにも頻繁に押し入られたからだった。十一階にある俺たちの部屋で、シド・ヴィシャスが恋人を、あるいは自分自身を殺したという話だった。幸運なことに、もう何年もまえから最上階に住んでいた画家が、俺たちを屋上に行かせてくれた。そういうわけで、毎晩屋上に座ってビールを飲んでは、ドラッグストアのカウンターで見繕ってきた大量のプラスチック容器入り料理をペロリと平らげた。そして摩天楼を眺めた。俺たちにはてんでわからなかった。はじまりはどんなだった？　子どもの頃、俺はこんなことが実現するとは思ってもみなかった。

あの頃は長いあいだ、ラジオが俺にとって最高の審級をなしていた。神をも凌駕していた。ラジオから来るすべてが良く、正しかった。ときたま、あるいはもっぱら、とても素晴らしい音楽が流れた。ラッキーだと、ラジオのスイッチを入れたらいい曲が演奏されるのに居合わせることができた。俺は子どものように喜んだものだった。それもそのはず、現に子どもだった。アルバムの再生されるラジオスタジオがあるとは想像もつかず、てっきり誰かが歌っていて、それをラジオで聴いているもんだと思っていた。放送局があるなんて発想はなく、むしろいつもそこにあって、そこから音楽が出てくる知的な雲のようななにかを思い浮かべていた。俺はひじょうに注意深く耳を傾けたものだった。というのも、いい音楽がその後、もう二度と流れないこともあった。ミュージシャンの名が告げられたこともあったが、さほど手掛かりにはならなかった。その後、いくつかのバンドについてはレコードが西側に存在するらしいことを知った。レコードとは俺の考えるところ、俺みたいにコンサートに行けない人々のために作られたものだった。コンサートなんてものがあることすら知らなかった。ラジオで耳にした時点で、そのミュージシャンなりそのバンドがまだ存命中なのかすらわからなかった。自分の聴いていたチャンネルからして、音楽とは東ドイツの外でしか存在しないものだと思い込んでいた。

そんな具合だったから、自由ドイツ青年団の第十回青年フェスティバルで最初のバンドを目にしたときは、すっかり驚いた。だが、そのバンドも外国から来ていた。その後、ずっとあとになって、ベルリンはプレンターヴァルトで行われた東ドイツのあるバンドのコンサートに居合わせた。レフォームというバンドか、マグデブルクというグループのコンサートだったと思う。俺はその音量にすっかり度肝を抜かれた。それはもうほとんど痛みを伴って体当たりしてきた。だが音楽そのものは、俺の好みとはまったく無関係だった。ともかくそのバンドが、東ドイツでもミュージシャンになれることを生き生きと証明していた。

なんの疑念もなしに、俺もミュージシャンになろうと決心した。それは夢の職業というのとは違った。というのも音楽をすることが職業でありうるなんて、そんな発想自体がなかった。切手集めやキャベツを食べるのが好きなのだって、職業じゃない。女を愛するのも、子育ても、職業じゃない。あるいは、大人になることとか。これらすべても必ずしも簡単じゃないが、避けて通ることのできないものだ。俺は歌えなかったから――歌えたらもちろんよかったが、というのも子どもの頃にすでに、歌えるのは特別なことだとわかっていたから――楽器を習わなきゃならなかった。俺の知っていたほとんどの楽器が、それだけではかなりみすぼらしい響きで、俺は一緒に演奏してくれるだろう友がいることを前提にできなかった。そういうわけで、もうあとギターとピアノだけが候補に残った。純粋に計算して八十一鍵に十本の指の方が、六弦に片手よりも音楽の幅が広がるのは明らかだった。だがピアノは実のところ修得がより困難で、俺の両手は双方が憑かれたようにいつも同じ旋律を奏でたがったから、どうしようもなかった。しかも、あんな奇妙な旋律を演奏すべきというんだったから。だが、もう自作の曲をいくつか考案しはじめた頃には、自分が上手く弾けるかどうかは重要じゃないことに気がついた。誰かがそれに合わせて歌うことができれば、伴奏音はもう一つか二つで足りた。

　放課後、ときに兄貴が何人かクラスメートを連れてきた。彼らには、ピアノで俺とふざけあうのが面白いんだった。俺たちはそうやってバンドを気取った。俺たちを訪ねてくる人々が、ラジオで聴いて知っていた曲を歌った。俺がそれまで聴いたことのない曲ばかりで、俺は自分たちのバージョンがひたすら天才的だと思った。あの頃は自分たちの音楽ジャンルが問題になるような段階じゃなかったが、トリオ[18]とともにジャーマン・ニューウェーブが興ったときは、自分たちが完全に理解されたと思って、その波に乗っている気分だった。

　一方、俺のピアノレッスンはすっかり別の方向へと進んだ。レッスンでは感情なしになんらかのソナチネを鍵盤でたたき出して、いつまでも同じ曲で停滞しなくてよかったときには喜んだ。それらを、悲しいかな、俺は何度か発表しなければならなかった。するとすっかり緊張してしまい、まるで自分が病気になったかのようだった。できることならベッドに入って、音楽はそのまま放っておきたかった。おまけに俺は、自分の両手がどれだけ汗をかけるかに気づいて途方に暮れた。そうと知ったからには、出番が来るまえに両手に香水を振りかけておくのがいいアイディアだと思うようになった。すると両手はすっかり変な感じがして、人々は俺の演奏を聴くまえに手の匂いを嗅ぐんだった。手の震えに香水はなんの効き目もなかったが、俺は曲目をなんとか演奏することができて、レッスンにも耐えられた。

だがその後、本物のミュージシャンに出会ったとき、俺はピアノがバンドでおそらく必要とされないことを悟った。ひょっとしたら恋愛歌に二、三のちょっとした音が要りようになるかもしれなかったが、それ以外はどの曲も俺抜きでまったく問題なく成立していた。実のところ、ピアノの響きとはとても退屈なんだ。まさに、つねにピアノの音。やっぱりギターを習っておくんだった！　ギターなら、せめて素晴らしく音をゆがめることができた。だが、ギタリストたちはあり余るほど存在していた。そんな折、キーボード奏者について耳にした。それはピアノ奏者のより良いあり方のようだった。彼らはオルガンとかシンセサイザーも弾けた。シンセサイザーがなにかは知らなかった。いまだって、なんなのかわからない。発振器と輪のついたなにかで、ピンク・フロイドで響くみたいにキーキー音を立てるもの。俺は、東ドイツにはピンク・フロイドみたいなバンドは存在しないと踏んでいたから、そういう楽器を必要としなかった。すると、まさにトリオが電子ピアノのカシオとともに登場した。そういうわけで俺もそういう楽器を購入した。それでいま、ここニューヨークにいて、バンドとともに座っていた。

俺は眠れなかった早朝の数時間を利用して、ホテルの周辺地域を散策した。ホテルをあとにして、小動物さながらいつも少しずつ遠くへと足を延ばしていった。そのさい頻繁にマディソン・スクエア・ガーデンを通り過ぎていたが、そのことには気づかなかった。第一、コンサート会場がまだ存在しているとは知る由もなかった。というのも、そこで録られたもので俺の知っていた最新のアルバムが、二十年以上まえのものだった。第二に、コンサート会場がそこにあるとは思ってもみなかった。バンドがライブ収録を行ったのは本当に園（ガルテン）か、あるいは少なくとも公園（パルク）だったんだろうと固く思い込んでいた。コンサート会場そのものは、ありとあらゆる巨大な高層建築物に挟まれて、まさに小ぢんまりとした印象を与えた。どこからトラックが中に入れるのか見当もつかなかった。はっきり言って、まったくコンサート会場のように見えなかった。そのときの俺の印象はさほど的外れでもなかった——のちに技術者たちがそうだと認めてくれたところからして。俺たちが演奏することになったとき、技術者たちは機材を会場に運び入れるのにかなり苦労したんだった。

だがいまは、とても小さなクラブで演奏していた。それらコンサートのために、俺たちはそもそもそこにいたんだった。アメリカ人に興味を持ってもらいたかった。だがステージはそれほど豪華とはいかなかった。俺たちはクラブまでタクシーで行きたかったが、運転手がそのクラブのことをぜんぜん知らなくて、もちろん見つけることもできなかった。徒歩でさまよった挙句、クラブに到着してみ

18　旧西ドイツのバンド（活動期間は一九七九～八六年）。曲「ダー・ダー・ダー」（八二年）で世界的に有名になった。

ると、東ベルリンの場合と違って、ニューヨークではミュージシャンの名声がさほど高くないことを悟った。楽屋はなく、飲み物もなく、演奏開始時間すらまともに決まっておらず、もちろん観客席にほとんど人はいなかった。そうしておそらく俺たちは朝の四時頃に演奏して、時差のせいで、飲み明かした翌日の朝十時に演奏しているような気がした。飲み明かした一夜というのは、ただそう思えただけじゃなかったが。ようやく出番が来たとき、俺たちはもうまたほとんどシラフに戻っていた。とても都合が悪いことに、俺たちにはマッチ一本ですらクラブ内で点火することが固く禁じられた。そこはティルが、燃えているマントをまとって舞台脇の非常口から会場に入ることで巧妙にかわした。俺たちはクラブの中で点火したわけじゃなかったから。

観客は時差ボケがなくてもかなり疲れていて、どうやら俺たちのステージのさほど多くを認識していないようだった。二度目のコンサートではレンタルしていたバンの中で着替えなきゃならず、俺たちは舞台衣装に悪態をついた。四時頃、舞台に上がることが許された。今回は火炎厳禁とのことだった。かくして俺たちは昔の演出を引っ張ってきた。かつて「輪転花火」で見せたことのあったもので、俺がSMスタイルでティルの上に馬乗りになって、ネオン管を棍棒として使うやつ。

俺がこのアイディアを思いついたのは、テューリンゲンのとある村のホールでのことだった。ネオン管のいっぱいつまったケースが廊下に置いてあった。その後は、それを何度も繰り返すことができた。というのも、ネオン管はどの会場でも見つけることができたから。天井からもぎとればよかった。そして曲の最後に、それをいつもティルの背中で砕いた。たいてい上手くいった。そういうわけでティルは四つん這いになって、ほどよく盛り上がっている観客のあいだを抜けてカウンターまで這っていき、そこで複数のグラスが割れた。舞台に戻ると、俺の前に立ちはだかって殴打を待った。俺は全力でネオン管をティルの胸ぐらに殴りつけたが、なにも起こらなかった。何度も試した。アメリカではネオン管がともかくもっとずっと頑丈なんだ。ティルが怒鳴った。曲がもう終わってしまうからだった。俺は全神経を集中させて、これでもかと打ちつけた。するとようやく割れたのはいいが、先端部分がティルの肩越しに飛んで、シュナイダーの腕を直撃して突き刺さった。鋭い刃先の方はというと、ティルの胸を肋骨まで深く切り裂いた。ネオン管の下の部分は俺の両手で粉々になり、破片が手のひらを深く切った。さいわい、その日のプログラム最後の曲だった。俺はティルと小さな従業員用シャワーに向かった。ティルは豚のように血を流していたのみならず、それはもう皮下脂肪がせりあがっているのが見えた。応急処置を施すべく、女医が急いで駆けつけた。なにかしてあげられるでしょうかとの問いに、ティルが優しくオーラルセックスを提案したもんだから、女医はティルにビンタを食らわして去っていった。観客のなかで、なにかに気づいた者はおそらく一人もいなかった。血を流しながら半裸で通りに出たところ、通行人で、俺たちのことをちょっとでも気にかけた者はいなかった。すごい街。ニューヨークはそんなふうにクレージーだと、俺は想像していたんだった。

＊

「ドゥー・ハスト」だからランニングマシーンの速度を一段階下げることができる。「ドゥー・ハスト」は俺たちにとっての「サティスファクション」みたいなものだ。ふつう言われるところのまともなヒット曲が、俺たちにはなかった。つまり普段からラジオで聴けて、テレビ番組で演奏される曲のこと。

「ドゥー・ハスト」が発表された当初、俺たちのことを知っていたのは事情通の小さなグループだけだった。そしてこの曲は、彼らの大多数にとても快く受け入れられた。俺たち自身は必ずしもそうなると予想していなかった。リヒャルトがこのアイディアを持ってやってきたとき、それがどんな曲だというのか、俺にはまったくわからなかった。というのも頭の中で、別の拍子で聴いていた。最初のリフを上拍だと思ってしまい、すると第二拍であるべきところが俺のもとでは第一拍になった。だから聴いていて、リフレインがすっかり予期しないところで、早すぎるところではじまった。俺はバンドに自分の拍理解を説明しようとして、聴いたとおりに弾こうとした。当然のこと上手くいかなかった。

俺の場合、ある曲を間違った拍子で聴いてしまうことが何度も起きる。ラジオでチャンネルがきちんと合っていないときや、ラジオが置いてあるのとは別の部屋にいるときなどはとりわけそうだ。曲を聴き分けてはじめて、俺にはスイッチが入るのかもしれない。そうこうするうちに、それどころか意図的に違う拍子で聴こうと努めている。俺にとっては一種のスポーツになっているんだ。そうすると、そのバンドが考案したのとはまったく違った曲として聴ける。

しばらくして「ドゥー・ハスト」がどういう音楽なのかともかく合点がいって、すると、ずっと鳴り響くシークエンスにすっかり夢中になった。俺だったら決してそんなアイディアへといたるまい。リヒャルトの最大の強みなんだ。俺たちみたいなロックバンドにぜんぜん馴染みのないアイディアを持っている。おそらく、俺たちのうちでいちばん音楽に従事しているのがリヒャルトだ。自由時間であっても。リヒャルトの部屋にはCDばかりが詰まった巨大な棚がある。いぜんはレコード店でサイン会を行うと、ときにお礼としてCDを何枚かもらっていくことができた。するとリヒャルトは、自分が欲しいCDを正確に知っていた。そして自分専用の高価な図書館を備えつけた。たぶん音声資料館と言うべきなんだろう。

「ドゥー・ハスト」ではBメロのあとに俺の好きな箇所が来る。息継ぎのための空拍子。そこではいつも自分を大きく見せて、その次の拍子でふたたび頽れる。そういうのを体育の授業で習ったことがある。速度を高めるために体操選手なんかがするのだ。「ドゥー・ハスト」のCメロではだんぜん静かになって、俺たちは観客の合唱を促す。歌詞は比較的簡単だ——「Du／Du hast／Du hast mich／Du hast mich」といった調子。どう書けばいいのかわからない。というのも「Du hast」の「hast」が、嫌うを意味する「hasst」なのか、所有を意味する「hast」なのか、書き方によって意味が変わってくる。おそらく観客席の面々にはどっちでもいい。ほとんどの人が、きっとこの曲のテーマをぜんぜんわかっちゃいない。かくいう俺も、わかっているとは言い難い。

すると、ティルが紐つきロケット花火を打ち上げる。俺たちがそのアイディアへといきついたのは、紐つきロケット花火であれば、危険なく観客の頭上に打ち上げられるからだ。なにせ花火には紐がついたままだから。たいがいの火炎効果では、安全のために観客とのあいだにそうとうな距離をあけねばならず、そうすると本当にそこに居合わせているという、あの感覚が失われてしまう。当初、俺たちはロケット花火をそこらじゅうに打ちまくっていたが、のちに主催者たちが、許可されたトリックだけしか使わないよう強く主張してきた。さらに、どのコンサートの場合も事前に予行演習しなきゃならなくなった。紐つきロケット花火の場合、これまでに苦情がでたことは一度もない。俺たちの頭上を疾走していくときに素敵な音をたてていくから、俺はこの花火が大好きだ。それが落下したと思われるところは雷の音で支えられる。ロケットはたいていミキシング・コンソールを直撃するから、俺が直接その横にいるわけじゃないが、それでもかなり大きな音がする。その後、あらゆる側からまた炎が噴き出す。これぞ喜び。俺たちはちょうどまさに炎に身をゆだねている。痛みの感覚は、もうほとんどシャットダウンされている。他のバンドメンバーも同じような感じか見てみる。皆のもとに、あの精神を病んだほくそ笑みがうかがえる。俺だってきっと違わないだろう。

自分がなにを演奏しているか、気にする必要はない。なぜなら俺の両手はひとりでに演奏している。俺たちはこの曲をツアーまえに一度演奏してみなきゃならなかった。すると音たちがみな、ふたたび俺のもとにやってきた。なんなら真夜中に俺を深い眠りから引きずり起こしたっていい。たちどころにこの曲を完璧に弾きこなしてみせるだろう。悲しいかな、ツアーのあとはほとんどどの曲もあっという間にまた忘れてしまう。すると何調だったか、それすらわからなくなる。

ツアーに向けて、昔の曲をまだあと何曲か練習しなきゃならないことがわかると、俺はそれらのコンサートバージョンをユーポルンで探してみる。違う、ユーチューブだった。ファンたちが撮影したものには、残念ながら、それほど訴えてくるものがない。携帯のマイクでは小さすぎて、音声がすっかりゆがんでしまうんだ。それに、思うに、俺たちはライブでいつもそんなに正確に演奏していない。少なくとも俺はもう少し頑張って、もうちょっとちゃんと弾くべきだ。あれじゃあ俺の舞台上での仕事が本当に誰も聴きとれない。驚くべきことに、最良の録音はラムシュタイン・カバーバンドで見出せる。フォイヤーエンゲル、フェルカーバル、ヴァイスグルート、シュタールツァイト等々。それでライブ映像とともに、家で、曲をまたちゃんと弾けるようになるまで子ども用キーボードで練習する。俺は自分たちのCDを調達することもできるが、いかんせんCDをケースに戻すということができない。するとCDが壊れてしまうか、どこにいったかわからなくなってしまう。ともあれ「ドゥー・ハスト」の場合は、実にひとりでに演奏できる。それでいま、リフレインのあとにランニングマシーンの電源を切ったから、演奏するのはかなり楽ちんだ。相変わらず走り続けていたら、静かな雰囲気に合わないだろう。なにもせずにただそうやってキーボードの前に立って演奏するのはなんて素晴らしいんだろう、と気づく。そんなときは、ティルがしゅうし水筒を投げつけてきても嫌な気持ちにならない。どうしてまたティルを不機嫌にさせたのかわからないが、舞台上での俺の振る舞い全体が、ティルには受け入れがたいんだろうと思う。自分でもよく理解できるんだが、俺だって、じっと舞台に立って、もっと深刻な表情を作ろうと努力したこともあった。だが、だからといってマシな結果になったわけじゃなかった。もちろん、たいして頑張る必要もなかった。その代わりコンサートが終わってから、観客のためにすべてを出し切った気にはなれなかった。

観客の立場になって考えようとする癖を、いったんやめなきゃ。なぜって、人々の好みと俺の好みはたいていまったく違うんだから。それに、なにが良くてなにが良くないと思うか、彼らだって自分たちで考えて決めることができる。人々はきっとただ素晴らしいロックコンサートを観たいだけで、俺の意見なんていらないだろう。それに、俺たちがまったく存在しなかったら他のバンドのファンになるだけの話で、そうしたら同じように喜んで、足りないものはなにもないんだ。そもそも結成されない数々のバンドがないことを嘆く奴なんて一人もいない。それらのバンドが俺たちよりも、きっともっとずっと素晴らしい音楽を披露していたかもしれないのに。存在していたら、だが。言ってみれば、生まれてこなかった子どもみたいなものだ。バラク・オバマとアンゲラ・メルケルは、理論上は子どもを持つことができる。だが、おそらくもうそうはならないだろうから、その子はいまやいわば世界に欠けている。俺は考えてみる。待っていても無駄なのに、それでも自分が生まれるかもしれないと期待している他のあらゆる子らとともに、もうその子の準備は整っているのかと。つまり、その子たちの存在の可能性そのものは、もう確実なものとなっているんだろうかと。するとあらためて、そもそも自分が存在しているのはなんという幸運のおかげなんだろう、と思えてくる。人間があまた存在するなか、俺の両親が出会わねばならなかった。母親はポーランドからの避難民で、父親はテューリンゲンに住んでいたから、そんな簡単な話じゃなかった。とすると、二人が出会ったのはおそらくベルリンだった。六〇年代のベルリンはとても面白かったに違いない。両親の語るパーティーやぶっとんだ友人をめぐる数々の話は、灰色の東ドイツのイメージに合わないものだ。むしろ俺が多くの機会を逸したようにすら聞こえる。ともかく俺にとって都合のいいことに、両親はたがいの距離を縮めた。それから子どもが一人生まれたが、まだ俺じゃなくて兄貴だった。どうして俺が最初に生まれてこなかったのか、三年後じゃなきゃならなかったのか、自問したものだった。どうして俺が兄貴じゃなくて、兄貴が俺じゃないんだ？　俺たちのDNAはほとんど同じなはずなのに、どうして俺は兄貴とぜんぜん違う人間なのか、できることならその理由が知りたい。それに、両親がもう一人子どもを持っていたらどうなっていただろう？　その子がひょっとしたら俺だったんだろうか？　それとも、そのまま俺の弟になっていた？　よくよく考えると、生まれてこなかった子どもたちのことが可哀そうでならない。とはいえ、もうこの世に生を受けて、実生活のなかで不幸せな子どもたちこそ同情に値するのはもちろん俺にもわかっている。俺だってバンド活動で、音楽で、そうした子どもたちの何人かにでも、いい気分といくばくかの生きる勇気を与えようと努力している。それとも、ただそう自分自身に言い聞かせているだけだろうか。幸せとはいえない子どもたちを積極的に助けるには、自分があまりにも無精者であることを認めたくないから。いちおう、そのことについて考えてはいるぞ。思考が行動のための第一歩であることは周知のとおり。そして無償で従事している誰かに会うと、俺はいつも、その人自身がそうすることでとても幸せであるのを見てとる。要するにそういう人々は、自らのプロジェクトや締切について語るタイプの重要なアーティストたちみんなよりも、より幸福そうに見えるんだ。

いまや「ドゥー・ハスト」も終わり、俺の着替えのタイミングがふたたびやってくる。だが言ったとおり、曲と曲のあいだは真っ暗で、だから俺は階段を手探りで降りていかなきゃならない。そのかんジャケットを脱ぐ。俺を手伝うためにパウロがスタンバイ済みだが、脱ぐのはひとりでやるのがもっとも手際いい。まずジャケットを脱いで、それから座って靴を脱ぐ。階段の横にはもう釣り用のWatstiefel（長靴）が準備してある。もしかしたらWattstiefel（長靴）とtが二つで書くのかもしれない。これであれば、釣りをしながら何時間も腹まで水の中に浸かっていても濡れないでいられる。この種の長靴は緑色でしか売っていないが、俺たちはスプレーをかけて黒色にした。だが、そのせいでとてもふにゃふにゃになってしまったから、上の部分を少しずつ切り取って短くした。両足を長靴に通すあいだ、かなりの悪臭が鼻をつき、俺を次の曲のモードへと切り替えてくれる。それからSM用ベルトを顔に巻きつける。そうしながら、トムとパウロが口にくわえるボールを本当に消毒してくれていることを願う。滅多にないが、それでもコンサートの慌ただしさのなかで、俺たちがたがいに怒鳴りあうこともなくはない。そうすると汚いボールを俺の口に挟むのが、仕返しをするにはいい方法だ。俺にはその状況をどうにかして変える時間がもうないんだから。

きょうのボールはいつもどおりで、もう何百回も口に含んだゴムの味がする。犬用リードを首輪に固定して、よろめきながら舞台に戻る。もうAメロのまえにティルがリードをつかんで、舞台上を、俺をひっぱっていく。マルチタスクの技を会得しているのは女だけじゃないんだ。ティルもまた、歌いながら同時に俺を小突き回す。最初のリフレインの直前、ティルは俺をキーボードに向かって力強く蹴って、俺はふたたび演奏ができるようになる。Bメロがはじまるときにはティルが俺を前方へひっぱっていく。今度は俺を放さず、もう歌いながら巨大な男根を取り出す。ティルの本物の、じゃないが、それがわかるのは俺みたいに真正面に立っている者だけだ。正確に言うと、俺にもティルの男根は見えない。というのも俺はそれらから、つまりティルと男根から、四つん這いになりながら逃げようとしているんだ。もちろん上手くいかない。ティルが俺の首輪とズボンのベルトをしっかりつかんでいる。だがそこで、例の男根をもちろんもう何度も見たことがあるのを想いだす。というのもティルが楽屋で装着するとき、俺もその場にいるんだ。そのさいはティルもよくよく順番に注意しなきゃならない。なんたって、ズボンに沿って管を取り付けなければならない。こう書くことで、俺はおらく秘密を漏らしてしまっているが、ティルが二分間もぶっ続けで射精するのを誰が真に受けるだろう？　そのかんずっとトムが舞台の下に立っていて、一種の圧力容器から液体を押し出している。

液体が精液に見えるようになるまで、俺たちは長いこと実験したものだった。最初の混合液では牛乳を使用していた。問題は、牛乳だとすぐに腐ってしまうことだった。俺たちは毎日演奏していたわけじゃなかったから、フリーの日は装備一式が、それこそ夏は猛暑のなかトラックに置かれたままになった。腐った牛乳がいかに悪臭を放てるか、これは想像を絶するレベルである。するとおそらくかの有名な酪酸が生まれるのだろう。それで一つの地区を麻痺させることができるという。俺たちのもとではそこまでひどいわけじゃなかったが、面倒沙汰になったこともあった。

俺たちは、ある本格的なハリウッド映画に出演することになっていた。あるシーンで退廃的なパーティーが催され、そこで俺たちが「かがめ（ブック・ディッヒ）」を演奏するという話だった。俺たちはフェスティバルに参加していて、その時点でもう約十日間アメリカにいた。それからロサンゼルスで数日を過ごし、映画を楽しみにしていた。とはいえ撮影を、と書くべきで、というのも完成した映画には配給会社がつかず、だからその映画が上映されることはなかった。映画のなかにはまったく無駄に撮影されるものがあるなんて、理解できない。だが撮影の時点で、そうなるであろうことを俺たちは知らなかった。

撮影当日、現場、要するにそのシーンが撮影される場所に到着すると、トムはすぐさま噴射するちんちん――そんなふうに表現してよいなら――のための器具一式を、慌ただしく設置しはじめた。しゅうし、際立って美しい多くの人々が俺たちの目の前を足早に通り過ぎていき、皆、興奮していて、偉そうだった。適度な距離を保って、スターたちが待機していた。マイケル・ケインがいたのをいまだに覚えている。それが俺も知っているように思えた唯一の名前だった。それから俺たちは俳優たちと一緒に、そのシーンを何度かリハーサルした。大きなパーティーとのことだったから、俳優たちはとてもたくさんいた。すべてが首尾よく進んだ。だが、ティルが本当にちんちんで噴射するのは本番になってからだった。俳優たちにはまえもって、この精液シャワーを心底楽しんで、心置きなく何口か飲むよう依頼がなされた。

それから俺たちの演奏がはじまって、二度目のリフレインで、予定されていたとおりのちんちん劇が幕を開けた。ティルが後ろから俺にひっかけてきた時点で、すでに、なにかがまったくもっておかしいことに気がついた。猛烈な悪臭がして、俺はたちどころに吐き気に襲われた。なにも悟らせずにティルは振り返って、俳優たちに噴射した。彼らの顔に、俺はしかと驚きを読み取ることができたが、俳優たちはプロだったから、腐った牛乳を注がれるなんてぜんぜんへっちゃら、とばかりに演技を続けた。皆がそのシーンを上手に演じきって、それから叫び声が上がった。都合の悪いことに、ありとあらゆるものがその悪臭をすっかり吸収してしまった。そして俳優たちは、それらに身を包んだまま一日を過ごさなければならなかった。もっとも短く見積もって。俺の方はその臭いに慣れていたから、そういう意味では俳優たちよりまだマシだった。だが、俺のものも一週間は臭いが半端なかった。映画クルー全員が、俺たちドイツ人のことをひどく罵った。トムは平然と、牛乳は新鮮そのものでした、という台詞を繰り返したんだった。

それいらい、事実が明らかに言っている内容に反していることを表現したいとき、俺たちは「牛乳は腐っていなかった！」という名言でもって、いつもトムを引用している。あれから十五年いじょうが経つが、俺たちはいまだに牛乳は本当に新鮮だったのかとトムに訊くことがある。トムが矛盾する答えを言ったことはいまだかつてない。だが彼自身、笑わずにいられない。

いずれにしても、この事件があったあと、俺たちは牛乳の代替案を考えてペルノにいきついた。水と混ぜると牛乳みたいな色になる。統一後のあの頃、新装開店した数々の喫茶店で俺たちは馬鹿みたいにペルノを飲みまくっていたから、そのことを知っていた。映画や本の中だけで知っていた飲み物を、ひととおり試してみたかったんだ。そういうニュードリンクを、俺たちがすごく美味しいと思ったわけじゃなかった。テキーラなんて特に不味くて気持ち悪かった。テントウムシのシッコみたいな味がする、と俺なんか思った。ともかく俺たちには、ペルノの水割りを注文するのが少なくとも世界に通じているように見えた。そういうわけで、この混合酒が牛乳よりもはるかに新鮮な香りを放つことも知っていた。この決断後、一口分けてもらおうとファンたちが押し合いへし合いしながらわざわざ前へとせり出してくる。俺の尻はいくぶんヒリヒリするが、アルコールには消毒作用があるというから、そこは快く甘受しよう。ティルだって、ただ性交の真似事をしているんだ。少なくとも、そういう話になっている。

ウースターの警官たちにはしかしながら、コンサートでもう性交をほのめかすだけで、あるいはむしろ性器を見せるだけで、それが本物だろうが偽物だろうがおかまいなく、それだけで俺たちを逮捕するのに十分な理由となった。俺がシャワーを浴びにいこうとすると、警官が楽屋に立ちはだかっていた。てっきりファンだと思って、その罵り声も俺たちを歓迎する面白いやり方だとみなした。ティルと俺を即座に連行すべく、俺たちがシャワーを浴びるのを禁じようとしたが、俺は自分の崩れた化粧を指さして、そのままさっさとシャワー室へ向かった。警官たちはがなり立てるなり、俺が逃げることのないよう、一人がシャワーの真ん前に仁王立ちした。すっかり余計なことだった。というのもマリチューセッツはウースターにいて、俺はどこに逃げればよかったんだろう？　それどころか、すべてがものすごくワクワクすると思った。彼らが俺たちを野犬捕獲用の檻へと連れていき、手錠で檻格了に縛りつけたときだって、まるで映画の中にいるみたいだとまだ喜んでいた。もちろん、ティルも一緒に逮捕されていたから、それでずいぶん安心できた。だが、ツアーマネージャーか他の責任者が一緒に来て、俺たちをすぐに連れ出してくれていたらもっと嬉しかっただろう。というのも、俺たちはまだアフターショー・パーティーに参加するつもりだった。

その代わりに待合室で、呼ばれるまで延々と待たされた。警官たちは悠々と時間をかけた。ひっきりなしに新しい人々が俺たちのいた集合室へとやってきた。金曜日のその晩に逮捕された全員が、俺たちのいたところに集められていた。一人は警官に銃で撃たれて、激しく出血していた。別の一人はどうにかして外の世界と連絡を取ろうとしていた。なんでも、牛たちの乳を搾ってやって、牛たちがあんまり苦しまなくてもいいようにしなきゃとのことだった。しだいにその場はかなり窮屈になっていった。もったいぶってゆっくりと、公務員たる警官は囚人を一人またひとりと取調室に来させた。取り調べのあいだ、囚人たちは手錠で机に縛りつけられた。それは俺たちも例外じゃなかった。机は囚人の腕が置かれるところが、もうかなりすり減っていた。俺たちに対して当の警官はとても親切で、知っているすべてのドイツ語を探しだしてきた——レバーソーセージ、ザワークラウト、フォルクスワーゲン、ひょっとしたらアウトバーンとベッケンバウアーも。俺たちの名前を書きつけ、しばらくひとりでなにかをしゃべっていた。俺はほとんどなにを言っているのかわからなかった。それから古ぼけたボードのNo.10と書いてある欄のところに俺の名前を書いた。はじめは警官のシフト表のことかと思った。だが、靴を脱いで眼鏡を外さなきゃならなくなり、巨体の警官についていくよう促されたときになって、俺はいまや十番目の独房に入れられるんだと理解した。

囚人房どうしはたがいに格子とアクリル板で分けられていた。冷房がパワー全開で効いていて、自分がTシャツだけしか着ていないのが恨めしかった。まったく、考えをめぐらせることができてもよかったんだ。俺たちがアメリカで外食するときや映画館に行くときなどは、いつも厚手のセーターを持っていった。でないと、すっかり凍えてしまうからだった。しょっちゅう体を壊すことなくアメリカ人がどうやって生き延びているのか、俺には不思議でならない。一度などはTシャツで夕食に向かってしまい、失敗したことがある。当地ではディナーと呼ばれるんだが、それで食事中にあまりにも凍えてしまって、俺は体を温めるために何度も外へ出なきゃならなかった。

この檻の中で、外へ出てもよいか、質問するまでもなかった。その代わり、トイレに行かなきゃならないときは、誰にも訊く必要がなかった。専用のトイレが独房の中にあったから。便座なしではあったが。洗浄タンクの部分が洗面器になっていた。なるほど便利である。すぐさま格子で自分がいくぶん隠れる位置に立って、小便をした。ずっとできなかったもんだから。洗浄ボタンを押すと、大音量の罵り声が上がった。俺自身、トイレを流す音がそこまで大きいとは予想していなくて、ひどく驚いた。いまや、もう眠っていた全員を起こしてしまった。そういうわけで、人々に気に入ってもらう機会をのっけから逸したんだった。留置場について知っていた、あるいは知っているつもりでいた、ありとあらゆることを頭の中でまとめてみた。俺が独房にいるのは、ひとまずいい徴だとみなした。他の被留置者たちを前に、いくばくかの安全を約束してくれたから。だが、それがそのまま続くとは限らなかった。体を温めるために何回か腕立て伏せをした。四回やった時点で、もう息が切れてやめた。俺のことが見える囚人たちは、訳がわからないといった様子でこちらを凝視していた。俺は俺で、無表情のまま凝視し返した。というのも眼鏡をかけていなかったんだ。残念ながら、ティルは俺から遠く離れたところにいた。

すると、またしても不意に激しい叫び声が上がって、二百キロはある男が六人の警官に殴打されながら俺の独房前の廊下に現れた。男は両手両足で抵抗していたから、警官たちにはかなりキツイ肉体労働になっただろう。男は隣の独房に入れられた。そういうわけで、太い格子棒があってくれて、俺は嬉しかった。男はあんまり大声で叫んだから、まるで俺の耳元にその口があったようだった。房と房のあいだにはアクリル板しかなかったから、基本的にはそうなのだった。俺はこれから先の時間のことを考えはじめた。連中は俺をいまや正真正銘、檻の中に押し込んだから、おそらく、しばらくはここにいることになるんだろう。本来であれば二十四時間後に、勾留期間をさらに長くするかどうかを裁判官が判断しなきゃならない。少なくとも『事件現場』シリーズではそうだった。裁判官はそもそも週末に働くのだろうか？　それとも月曜日の午前中になって、しっかり休んだ体でダーチャからやってくるんだろうか？　ダーチャはロシア語だから、ここの人々はもちろんそう呼ばないだろうが、週末用のセカンドハウスならアメリカにもあるだろう。俺は心配になってきた。ちょっとでも運が悪かったら、いまやこの留置場に居続けなければならなかった。アメリカ人は特定の事柄に関して、ときにそれほど冗談を理解してくれない。すべてがまったく無邪気にはじまるものの、突然、監獄で犯罪者集団同士の抗争に巻き込まれる映画だってあるんだ。夜、殴られて歯が折れるとか、尻にいろんなものを突っ込まれるとか。もっとも、後者はコンサートで経験済みか。より真実味があったのは、なにも起こらないことで、俺はひたすら待つしかなかった。

独房で退屈になってきたから、せめて少しでも眠ろうとした。気分が悪くなっても容易に外に出ることができないとわかっているのは、なんとも居心地が悪かった。俺には新鮮な空気がぜひとも必要なんだ。俺は、周囲の環境や看守たちになすすべもなくゆだねられるような状況には二度といたるまい、と固く決心した。こういう考えばかりがあったのと、ブンブン嫌な音がして、長いあいだ寝つけなかった。

目を覚ますと独房に男が一人立っていて、俺を受付まで連れていった。多くが語られることなく、眼鏡と靴がふたたび手渡された。廊下のドア二つ先のところで、ティルとツアー監督のニコライが俺を待っていた。ティルもとても安堵した様子なのが、視線でわかった。一方のニコライは足早に、エンジンがかかったまま建物の前で待っていたバスへと俺たちを連れていった。モントリオールでのコンサートに間に合うよう現地入りするために、急がねばならなかった。道中ニコライは、俺たちを釈放させるために戦わねばならなかったと説明した。本来であれば留置場に居続けなければならなかったが、コンサートがキャンセルになるべきじゃなかったから、特例として会場に向かって演奏することが認められた。だがコンサートの無い日は裁判所に出向くように、とのことだった。だから、その都度飛行機に乗って戻らねばならなかった。俺たちはまたしてもパーティーをいくつか逃してしまったが、とはいえ今回は飛行機に座っていて、野犬捕獲用の檻に座っていたわけじゃなかったから、それだけでもう進歩だった。

そうして裁判所で、俺たちの弁護士に会った。彼らもウースターに出向かねばならなかった。俺の弁護士は、裁判ではなにも言う必要はないから、と上機嫌に説明してくれた。俺にはひたすらそれで良かった。一方、それほど良くなかったのは、審理はツアー後数週間経ってから行われるとのことで、俺たちふたりはそれまでアメリカを離れてはならないとのことだった。その頃にはバンドの残りがもうまた家でくつろいでいたというのに。

こうしたあいだにも、俺はショーの内容にしゅうし疑念がなかった。むしろアメリカ人の慣用の度合いにこそ疑念を持った。ソルトレークシティではモルモン教徒たちへの配慮から、本物はもとより偽物の肌ないし性器を見せることはあきらめた。だが、どうしてウースターで逮捕されたんだ？　すべてがメクレンブルクを想わせるこの地で？　ここで面倒が起こるとは、本当に予想していなかった。のちに聞き知ったところによると、観客のなかに市長か警察署長の娘がいて、それで警察が行動に移さなければならなかったんだという。

「かがめ」は目下、終わりそうもない。俺は相変わらず四つん這いのままで、液体が全身を伝って流れていくのを感じる。ちんちんはいい具合の圧力で噴射している。いまやティルは俺をずぶ濡れにするのをやめて、噴射液を観客に向ける。人々は大口を開け、一口頂戴とばかりに前へと迫ってくる。

そこにはなんと中高年の人々もいれば、かなりの美女たちもいる。すべてが歌詞とはもうほとんどなんの関係もない。ショーはおふざけに対する俺たちの喜びからこそくるものだ。いま、最後のところで、俺は意味もなくピッチコントロールつまみを回して音の高さを上へ下へと変えてみる。ティルは相変わらず、限りなく幸せそうに人々の顔に噴射している。それからその噴射液を自分の口元に向けて、すっかり熱中して見やる。

*

最初の本格的なアメリカ・ツアーを、俺たちはＫＭＦＤＭ（カイン・メアハイト・フュア・ディ・ミットライト）の前座として経験した。ＫＭＦＤＭはアメリカに渡ったドイツのバンドで、移住後にかなりのファン集団を獲得していた。彼らのファンが俺たちの音楽を気に入ってくれるか、俺たちのもとにまた来てくれるかはわからなかった。それが明らかになるのはバンドだけで演奏するときである。だが、俺たちにはまだその勇気がなかった。

そうする代わりに、その後、他の四つのバンドとアメリカ中を移動した。アメリカでは複数のバンドが一緒にツアーに出るのはそんなに珍しいことじゃない。俺たちの参加したツアーはファミリー・バリュー・ツアーといった。ほぼ毎日コンサートが予定されていたから、当初はいくぶん面食らった。だが、毎晩おおよそ同じような流れで進んだから、はじめはカッカしていた俺たちの気もそのうち収まっていった。コンサートはたいてい郊外にある屋内競技場で開催され、そこでの光景は毎晩ほとんどそっくり同じだった。俺たちの楽屋も、いつもまったく同じ場所だった。本当になにも考える必要がなかった。食事ですら心配無用。というのも、俺たちはコックを一人連れていた。それまでのアメリカ訪問で、美味しくて健康にも良い食事をとるのが当地ではそれほど簡単じゃないことを経験していた。いまや毎朝、俺たちのために食材を買ってくるよう現地の使い走りが送り出された。おまけに、もうあと下着、切手、電池、薬も。だが、もっぱら料理のための基本材料を。トラックにはガスコンロが一口ついていて、するとコックが買ってきた食材で俺たちのために食事を作りはじめた。バックステージ中に匂いが広がって、ドイツ野郎（ディ・ファッキング・ジャーマンズ）がまたなにか美味しいものを作っているぞ、と他のバンドたちも様子を見にきた。

毎晩、各バンドが同じ順番で演奏した。トップバッターはオージーだった。若くて面白いバンドで、彼らの人生で初めてのツアーだったにもかかわらず、とてつもなく自信満々だった。その次がリンプ・ビズキットで、彼らはその時点でもう世界的に有名だったが、俺はそれまで名前を聞いたことが一度もなかった。彼らのステージは筆舌につくしがたいほど良かった。舞台にははじめ『マーズ・アタック！』に出てくる宇宙船があって、バンドはそこから這いだしてくるんだった。ギタリストは体に骸骨を描いていた。音楽は人々に熱狂を約束するもので、望むと望まざるとにかかわらず、会場にいた全員が踊らずにはいられなかった。もちろん、踊ることを望んでいた。このバンドは俺たちよりも百倍はカッコよかったから、本来であれば、決して俺たちのまえに演奏してはならなかった。それからアイス・キューブの番が来た。ラッパーで、彼のクルーたちはもっぱら皆がボディガードだった。ホテルからコンサート会場までの二百メートルを、アイス・キューブは実に運転手付きの巨大なリムジンで移動していた。彼には一緒に歌うシンガーが一人いて、その男は自らをＷＣと名乗っていた。俺は一度そいつに、その名前がドイツではどんな意味になるか知っているかと訊いたことがある。

West Coast（西海岸）さ、が彼の答えで、俺のことを見るたびに、いつも喜んでその二つのアルファベットを指で形づくってみせた。アイス・キューブ、親しい間柄ではおそらくサイコロを意味するキューブとだけ呼ばれていた彼のあと、俺たちが舞台に上がるのが許された。

　このツアー中、俺たちの調子はさほど良くなかった。というのもたいていの時間、救いようもなく酔っぱらっていた。他のバンドたちも同様にたくさん飲むとばかり思っていた。つまるところ、俺たちはアメリカにいたんだ。だが、他の全員はもっとずっとシラフだった。もちろんアメリカ中を巡るこのような長いツアーがどれだけキツイものであるか、彼らにはわかっていた。ザールフェルトやローベンシュタイン[19]での二、三のコンサートとは比較にならなかった。ツアー中にあまりにも飲みすぎてしまうという失敗を、俺たちはもうすでにクロウフィンガーと一緒だったときにやらかしていた。

　このバンドはきっちり規則どおり、オフの日に、つまりコンサートの無い日にアルコールを飲んだ。俺たちはというと、毎日いくぶん飲んでいて、酷使された体が回復できるように、フリーの日だけ休肝日にしていた。そういうわけでクロウフィンガーのメンバーとは一度も一緒に祝えなかった。祝うとは、そうこうするうちにアルコールとドラッグの乱用と同義語になっている。だが、そういうのが友情を固くし、深めてもくれる。そういうわけで、俺たちはオフの日にもクロウフィンガーと一緒に飲むことに決めた。このツアー後の俺たちの姿が想像できるってもんだろう。

　そして今回はさらにひどかった。俺たちはアメリカにいて、故郷からあまりにも遠く離れていて、誰にも見られていないと感じていた。にもかかわらず他のバンドは、決して俺たちの演奏がひどかったのを感づかせなかった。それか、俺たちがそういうふうに受け取らなかった。というのも、俺たちとの意思疎通が難しかったからだ。俺たちはドイツ風のぎこちないやり方で、彼らを困らせた。そしていつも誰かがカメラとマイクを持ってやってくるたびに、走って逃げた。おおよそアメリカ人とは正反対のことをしたんだった。当然のこと、だから俺たちはツアーに関するどんなドキュメンタリー番組にも、他の映画とか記事にも登場しない。あとから振り返ってみて、まるで俺たちがぜんぜんそこにいなかったかのように見えるんだ。

ある日、俺は母親に絵葉書を送った。そこには俺たちの演奏したスタジアムの一つが写っていた。俺たちは大入り満員の会場で演奏したんだよ、と書いて、俺たちが出演していなくても、チケットは完売していたであろうことは書かないでおいた。というのも、人々はコーンのために来ていて、そのコーンが俺たちのあとに登場した。あの頃、かなりもてはやされていたバンドだった。彼らは会場をそれこそ本格的に熱狂の渦に巻き込んで、俺たちはもうまたさらに自分たちがみじめに思えた。そうして、せめて彼らと一緒にアフターショー・パーティーに行けることを望んだ。というのも、そこには観客のうちもっとも美しい女たちが参加していた。女たちはコンサートの最中、そのためだけに連れてこられた専門要員たちの手で選び抜かれていたのだった。

だが、たいていはオージーとバスの中で盛り上がった。ひょっとしたらまだ何人か、パーティーに行くことが許されなかった娘たちもそこにいたかもしれなかった。俺たちはバスの中で、しゅうし二曲だけを演奏した――オージーの「ブルー・マンデー」と、俺たちのバージョンの「ストリップド」。それから、また「ブルー・マンデー」を。本当にひたすら同じ曲を演奏し続けて、そうすることで俺

19 ザールフェルトもローベンシュタインも、東ドイツ・テューリンゲン州に位置する。

たちはまさに恍惚の境地に達した。バスが揺れるほど踊った。いつしかそのせいで運転手が目を覚まし、怒って俺たちを大声で叱りつけると、メンバーに属さない全員をバスから放り出して、次の都市へと出発した。俺たちはへべれけになっていたから、たいていもうそのことに気がつかなかった。

全バンドで、連れ立ってストリップ・クラブに行くこともしばしばあった。そこでは自分が椅子に座ったまま、踊る女たちを近くに来させることができた。ひとつの儀式で、俺はすっかり途方に暮れつつも見入ってしまった。決して女たちに触れてはならなかった。女たちはというと、他のバンドのミュージシャンたちとものすごく知り合いになりたいようで、おそらく、それもいかにもアメリカ的なんだった。ミュージシャンなら誰でもよかったというわけ。それが俺には理解できないときもあった。ミュージシャンのなかには、何人か、用心深く表現すると、性格的にきっともっと改善の余地のある者がいたから。

それから、俺たちはふたたびバスに乗った。それは水色のナイトライナーで、直前にスパイス・ガールズが乗っていた。彼女たちも俺たちが使っているのと同じベッドで寝ていたわけで、当然のこと、俺たちはすっかり興奮した。はじめバスの中はいい香りがした。そこには革製ソファーがあって、後ろにはゆったりとくつろげる立派な一角もあって、いたるところにビデオレコーダー付きのテレビがあった。だがもっとも良かったのは、扉を簡単に開け閉めできることだった。ドイツのバスの場合は空気圧力で開閉するタイプだったから、バスがしばらく停まってエンジンが切れると、開けることも閉めることもできなかった。ここアメリカではそういうことが起こりえなかった。というのも、バスのエンジンは冷房のせいで昼も夜もかかりっぱなしだったから。それはそれで慣れないことだった。だが扉は普通に開け閉めできるタイプだったから、エンジンなんてどうでもよかった。それから、引き窓も簡単に開け閉めすることができた。俺には新鮮な空気に勝るものはないから、こうしてバスは俺の愛を勝ち取ったのだった。

移動距離がとてつもなく長かったから、いいバスを確保しているかが死活問題だった。朝まだき、俺たちはだらだらとソファーに寝そべっていた。足元は室内履きのままで、それにいわゆるバス用ズボンをはいていた。とりわけ快適でやわらかいジョギング用ズボンだった。その恰好の俺たちを目の当たりにする奴なんて、誰もいないだろう。夜にバスがガソリンスタンドで停まって、トイレに行かなきゃならなかったときだけ、俺たちはその恰好でさっとバスを降りた。バンドの一人が欠けていることにバスの運転手が気づかず、給油を終えてさっさと出発したこともしばしばあった。毎回一つひとつのベッドを見て、皆がそろっているかを確認する気なんてなかったんだ。ガソリンスタンドで取り残された人物は、ラッキーだったら下着姿で立ちつくすことなく、せめてジョギング用ズボンをはいていた。初期のアメリカ・ツアーでは、まだ携帯電話がなかったから、ふたたびバンドのもとに戻るためにはかなり懸命に戦わなければならなかった。するともうヒッチハイクするしかなかったが、バスはかなりの速度で走っていて、移動距離もかなりのものだったから、直ちに出発するしかなかった。長時間の走行中、俺たちはひたすらベッドの中にいたから、バスの中で一人がいなくなっていても、たいてい誰も気づかなかった。他の奴らはぼーっとソファーに座って、映画を一つまた一つと観ていた。そのさい電子レンジで、ハングリーマンというひどく不味い出来合いの食事を温めた。それかサンドイッチを用意した。アメリカで買える材料で、バスで作れる限りの美味しさだったが。容器すべてが備え付けの巨大なゴミ箱に行きついた。俺たちはただキッチンカウンターにある大きな蓋を持ち上げればよかった。毎日、巨大なコンテナ船がゴミを積んでニューヨークから西アフリカへと渡り、そこですべてがふたたび分別しなおされ、使える物が探し出されているようだと聞き知ったとき、俺たちはとてもたくさんのCDやまだ使えることのできた他の物をゴミ箱に入れた。ルートビア缶もまるまるセットで。本当に、俺たちはほとんどの時間、酔っぱらっていた。

そうしてラスベガスにもやってきた。俺は自分が目にしたものが理解できなかった。あったのはただ一本の通りで、そこに、カジノで知られるすべてのホテルがあった。そのすぐ後ろから先は荒れ地だった。だがその唯一の通りに、しゅうし興奮した人々の群れがうねっていた。たいていのTシャツには「ラスベガス――わが人生の最良の日（ザ・ベスト・ディ・オブ・マイ・ライフ）」と書いてあった。それが最良の日だというんなら、さほど良い日については知りたい気持ちも起きなかった。

二時間後、俺はそんなふうにこの街を理解して、もうあとにしたかった。だが、晩にコンサートがあった。そこでシュナイダーが、車をレンタルしてデスヴァレーに行ってみようと提案した。ドリームカーの店頭で、オープンカーのコルベットと周辺地図の質の悪いコピーを手にした。俺がナビを任され、即座に距離を見誤った。俺たちはじきに砂利道へと曲がり、砂漠の中を歩行速度で悪戦苦闘した。それから住宅がすっかりなくなり、代わりに弾丸の貫通した穴のある、二、三台の自動車の残骸を目にした。映画の中と同じだ、といまや俺たちは思った。映画が現実みたいに見えるべきなんだから、馬鹿げているんだが。太陽があんまりジリジリと刺したから、俺たちは屋根を閉じなきゃならなかった。道を間違えたことにようやく気づいてUターンしたものの、どこかの分岐点で逆の方向に舵を切ってしまい、すっかり道がわからなくなった。しだいに喉が渇いてきて、どうしたものやら本当に途方に暮れた。映画の中の人々はいつもどうするだろう、と俺たちは考えて、ふたたびまともな通りに出るまでひたすらまっすぐ走ることに決めた。論理的に考えたら、そのうちどこかの道に行きあたるに違いなかった。アメリカではなにがあるでもなく、あきれるほど長くまっすぐ走ることができるものである。

ようやっとアスファルトの道路にたどり着いたときには、もうデスヴァレーを探し続ける気も、いよいよその時間もなかった。俺たちは帰り道を見つけるので精一杯だった。レンタカーショップに着いたときには車があまりにもひどい姿だったから、すっかり驚愕された。てんで埃まみれで、砂利道のありとあらゆる小石が車の底板に飛んでいた。俺たちは高額の罰金を支払わねばならなかったが、それでいて俺は、いままでに一度もデスヴァレーに行ったことがない。もうその必要もないだろう、もはや危うく死ぬところだった。これは誇張だとしても、少なくともアメリカでは、たいていひどい風邪をひいていた。そんなとき、ガソリンスタンドに薬の入った大きな袋があるのに気づいた。上からドまでラベルを読むと、俺のすべての問題がじきに過去のものになるように思えた。というのもそれら錠剤には、健康を保つために、そしてとりわけパワー全開であるために、俺の体が必要としたあらゆる種類のビタミンやミネラルが含まれていた。そう書いてあった。様々な錠剤が一日ごとの分量に小分けされていた。毎日十ないし十二の錠剤を飲むべし、とのことだった。朝、昼、晩にそれぞれどれを飲んだらいいのかよくわからなかったから、朝ちょっと頑張って、一日分をまとめて飲んだ。その後、オレンジ色の下痢便がでて、小便は緑色になった。それから心臓がドキドキしはじめた。最悪だったのは、とにかくもう眠れないことだった。てっきりバスのせいだと思った。夜中にぼーっと運転席の後ろのソファーに座って意識不明になるまで飲んでいたのは、俺だけじゃなかったから。自分の症状がその滑稽な錠剤のせいだと思うまで、何週間か過ぎた。飲むのをやめたら、次第に調子がまた良くなった。その頃には、もうツアーも終わっていた。

そのまえ、あるいはあとだったか、俺たちはキッスに同行したことがあった。友人パウロの故郷であるチリを縦断するツアーだったから、一緒に来たいか尋ねた。そして俺たちは上機嫌で出発した。だが、チリでのコンサートは開催されなかった。なんでも誰かが金庫を盗んだという。チリでは大したことじゃないさ、とパウロが断言した。

そういうわけで、次の目的地であるアルゼンチンに向かった。俺たちないしキッスが演奏すべき都市と都市のあいだはあまりにも離れていたから、全行程をバスじゃなくて飛行機で移動した。すると俺たちはホテルに泊まることになって、これも慣れないことだったが、とても快適だった。ブエノスアイレスでは街をぶらぶらして、生を謳歌した。オリーなんて自分の誕生日を忘れてしまった。むろん俺たちも思い出さなかった。まだ携帯を持っていなかったから、当時はそういうことが起こりえた。純粋無垢な時期だった——というのも、南アメリカで演奏するのは、本当に故郷から遠く離れたところにいることを意味した。俺がホテルからちょっとでも家に電話できたのは、この期間全体でたったの一度だけだった。

俺たちはリーベル・プレート・スタジアムで演奏して、二日後、このスタジアムでのサッカー試合に招待された。もちろんキッスも。だが彼らは来なかった。フラメンコのコンサートに行きたいとの希望を伝えていた。アルゼンチンならフラメンコじゃなくてタンゴだろう。あるいはタンゴのコンサートに行きたいという話だったのかも。俺はキッスの面々を舞台以外の場で見てみたかった。だが彼らがいなくても、観戦は忘れがたい体験だった。俺はゴールを逸してしまったが。その瞬間、ほんの少し注意がそれていた。おそらく、そこにあった焼きソーセージの方が重要だと思った。試合終了の十五分前に、残念ながらスタジアムの外へと連れていかれた。さもないと誰も俺たちの安全を保証できないとのことだった。

ブラジルでは、騎馬警官隊がスタジアムまでの道のりをエスコートしてくれた。公道はファンによって埋めつくされていたから、貧民街を抜ける砂利道を通って俺たちを連れていってくれた。そこに住むすべての家族が通りに立って、俺たちのことを凝視していた。おそらくキッスを一目見てみたかったんだろう。化粧なしの彼らがどんな顔をしているか、誰にわかる？　俺たちだったかもしれないんだ。そういうわけで、俺たちはつかの間の栄光を享受した。

リンパウロで演奏したのはF１レースも開催されるところだった。要するに、まさに走行コースで演奏した。突然、耳をつんざくような騒音がしたとき、俺たちはまだ最初の曲を演奏していたところだった。俺は楽器に集中していて、歓声がまったく意外なところであがったのが不思議でならなかった。舞台を見やると、ペットボトルや小便の詰まったビール缶、その他ちょうど手に取れるところにあったいろんな物体が、次々とティルに向かって投げつけられていた。命中するたびに拍手喝采の嵐が沸き起こった。騒音はおそらく、ただちに舞台を去るよう、俺たちに告げるものだった。俺たちはいくぶん身をかがめて、飛んでくる山羊の頭や消火器を避けようとした。そばにいた観客の一人ひとりが俺たちに唾をかけようとした。人々は皆、明らかに慣れた様子だった。複雑な気持ちで舞台を去ると、主催者が満面の笑みを浮かべて俺たちを出迎えて祝福してくれた。あなたたちは南アメリカでものすごく成功しますよ、と未来を予言した。俺たちはというと違う意見で、内心ではすぐさま家に帰りたかったが、主催者はすっかり感激していた。これまでその会場で行われてきたキッス・ファンのコンサートで、前座が舞台でこんなに長くもったなんて、彼の人生で初めてだという。キッス・ファンは前座の演奏を妨害して、いわばボコボコにして、そうすることで自らの敬慕を示す。どんなバンドもキッスに近づいてはならない。不遜にも、自らを神々と同列に置くどんなバンドも罰せられなければならない。あれは俺たち個人に向けられたものじゃなかった。それに、人々は俺たちに唾を吐いたわけじゃなく――主催者は説明を続けた――キスをしたかっただけで、でも近づけなかった。だからあいうキスを送って、よいご旅行を、と挨拶したんだ。ふうん。もちろん事態をそんなふうに眺めることもできた。そして、俺たちはもちろんツアーでの演奏を続けた。仕事と割り切って、長時間飛行機に乗ってきたことを、そしてもうそこに運ばれていた楽器のことを考えた。

呆気にとられたことに、なんと主催者は正しかった。数年後、なんらかのアルバム発表を機に、俺たちはレコード店で直筆サイン会をすることになった。メキシコシティの旧市街でのこと。ホテルをあとにして間もなく、ものすごい数の警察バスを目にした。俺たちは興味津々で、街中でまたなにか騒動でもあるんだろうかと思った。その後、抜け道を選んで車を進ませていかなくてはならなかった。というのも、大通りはどこも通行止めになっていた。レコード店が入っているデパートに到着したとき、なにが起こっているのか、はじめて理解した。広場全体がファンで埋めつくされていたんだ。警官たちは、俺たちがデパートに入れるよう道を作ろうとした。扉まで来ることができたが、俺たちの何人かはサングラスを犠牲にしていた。ファンがともかく俺たちの顔をつかもうとしたんだった。それからボディガードが不利な体勢でつまずいて、ティルが転倒した。

デパートのレコード店で待っていたものの、俺たちのサインをもらいにくる人はいなかった。そもそも扉を開けてはならないとのことだった。人々はすっかり平静を失っていた。俺たちを一目見るために、あの場にいた全員がどのくらい遠くからやってきたのか、俺は知らないでおこう。いずれにしろ人々は、広場を徹底的に荒らしはじめた。小さな木々、ベンチやゴミ箱がそこらじゅうを飛んでいるのが見えた。その状況を鎮めるために、警官たちは俺たちを屋上に向かわせた。そこから人々に向かって話せとのことだった。天窓を開けて外に這いでると、人々が目に入った。無数の人々。それら人々が、いたるところにいた。そこらじゅうの屋根の上、階段の踊り場はいたるところに、バルコニーや雨どいにだって、人々は貼りついていた。窓にも——どうやって人々は部屋の中に入ったんだろう。下の広場ではうねる大群がひっきりなしに続いていた。何千人、何万人いたのか、俺にはわからない。それでいて俺たちはコンサートの一つも行っていなかった。それは本当に、二、三のサインの問題だった。あのとき俺たちは、ファンという概念が狂信的（ファナーティッシュ）という語からくるのを見て知った。キッスとのツアーでは最後のコンサートがメキシコシティだったが、当時、メキシコで俺たちのことを知る者は誰もいなかった。そのステージではなにも投げつけられなかったが、どうやらキッスが楽屋で俺たちのライブ放送を観ていたようだった。キッスは化粧をして衣装を整えるのに二時間を要して、そしてまさにその時間に俺たちが舞台に立っていたから、彼らが俺たちをライブ会場で観ることはなかった。

その前日、俺たちはピラミッドを観光した。そのために、およそ二時間車に乗らなければならなかった。道中、運転手は俺たちにどう振る舞うべきかを指南した。一緒に来て前に座っていたトムが何度も俺たちの方を振り向き、通訳した——「誰かがピラミッド付近でなにかを差し出してきたら」トムは叫んだ。「そうしたら『結構です』と言うんだぞ」貴重なアドヴァイスだった。だが、運転手がなんのことを言っているのか理解するまで、俺にはそれなりに時間がかかった。ノー・サンキュー。どうして、いまこれを書いているんだ？　あぁそうか、キッスだった。

度、食堂で空いているテーブルが見つからなくて、高齢の守衛二人のいるテーブルに座った。二人は俺にとても親しみを込めた挨拶をして、気持ちよく食べ続けた。一言でいおう。ともかくキッスのジーン・シモンズとエース・フレーリーあるいはポール・スタンレーだったんだ。俺はぜんぜん気づいていなかった。

＊

いまや「俺が欲する（イッヒ・ヴィル）」を演奏する。俺たちは、曲にいい名前をつけるのがどうやら苦手らしい。「俺が欲する」なんて、そもそも曲につけるまともなタイトルじゃない。そもそもなんにも向いていない。ある電器店が、このフレーズを謳い文句に使ったことがあった。店のあらゆる袋にこれが書いてあった。そういうわけで曲の宣伝をするために、俺はその袋の一つを持って、あちこち歩き回ったもんだった。いわば無料広告。それでいて俺には、この曲がいつも難しかった。問題は曲じゃなくて、俺の方にあった。どこか純粋に音楽的に理解できなかった。響きは悪くないんだが、毎回、曲の本格的なはじまりを待った。他のバンドメンバーは当初からすっかり感激して、もう録音の時点でこの曲をライブで演奏するときの観客の反応を楽しみにしていた。そして、彼らの予想はまったくもって的中した。

リフレインまえのドラム・フィルインに合わせて、俺たちは爆弾を仕掛けている。つまりは俺たちがそう呼んでいるだけで、専門用語では舞台用爆音とか電撃などと言う。舞台上では爆音が音楽全体よりもずっと大きいから、俺はもちろんまたビクッとする。音は会場で反響して跳ね返ってくるから、あっという間に拍子から外れてしまいかねない。もっともいいのは爆発がぜんぜん起こらないふりをして、演奏に集中すること。

最近、俺たちはこの曲をリハのさいに爆弾なしで演奏した。リハですべての爆弾に火を点けるなんて馬鹿げている。俺たちはそこまでおかしいわけじゃない。するとこの曲を落ち着いて聴けて、かなりいいと思った。爆弾があっても、もちろんいい。さらにこれがコンサートのメインパート最後の曲であることがわかっている。ということは、だいたいのところ俺たちはもうまたひとつやり終えたんだ。コンサートの終わりばかりを心待ちにしているわけじゃないが、すべてが上手くいったことがもちろん嬉しい。俺はだから上機嫌で、あともう少し舞台上をふらふらと踊って、ティルが拳で太ももを殴るのを真似る。ティルにはそれが気に入らず、舞台から俺を退けようと押してくる。

何発か爆発があったあと、曲は終わる。コンサートも、ということで、俺は舞台を去る。コンサートはミュージシャンたちが舞台を去ったら本当に終わりなんだ、と長いこと思ってきた。ただ、観客があんまり感激してアンコールを叫ぶものだから、ミュージシャンたちは考えを変えて特別に戻ってきて、即興でなにかを演奏するんだ、と。滅多にないケースでは実際にそうで、コンサートは本当にもう最初の退場とともに終わった。だが、そういうときはおそらくバンドが喧嘩していたか、予定があまりにもきつく組まれていて、アンコールのための時間がもう残されていないということだった。そうでもなければバンドはつねに舞台に戻ってきて、たいてい、それこそバンド最大のヒット曲を演奏する。それが俺には奇妙に思えた。というのも、アンコールがなければ彼らはそういうヒット曲を演奏することもなかったんだから。それでいて、よりによってどうして観客にもっとも人気のある曲をあきらめなきゃならないんだろう。

フィーリング・Bではアンコール曲が必要なかった。たいてい、そもそもコンサートをそれなりに堂々と終わらせることすらできなかったんだから。ラムシュタインでの初期のコンサートでは、アンコール・プログラムを組むのに十分な曲数がなかった。俺たちに演奏することのできた全曲を披露したあとで、人々がもっと聴きたいときは、だから同じものに戻らねばならず、二、三曲をもう一度演奏した。最良の数々のコンサートでは、同じ一つの曲を三回演奏したこともある。だがいつしか俺たちにも、アンコールのための曲を別途取っておいて、それをいわばサプライズとして演奏する日が来た。俺たちはいつも正規のコンサートのあとに集まって、演奏し続けるか否かを相談することができた。

きょうは三曲がアンコール用に予定されている。だから、いま議論する必要はない。というのも、この三曲はもう順番も決まっていて、いわゆるセットリストに書いてある。コンサート中に、突然、次はどの曲だったかわからなくなることがある。だからミュージシャンアシスタントたちが俺たちのために、曲順を書いたメモを鼻先にくっつけておいてくれる。

最初のアンコール曲では、俺がピアノを弾くことになっている。だから、少なくともピアノを舞台に運んで、ケーブルをつなぐのに必要な時間の分だけ余裕がある。そういうわけで、悠々と休むことができる。ピアノが舞台に設置される様子は観客も目にする。それで、コンサートがまだ続くのがはっきりわかる。人々はだからアンコールを叫ばなくてもいいいんだが、ひょっとしたらまったく前を向いていないのかもしれない。あるいは、単に面白いから叫んでいるのかも。自分もほんの少しこの素晴らしい晩に貢献している気がするように。

舞台作業員の一人が煙草を持って近づいてくる。わざわざ俺のために火を点けてくれている。なんて親切だろうと思い、煙草をやめたいところではあるが、愛想よく礼を言って受け取る。彼に煙草を持たせたままにするわけにはいかないだろう。どんな光景になってしまう？　おまけに、どこもかしこも喫煙禁止ときている。煙草は午後のときよりもっと不味い。すっかり息切れしてしまう。体にはもう少し健康的なものが必要なんだ。スポーツのあとも煙草がぜんぜん美味しくないじゃないか。スポーツをしない俺がどこでそんなことを覚えたのか、自分でもわからないが、明らかにこの煙草はいまの俺には本当にかなりキツイ。だがカッコよくは見える。少なくともそんなふうに思い込んでみる。それでいて俺は階段の奥にしゃがんでいるから、誰にも見られていない。技術者が得意然と七本の指を宙に立てる。もうあと七回コンサートをすればいいという意味。俺は愛想よく手を振る。きょうもまた上手くいったことを喜ぶ。

前回のツアーでは、相変わらずゴムボートに乗っていた。俺はいつもこのボートが猛烈に怖かった。いま、一体全体ゴムボートでどこを渡ったんだろうと思うかもしれない。コンサート会場に水なんてないから。そうなんだ、いかに異常に聞こえようとも、俺はボートに乗って人々の上を渡るのである。あるいは、渡った。いわば成りゆきだった。ツアーの最終日というと、技術者たちがいつもバンドに他愛のないおふざけを仕掛けるものである。最後の晩に激しい枕たたきの起こるキャンプ合宿に少し似ている。俺たちが「船乗り」を演奏していたとき、トムが小さなゴムボートに乗って舞台上を移動してきた。そのボートはいわゆる犬の上に、つまり四輪のついている板の上に置かれていて、普段はそこに重いスピーカーを載せることができた。ボートを引っ張ってもらいながら、トムはふざけて水かきの動きをしたんだった。舞台の縁に立っていたティルは、はじめそのことに気づかなかったが、見るなりボートをつかんでトムを払い落とし、それを観客席に向かって投げた。いまやボートが人々の延ばした腕の上を渡っていく様子を皆が見ることができた。そのとき俺たちは、ボートに人を乗せたら面白いのでは、と思いついた。すると、それができるのは俺一人だった。というのも唯一、その場で演奏しなくてよかったから。とても軽くもあった。少なくとも当時は。

それからというもの、そういうわけで俺はボートに乗った。観客たちも俺を上手にあちこち渡らせてくれた。だが、人々が舞台上の出来事を観たいがために前ばかりを向いていて、後ろへ、後ろへ、と俺を運んでいくことをちゃんと考えていなかった。だから、そのうち誰もいなくなって、転落した。最初、俺はちゃんと落ちることができず、頭から勢いよく真っ逆さまにいってしまった。それからクロールしながら舞台へと戻らねばならなかった。もちろん人の波をかきわけて。そのさい、よく靴とか衣装の一部を無くしてしまった。舞台にたどり着いてから、ケガをしていないか、演奏し続けられるか、チェックしたんだった。

一度はクルーがもちろんまたツアー最終日に、ちょっとしたギャグでビキニ姿の娘も一緒に乗せたことがあった。これは人々が支えきれず、俺はバリケードの支柱の上に仰向けに落っこちた。それからもうあとはただ変に痙攣していた。病院に運ばれたところ、もうかなりたくさんのファンが、俺が治療を受けるのを待っていた。俺を見るなりとても喜んで、先に行かせてくれた。重度の打撲傷なだけだったが、本当にものすごく痛かった。だが、言ったとおり最終日でのことだったから、どうでもよかった。

次のツアーでは「船乗り」を演奏しなかったが、ボートはそのまま他の曲で使用した。俺たちはあんな面白い演出を断念したくなかったんだ。悲しいかな、その曲はもっとずっとアップテンポで攻撃的で、だから俺はいまや本格的に揺さぶられた。ときには熱狂があまりにも激しくなって、二階席まで引き上げられて、すべり台を滑るみたいに疾走しながら降りてきたこともあった。着地のさい、ボートはひっくり返った。そういうわけで、翌日、バンドが浜辺に向かっているときに、またしても俺は病院にいるんだった。

ボートが目下のプログラムに入っていなくて、だからとても嬉しい。満足して立ち上がり、煙草をしっかりともみ消し、舞台のもう一方の端へと向かう。バンドを探して、変わったことがあるか、あるいはなにか面白いことが起こったかどうか訊いてみよう。心地よさそうに皆が隅っこに立っている。各々がなにかしらを飲んでいる。ジンジャーティーの香りまでする。穏やかな会話で盛り上がっている。とはいえ、俺はまだイヤモニをつけているから、残念ながら理解できない。もっとも、耳にピッタリはまっているからいまは取りたくない。だから馬鹿みたいに微笑み、皆の言うことすべてに親しげに頷く。たいてい普段から一日中それ以外のことをしない。イヤモニなしでも、たいして理解できないんだ。俺の耳がもう良く聴こえないせいかもしれない。するとニコライが懐中電灯でまた合図を送り、俺はもう一方の側から舞台へと上がる。そこ、そこ、そこ、いいや、そこが一回多すぎた、いまピアノが置いてあるところ。予定では、俺がピアノの位置まで歩いていくのをスポットライトが照らしだすことになっている。俺が観客に見えて、なにより俺自身がどこを歩いていけばいいかがわかるようにするためだが、スポット運転手は――スポットライトの後ろにいる男はそう呼ばれているが、おそらくトラック運転手の一人で、ついでにスポット係としても稼いでいる――舞台が暗いもんだから、俺が来たのに気づかなかった。だが、俺がピアノのもとに来ると、俺を捕らえることができて、そして俺は演奏を開始する。

曲は「俺の心臓が燃えている」という。きょう演奏するのはオリジナル版じゃなくて、ある友人がビデオ用に作曲してくれたバージョンだ。彼は俺たちのロックバージョンから――いまこう言うと、かなり不似合いなように聞こえる——要するにバンドが演奏していた曲から、ピアノバージョンを作ってくれた。ピアノ伴奏つきの、ヴォーカルだけからなる曲。バンドのキーボード担当は俺だから、俺がピアノを弾くのが手っ取り早い。弦と本物の鍵盤はピアノから取り外してある。でないとあまりにも重すぎて、ツアーに持っていけないんだ。ピアノには代わりに新しい鍵盤がはめ込まれていて、響きそのものはサンプラーから出てくる。鍵盤上で弾く音が、このサンプラーからピアノの音として聴こえてくる仕組みになっている。

　この曲を練習するのは容易じゃなかった。むしろ、とても難しかった。俺が舞台上で披露する最初のまともなピアノ曲。そして、俺はもう五十歳に手が届こうとしている。だが、とてもいい技を見つけた。ひたすら落ち着いて呼吸をし続けて、そういうことを考えちゃいけないんだ。そうすると両手がひとりでに弾いていく。

　いまやティルも歌いはじめる。とても美しい響き。こういう曲ならティルの声がとてもよく聴こえる。バンドがつねに音量全開で演奏しているわけじゃないのが、観客にも喜んでもらえると思う。人々が一緒に歌っているのが聴こえる。そして、かなり荘重な雰囲気が生まれる。

　その昔、夜に友人たちと『ロックの宮殿』[20]を観ていて、バラードのさいにスタジアム全体が一緒に歌ったとき、鳥肌が立ったのを想い起す。俺には、大ヒットするのはいつもゆったりとしたテンポの曲なんじゃないかとも思えた。そうした曲では、弦楽器か少なくともピアノが一緒に演奏する。ヒットパレードの一位は、いつもそういう感傷的な流行歌だった。俺の気に入った曲は三位以降になってから登場した。おそらく、ハードな音楽が好きな人たちには、アルバムを買う金がそんなになかった。「伝説のチャンピオン（ウィー・アー・ザ・チャンピオンズ）」といった曲ですら、かなりスローテンポである。

いま、俺たちもまさにゆったりとした曲を演奏している。それもピアノの伴奏で。だがヒット曲じゃない。そのぶんとても情感豊か（ゲフュールフォル）。若い頃は、もうこの言葉だけで耐えられなかっただろう。それは老人向けのなにかだった。情感でどうしろというんだった？「感じる！（イッヒ・ハーベ・ゲフューレ）」可愛い女の子を見て、少年たちは校庭で叫んだものだった。それで性的に興奮しているとか、もう少し大人になってからの言葉でいうと、ヤル気になってきたことを言い表していた。

思うに、俺が若かった頃は、今日よりももっとアップテンポの曲がラジオで流されていた。だが、きっと俺たちのいま演奏している曲がラジオで流れることは、いつの時代もないだろう。音楽のせいというより、これが俺たちの曲だからだ。だいたいのところ、自分の好きな音楽を聴ける放送局を見つけるのがいまの俺には難しい。たぶん、ただ単に、晩に寝るのが早すぎるからだ。というのも、夜な夜なカセットレコーダーの前に膝をついて音楽を録音していた頃のことをいまだに覚えている。そのときを逸してしまったら、放送されていた曲のいくつかは、ひょっとしたらもう二度と聴けないことを知っていたんだった。

いま演奏している曲は、きっとまだ何度も聴くことになるだろう。俺たちのプログラムに入っているんだから。もっとも、なんらかの理由できょうが最後のコンサートになってしまったら話は別。つねになにかが起こりえるんだ。俺はとたんに不安になって、すっかり気分が悪くなる。本当にいまが最後だったら、俺は心置きなくもう少し楽しむこともできたはずだ。バンドと一緒にこんなにもたく

20　旧西ドイツで放送されていた音楽番組（一九七四～八六年）。

さんの人々の前で演奏するなんて、それ自体ものすごく楽しいことであるはずなのに、それなのに人は些細なことでイラついてしまう。今後もときどきは舞台で演奏できればいいが。これからはどんなコンサートも楽しんでみせるぞ。それで、もうコンサートが開けなくなったら――ひょっとしたら俺たちの飛行機が墜落したとかで――それでもかまいやしない。そうなったら、まだコンサートがあるかなんて俺の知ったことじゃない。そんなことを考えているうちに、この曲も終わりを迎えていた。

拍手が鳴りやむまでしばらく待って、立ち上がり、舞台奥を自分の側へと急いで移動する。あっという間にピアノがふたたび撤去されて、シュナイダーが次の曲をはじめる。まるで機械のように演奏する。ただ、機械より上手い。まさに喜びそのもの。とても幸運なことに、俺たちのドラマーは曲ごとに自分の力を見せつけなくてもいい。一つの拍にできるだけ多くを打ちこもうとするドラマーがいるじゃないか。それか、すごく複雑なリズムを演奏しようとするとか。だがドラマーとは、まさにバンドの心臓。ドラマーがバンドと曲を一つに結び合わせる。そして、それはもちろん単純かつ明快なリズムでもっとも上手くいく。シュナイダーはそのために必要な規律を守ることができる。それは、俺たちのなかで唯一彼だけが兵役に就いたことによるのかもしれない。だが、それはむしろシュナイダーの過失と言ってよかった。シュナイダーは当時、ベルリンに住んでいなかったから、兵役を回避するのを支えることのできた周囲の環境に恵まれていなかった。シュナイダーが言うには、兵役に就いた最初の晩に、自分の身の回りの私物をダンボールに詰めて実家に送らねばならなくなったとき、大きな過ちに気づいたんだという。だが、そのときではもう遅すぎた。

そしていまや、シュナイダーの耐久力がふたたびプラスに働いている。シュナイダーを除き俺たちに関しては、秩序に従わなくてもよかった人間がどんなふうになるものか、観察することができる。

俺たちには、ぱっと見て無意味に思える行動をとるのがときに難しい。だが、いい曲が生まれるためには、まさにそういうことをときどきしなきゃならない。そしてちゃんと丁寧に演奏するためにも。いま演奏している曲は「太陽（ゾンネ）」あるいは「ほら太陽が昇る（ヒア・コムト・ディ・ゾンネ）」だ。ときには曲に名前を付けなくてもよかったら素敵だろうと思う。絵画や写真では無題のときもあるように。ラジオの司会者がこう言ったら面白いだろう——次のタイトルは「タイトルなし」です。まぁいいか、そこまで面白くもなさそうだ。俺たちはこの曲をただ「太陽」とだけ呼んでいる。俺はとてもウキウキしながら、その必要はまったくないが、ランニングマシーンのスイッチを入れる。必要かと言われれば、もちろん決してそんなことないが、このマシーンを作るのにものすごい金をかけたから、使わなきゃならないんだ。いわば最後まで走って使い果たす。このランニングマシーンがいつ減価償却し終えるか、見ものだぞ。

　ひとまず、かなりゆっくり動いている。これであればそんなに大変じゃないし、ギターリフの重みにも上手く合う。リフとはしゅうし繰り返されるギターの音型のことで、これが曲の基本的な骨組みを形作る。ヘヴィメタル音楽はもっぱらギターリフからなっている。感傷的な曲だけは違っていて、この種の曲はもちろんどのジャンルの音楽でも存在する。俺たちにもあるが、そういう曲ですら、たいていどこかの時点でギターリフが入る。それで、感傷的な曲ですらラジオで放送されない理由の一つになっている。ギターリフは、普通の人間にはあまりにもハードだとみなされるんだ。少なくともドイツでは。にもかかわらず、俺はこういう音楽を演奏するのが好きだ。こういうリフはとても力強くて、文字どおり聴衆を熱狂させる。まさにこの特別なリフが俺はとても成功していると思っていて、朗らかに歩き続ける。サビまでの役割はかなりシンプルだ。指でただ一つの音をピアノで弾くだけ。関心のある人がいたら、ちなみにレの音。要はピアノのように響いて、俺自身はサンプラーで弾いている。もう説明したとおりだ。手をぐっと高く上げて、指を鷹のごとく鍵盤に急下降させる。リフレインではお決まりの合唱音を弾く。最後のステーキでは――全開で演奏されるそこでのリフを、俺たちはそう呼んでいる――本当にあらゆる側から炎が襲いかかってくる。コンサート中でもっとも熱いところで、ときには誰か一人がもう演奏できなくなって、焼け焦げた蚊さながら床に沈んでしまうこともある。俺たちはここのところをグリル部屋と呼んでいる。きょうの俺は身をかがめて炎を避けねばならず、なにも見えないまま指で鍵盤を探して音を出さなきゃならなかった。

残念だなぁ、この曲ももう終わってしまった。毎回、きょうほどこの曲を弾くのが楽しいわけじゃない。というのも、ほとんどすべてのツアーでこの曲を演奏しているんだ。だから、ほとんどすべてのコンサートで演奏している。いわゆるヒット曲は、いつもプログラムに入っているものだ。すると俺たちにとっては、毎晩、まったく同じように熱狂するのがいささか困難だが、俺には人々の気持ちが理解できる。というのも、俺たちを舞台で観るとなれば、彼らだっていいと思う曲を聴きたいだろう。ローリング・ストーンズも、きっといつも「サティスファクション」ばかりを演奏したいわけじゃない。もっとも、一度彼らのコンサートに行って、やっぱりこの曲が演奏されたとき、俺は大喜びした。というのも俺は、言ったように一度だけコンサートに居合わせていて、おそらく二度目はもう叶わない。なんといってもバンドメンバーがもう高齢だ。俺たちの方はそんなに歳をとっていないが、それでも人々が聴きたい曲を演奏したほうがいい。

コンサートを締めくくるべく、これから演奏する曲にもはたしてそのことが当てはまるかどうかはわからない。「プッシー」のこと。俺たちの曲のうち、唯一ドイツでヒットチャート一位を獲得したやつ。他の曲よりいくぶんポップで、要するにそんなにハードじゃない。これで、よりソフトな曲の方が人気を得やすいという俺の理論が認められたわけである。でもひょっとしたら、ドイツ人はただ単にプッシーという単語が素晴らしいと思っているのかも。それか、歌詞が半分英語なのが気に入っているとか。はたまたセックスツーリズムがテーマになっているからか？

この曲では、俺も小さなキーボードを手に持って舞台の端に出てくる。ところがケーブルが角に引っかかって、少しあちこち引っ張らなきゃならない。ときにはそういう場面でプラグがキーボードから抜けてしまい、いざ弾こうという段階で音が出てこないこともある。いまは自分が弾いているのが聴こえるから、安心して観客席の方に目を向けて、きょうは誰がいるかを見てみる。もう見覚えのある人が何人かいる。そうとう時間があるんだろうなぁ。こんなに何度もコンサートに来られるなんて。だが、きっと面白いだろう。数多くのいろんな都市を見てまわることができて、俺も嬉しい。こんなふうにあちこち旅してまわるのに、ミュージシャンである必要はない。クルーの一員でも、ファンでもそれはできる。

多くの人々が興奮して一緒に歌う。歌詞の内容がわかっているんだろうか？　それに、これが最後の曲だということも？　いまやCメロが来る。俺は何度このことを言わなきゃならないだろう？　でも最後の曲なんだ。そして例外的に、ここではなにも燃えない。その代わり、ティルがマイクをスタンドからもぎとって放り投げる。それからマイクスタンドをつかんで、どうやらやすやすとプレッツェルのような形に曲げてしまう。そしてその成果を箱に詰めると、箱が爆発する。俺はいつもそこで、観客席の人々がその様子を初めて目にして驚いてくれることを願っている。人々はいったい俺たちのことをどんなふうに思うだろう？　一連のアクションはかなり本格的に馬鹿々々しい。ただ、このショー効果をもうしばしば見た場合はどんなふうに思うだろう？　こんなことを毎晩するなんて、もっと馬鹿げている。

　自分があるバンドのコンサートを観ているときは、そのバンドが昨日も演奏したし明日もステージに立つであろうことをすっかり忘れてしまう。俺は一回きりの出来事に居合わせている気でいたい。そしてその気持ちを、ミュージシャンとしても観客に伝えようと努めている。俺たちにとっては容易なことじゃない。ショーは、俺たちがまったくとっさの反応をしているような印象を与えるべきだから、なおさらだ。あるいは、ティルが癇癪を起して本当におかしくなっているとの印象を。もちろん、「俺の一部」でティルが俺を鍋で茹でて食べようとしているのを本気で信じる奴はいない。それともいたりして？　俺自身が信じてしまう日々もあるんだ。これらすべての演出が本格的に威力を発揮するように、すべてに完全に入り込んでしまって、俺自身がすっかり驚いたふりをする必要がないほどなんだ。だから、ときには自分でも信じてしまう。そして正直に言えるんだが、舞台上で馬鹿げたアクションを披露するのが、俺は毎回とても嬉しい。

　「プッシー」でも、次なる演出は続く。ティルが巨大な泡大砲にまたがる。大砲には本物の鞍（くら）が固定されている。乗馬用の鞍。大砲はもちろんペニスを表しているつもり。そこではそんなに多くの解釈の可能性があるわけじゃない。もう大砲から泡が噴射されている。ある晩は多め、ある晩は少なめ。多くの要素によりけりだ。出てくる泡が少なければ少ないほど、コンサート後のティルの機嫌が悪い。つまった圧力管あるいは類似の障害の原因に責任のある者は、そういうわけでコンサート後に姿を隠す。そして突然、あんまりにもあっという間にコンサートは終わりを迎える。

　いぜんであれば、俺はコンサートをともかく長く続けたいと思っていた。入場料を払ってくれた人々に、曲をたくさん聴いてもらいたかった。それにはパウルが反対で、ブロッツマン[21]はいつだって四十五分間しか演奏しない、と言うんだった。俺たちは皆がブロッツマンの音楽とキャスパー・ブロッツマン・マサカーのコンサートをいいと思っているから、ひとまずなにも言い返せなかった。もっとも、いまになって、誰もパウルの主張を確かめようとしなかったことに気づいたが。

かつて、マリリン・マンソンがベルリンでたったの四十分しか演奏しなかったときは、ブーイングが起きた。観客は怒ったんだった。

だが、きょうのところは、観客は明らかに十分な様子。ずっと一緒に叫んで踊り続けるのも大変だ。人々の方が、俺たちよりももっと消耗していると思う。後ろに座っているだけの連中も、コンサートを撮影するために何時間も携帯を高く掲げていた。きっと腕が痛いだろう。小便をしなきゃならないときは、恋人が携帯を掲げてやる。たいてい彼女は撮影に注意を払っておらず、何分間かは前に立っている奴の背中を撮っている。なんてことはない。なぜって、このビデオを見る奴なんて誰もいないんだから。俺にはどうでもいいことだが、悲しくもある。そうすると人々はたいていコンサートにまったく意識を向けないから。なにせ、すべてを撮影したんだから。

いまはもう観客もアンコールを叫ばない。前日、あるいは前々日に他のたくさんのファンたちが撮影したビデオから、俺たちがもうなにも演奏しないであろうことをインターネットで見て知っている。演奏するとしたら、本当になにかとても特別なことだ。仮に俺たちがまだアンコールを続けたいので

21　キャスパー（ドイツ語読みはカスパー）・ブロッツマン（一九六二年〜）は、西ドイツ出身のロックミュージシャン。プログレッシブ・ロックバンドのキャスパー・ブロッツマン・マサカーで有名になった。父親はジャズ音楽家のペーター・ブロッツマン。

あれば、クルーがそのことをコンサート当日の昼までに知っていなきゃならない。舞台の一部が邪魔になってはならないし、その曲のための照明をセットしておかなきゃならない。それに、普段であればクルーがもう撤収作業をはじめてしまう。すべてがいかにあっという間にトラックに片付いていくか、信じられないくらい。だからある晩、俺たちの調子が極端に良かったとして、アンコールに応えられるのはその翌日の晩になってから。だが、そのときにはもうぜんぜん違う場所に来ている。

　きょうは「プッシー」で本当に仕事じまい（ファイヤーアーベント）。俺はこの仕事じまいという言葉が大好きだ。アメリカではいつもこの言葉を言いたくて、訳語を探してみたものの、見つからなかった。祝いの夜（ファイヤーアーベント）とは、かなり特別な言葉だ。どこか仕事の終わり（アルバイツシュルス）に対する喜びが含まれている。友人が死んだら、その者について俺は好意的に言うだろう——いまや彼は仕事じまいなんだね、と。言ってみればこんな意味——安らかな眠りにつかれますよう。ただちょっといくぶん居心地をよくした感じ。スリッパを履いて言っているような。生涯がずっと慌ただしかった人についても、そう言ってあげたい。

　いま、終わりなんだと本当に全員が気づくように、俺は雄々しく響くであろう二、三の和音を弾く。バンドは舞台の前へと歩いていき、皆で一緒にお辞儀をする。これは数年前にもうやったんだが、当時はみんながまだ不思議そうに見ていた。そういうのは、それまで演劇でしか知らなかったから。そうこうするうちに俺は多くのバンドで目にしてきた。俺も一緒に前に歩いていってお辞儀をしたいが、そうしたら誰がＢＧＭを弾く？　ひょっとしたら、俺はいまのままでもとても満足だ。というのも、他の全員がしているからって自分も同じことをするのは好きじゃない。俺にはそういう子どもじみた拒絶反応があるんだ。こうも思う。俺が舞台前でお辞儀をしたところで、観客がなにを得るでもないって。人々にはきっと、俺たち自身が感謝する代わりに、もう一曲演奏する方がもっと嬉しいだろう。

ティルも、もうお礼を済ませた。俺はまだサングラスをかけていて、いまは暗いからまったくなにも見えず、階段を手探りで降りて、舞台をあとにする。

III

俺が最後で、他の皆に追いつこうと通路を急ぐ。彼らがずっと先の方で笑っているのが聞こえて、もっと早く走る。ようやく追いついた。警備員が足早に先をいき、通路に立っている人々に脇へよけるよう促す。

人々が俺たちに向かって手を振って挨拶する。グレイト・ショーとかなんとか叫んでいる。愛想よく微笑んで手を振り返す。通路にあるテーブルにはジュース満杯のカラフが置かれている。少しくらいビタミンを補給したほうがいいだろう、とキッチン班が俺たちのためにミックスしておいてくれたものだ。そういうわけで、皆がひとまずここで立ち止まってジュースをコップ一杯飲む。明日、一緒に泳ぎたい奴はいるか、とオリーが訊く。なんてタフな。いまの俺に明日のことを答えるのは難しい。

そのあとは楽屋。ドアが後ろで閉まる。満足そうに鼻歌を歌いながら、俺たちは腰を下ろす。ティルが音楽のスイッチを入れる。コンサート後用の音楽を選曲済みなんだ。実は、晩のもっとも素晴らしい瞬間。というのも、いまや俺はひとつずつ脱いでいく。ひとまず眼鏡を外す。ここ楽屋は本当にとても明るい。それから首輪と一緒にイヤモニも取る。やっとまた深呼吸ができる。ファック用ズボンはもちろんずぶ濡れだ。それもそのはず、ティルがしゅうし噴射し続けていたんだから。いわゆるグリル部屋でも乾かなかった。ズボンがそもそも変な素材でできていて、乾きが悪い。きっと革製品なんだ。若い頃に革ジャン姿で雨に降られたときの感触を、俺はいまだに想いだせる。するとジャケットは一日じゅう濡れたままで、鼻をつく臭いがした。あまりにも重たくなって、もう簡単には持ち上げられないほどだった。にもかかわらず、俺はしょっちゅう羽織っていた。その後、幸いにも妻が捨てた。でなかったらいまだにそれを着て歩きまわって、恥をさらしていただろう。俺自身はおそらく若くて異端っぽく感じるんだろうが。

今度はブーツを脱ぐ。死んだ犬の臭いがする。靴下なんてあんまり気持ちが悪いから、できれば捨ててしまいたくなる。だが、そういうことは俺たちのもとでは起こらない。もうパウロが来て、舞台用一式を集めていく。できれば公園で紙ゴミを拾う人たちが持っているような、つかめる部分のついているトングが欲しい状況。俺のジャケットはもうない。すでに舞台裏で脱いでいたんだった。ジャケットはあとで、明日にはもうまた乾いているだろうという間違った期待のもと、タンスに掛けられる。

俺はシャワー室へと向かう。もうオリーがいる。毎晩どうして俺より早くたどり着けるんだろう？オリーは鏡の前に立って、メイク落とし用のティッシュで顔の化粧をぬぐい取っている。俺も同じことをする。いぜんはそのまま石鹼で洗い落とそうとしたが、こっちの方がもっと手っ取り早い。だが、化粧を全部落とせるわけじゃない。とりわけ耳の中みたいに手の届きにくいところなんかは、たいてい翌日も白いままだ。ツアーに出ているあいだはどうでもいいが。正確に言うと、俺はぜんぜん化粧を落とす必要もない。そうしたら晩に化粧をする手間が省けるってもの。残念ながら、化粧はかなり粘着性があるから、そうしたら身の回りのものをダメにしてしまうだろう。それに、俺がまだ真っ白なのが機内で誰かに見られてしまうと、バンドがいつも小言を言ってくる。そういうわけで、俺はウェットティッシュでいそいそと顔中を拭いていき、自分が終わるまえにシャワーが全部埋まらなければいいが、と願う。

その心配は無用だった。というのも、きょうはスポーツ会場で演奏しているから、全員分のシャワーが十分にある。シャワー水栓のメカニズムを理解するのは容易じゃない。意外な仕方で温かい水が出ることもしょっちゅうだ。他の奴らがどんなふうにやっているかを見る。すると、俺のところでも温かい水が出てくる。髪につけたジェルはそうこうするうちにカチンコチンに固まっているが、シャンプーでしっかり洗い流せる。俺はジェルを次のコンサートまでつけっぱなしにしておくことを考えてみたことがあるが、一度本当に試してみたら、髪の毛がすっかり固くなってしまい、ポキンと折れてしまうんじゃないかと怖くてしかたなかった。セーターを頭から着るだけでそうなってしまうかもしれなかったんだ。そして夜寝るときには、俺の重い頭が髪の毛の上にくることになった。ただアフリカには、蟻が耳の中に入ってこないようにするために、頭を高くしたまま夜眠る民族がいるそうな。そういうことは小さい頃から習わなきゃならないだろう。俺はときどき昼寝で練習しているが。

突然、お湯が沸騰したように熱くなる。驚いて飛びのく。誰かが水を冷たくしたんだ。さっぱりするため、あるいは、俺たちはシャワーのあとによくそうするから。それで俺のお湯が一気にかなり熱くなった。まえもって教えてくれても良かったのに。まるで蟹になったような気分。少なくとも俺はそんなふうに見える。ひとり悪態をつき、自分がお湯を水に変えるときは皆に知らせるぞ、と考える。

そのときにはもちろんもう誰もシャワーの下にいない。きっと彼らはちょうど化粧を落としているか、クリームを塗っている。俺は体を拭き、化粧箱にお気に入りの制汗剤があるのを喜ぶ。ブルートというやつで、もう世界じゅう探しても限られたところでしか見つけられない。きっとかなり健康に害のあるものだから。初めて買ったとき、その商品が制汗剤だとは信じられなかった。制汗剤をくださいと頼んだとき、店員がちゃんと理解しなかったんじゃないかと思った。とても暗くなっていた時分で、店はかなり騒がしかった。パッケージを開けたときも、制汗剤の匂いがしなかった。だが、独特な匂いで、これはこれでいい。俺ならこの匂いを何百ものなかからすぐさま嗅ぎ分けられるだろう。それを自分に吹きつけると――専門家なら回す（アインディーゼルン）と言うんだろう――自分が不死身になった気がする。それから、まだたくさんの人たちと話さなきゃならないから、歯を磨く。音楽がいつも大音量だから、みんな話すときは俺のすぐそばまで来るんだ。歯を磨いている暇がない者たちにはガムが一箱用意されている。俺たちが社交的ガムと呼んでいるやつ。というのも、俺たちはその助けを借りて雑踏へと、つまり社会的生活へと飛び込むからだ。香水もあるが、制汗剤をたっぷり吹きつけてあるから、きょうのところは使うのをやめておこう。腰にハンドタオルを巻いて、俺はふたたび楽屋へと不恰好に歩いていく。

　そこにはコンサートのまえからいた人々と並んで、かなりの数の新しいゲストたちもぞろぞろ来ている。どこか街のヤクザっぽい大物ばかりが俺たちの楽屋に集まるような印象がぬぐえないのは、なぜだろう？　俺たちの音楽が好きなのはそういう連中だけなんだろうか？　俺たちは犯罪分子のための音楽をしているとでも？　東ドイツではそういう言葉を使っていた。それとも、俺たちと本や社会的な援助プロジェクトについて語りたい人々に比べて、クスリを持って女とやってくる人々の方が、はるかにバックステージの領域に入りやすいせいだろうか？　きっと前者のような人々は、楽屋に座っていたいと思わないんだろう。ここに潜り込むことに成功した者たちは、それにひきかえ豪勢に楽しんでいる。コンサートはとても大音量だったから、なにかを言いたいときは相変わらず叫んでいる。ティルが、だから音楽をもっと大音量にする。

俺はあたりを見回して、まだあと誰がいるんだろうと様子をうかがう。有名人はたいてい見抜けない。現実の世界では、映画の中や自分が想像しているのとはまったく違って見えるんだ。ロバート・デ・ニーロなんか、かなり背が低い。会ったことがないから自分で確かめたわけじゃないが、その話題になると本当に皆が口をそろえてそう言う。いまのところ誰も見分けられない。背の低い人も想像の中で大きくしてみるんだが。そういうわけで、ひとまず洋服を着ることができる。

裸眼で壁をつたっていく。よし、俺の名前が書いてあるプラスチック袋があそこに掛かっている。正確に言うとマスキングテープに名前が書いてあって、袋はそのテープで壁に貼り付けてある。俺は用心してテープをはがす。というのも、袋はまだ必要だ。洗いたての、だがもう頻繁に洗濯している下着と靴下を袋から取りだして履く。洗うたびに少し小さくなってヨレていく。だが、洗いたてのこれらを身に着けると、身が引き締まる思いがする。さいわい俺は、きれいなTシャツとズボンを椅子の下に隠しておいた。この騒ぎではどのみち誰も俺のことを気にしないから、落ちついて着ていい。そろそろ空腹を感じてくる。ナッツがまだ少しある。ナッツ皿を、もう誰かが灰皿っている。そんな言い方があれば、だが。俺たちの客のほとんどは、とりわけさっきここにいた連中はしたたかに酔っていて、入り乱れて叫んでいる。他の者たちはかなり途方に暮れてぼんやりしている。まるで、ここ楽屋にいてなにがしたかったんだろうとでも考えている様子。女の何人かはティルのせいでここに紛れ込んでしまったのかもしれないが、ティルがいま彼女らにかまっている暇はない。そういうわけで、女たちは大声で笑ってキーキー声を出しながら、自分に注目を集めようとしている。他の女たちは、静かに自分の体の素晴らしいところを見せびらかそうとしている。容姿をチェックするために、何度も浴室に駆け込む。

髪の毛を梳かそうと、俺ももう一度浴室にいくと、洗いたての服にもうまた煙草の臭いがついている。そういうわけで、やっぱり香水を服に何度か吹きつける。部屋に戻って、さぁ俺だっていまや煙草を吸うことができるぞ、と思う。ちょうど椅子に座ってライターを探しているところで女がやってきて、椅子を貸してもらえないかしらと訊いてくる。誰がいま椅子に座ってよいかをめぐって女と議論する気もさしてなかったから、俺はゆっくり立ち上がる。どこの出身か、俺もラムシュタインの音楽が好きか、女が礼儀上の質問をしてくる。事実にそくして俺は答える。ベルリン出身さ。ラムシュタインの音楽は好きだよ。そのときにはもう女はとっくにそっぽを向いて、また友達とおしゃべりしている。

手持ち無沙汰に楽屋をぶらぶらと歩き、どこにいったら煙草が吸えるだろうかと考える。バンドの同僚たちは吸わないから、部屋を煙だらけにしたくない。廊下に通じるドアのところで正体を見破られて、またたくまに二、三の熱狂的な若い男たちからCDが手渡され、これを聴いてください、と懇願される。

嘘をつく気も失望させる気もないから、ひとまず首を揺さぶる。俺はなかなかそういうCDを聴く気になれないし、仮にその音楽が気に入ったとしても、どうやったらそれら若い人々を手助けしてやれるかわからない。そもそも俺がその音楽をいいと思うなら、他の人たちも気に入るだろうし、そうしたらそのバンドはもうなんとかして成功していくだろう、と考えるんだ。とはいえ、こういう言い方ではおそらくどこかごまかしている。そもそも俺の好みは、どちらかというとそんなに広範囲に及ぶもんじゃない。だが、だからといってバンドが動揺する必要もない。なぜならそれは、俺が気に入らなくても、その音楽には成功できるチャンスが十分あることを意味しているんだから。ともあれもっとも簡単なのは、もちろん、はなから俺にそのＣＤを渡さないことだ。そうしたら惑わされることもない。

それでも受け取り、下着袋に入れる。ツアー後にドライブしながら聴いてみてもいいか。まだあと新しい推理小説も棚から取って、ＣＤのところに入れる。いまや、もうまたふたたび皆が楽屋で写真を撮りはじめている。通路へ逃げよう。

人々が写真を撮らなくなる日が、いつか来るだろうか？　ひょっとしたら、もうじき自撮りもされなくなる？　つまるところ、もうほとんど誰もサインを求めない。いぜん俺たちのもとには、本当に袋単位でファンレターが事務所に来て、手紙はぜんぶ開封されて読まれていたんだ、と俺が語ると、このおじいちゃんはなんでまた終戦直後の話を掘り起こしてきたんだろう、と人々は不思議に思うんだ。ともかく、俺たちには当たり前だったとてもたくさんのことが、もうなくなっている。そして一方で、いぜんはまだなかったものが、いまある。

それが東ドイツの子ども用新聞『アッツェ』の真ん中のページのテーマでもあった。その真ん中のページには過去の話が挿絵付きで載っていて、そこに現代の物が隠されていた。たいてい腕時計とかそういうの。それを見つけて新聞に投書すると、なにかもらうことができた。定期購読ができたんだったと思う。多くの人がしていなかったに違いない。『アッツェ』はそんなに人気じゃなかったから。

その代わり、たった十プフェニヒで買えた。

『モザイク』を別にすれば、挿絵付き物語の載っている唯一の新聞だった。コミックという概念が東ドイツにはなかった。子ども用雑誌にはもちろん絵も描かれていた。例えば、まだ『ブミ』があった。幼稚園児用に作られたもので、熊のブミ、マクスル、ミシュカがソ連の子どもたちと遊んで、戦車に乗りたいがためになんとしても国家人民軍に入ろうとする話だった。ただ、子どもたちはまだ字が読めなかった。それに、そんな馬鹿げた話を子どもたちに読み聞かせた大人がどこにいただろう?

もう字が読めた子どもたちは、むしろ『ABC新聞』を手に取った。そこではもっぱらピオニール団員たちが登場した。そういう話も感銘を与えるものじゃなかった。というのも俺たちは皆、おうおうにして少年団に加入するよう小学校一年生のときに強制されていたから。その限りで皆がピオニール団員だったんだが、それによってなにかがいぜんと変わることもなかった。この新聞で、俺にとって唯一使えるものだったのがペーパークラフトで、それで消防車やゴミ収集車を組み立てることができた。だが俺は、たいがい上手く作れなかった。折り目をつけるまえにのりしろに切り目を入れなきゃならない時点で、どうやればいいかわかっていなかったから。その代わり、紙用の糊はとても良かった。糊とトイレットペーパーを少し使って張り子を作ろうとしたが、その混合物を少しのあいだ沸騰したお湯に入れてから、ずっとかき混ぜていたら、あとになってそれと同じくらい長いあいだ、吸い込んだ湯気のせいで吐いてしまってつらかった。にもかかわらず、なんとかこねくり回して小さなボートを作った。昔は新しいおもちゃが欲しかったら、まさにそんな具合に作っていた。

＊

一枚目のアルバムが最初のものよりもう少し多く注目を浴びたあと、そしてそれら二枚のアルバム曲をひっさげて、俺たちに許されたありとあらゆるところで演奏したあと、俺たちはほとんど自動的に、三枚目のアルバム曲に取りかかった。

どうやらミュージシャンの仕事とは、曲を考案して、録音して、それからライブで演奏することから成り立っているらしいことが、じょじょに明らかになっていった。子どもの頃、俺はぜんぜんそんなふうにイメージしていなかった。というのも、すべては盛大なパーティーなんだとばかり思っていた。毎週ロールスロイスを買って、プールに突っ込む。現実の俺たちはというと、リハ場に座って、空気を求めて喘いで、お昼はどこで食べたらいいだろうと考えていた。すると、もうまた疲れていた。すべてがかなり長くかかった。

その後はどんどん、しょっちゅうミーティングを開くという習慣にとり憑かれていった。リハ場に行かなくていいようにするためだった。話題ならつねにあった。必要とあらば、事務所にだらだら座ってコーヒーを飲んだ。小さな事務所のキッチンにコーヒーメーカーが置いてあって、時間がなかなか過ぎ去ろうとしないもんだから、俺たちはかなりの量のコーヒーを飲んで、カッカと怒りっぽくなった。普段は基本的にドリッパーで淹れたコーヒーしか飲まなかった。コーヒーにお湯を注ぐだけでよかった。一分後、コーヒー滓が底に沈むようにカップをしたたかテーブルにたたきつけた。ハンブルク出身のレコード会社社長は、俺たち東出身の者たちの歯は、だからこんなに茶色なんだろうと推測していた。だがコーヒーは、ともかくそうするのが俺にはいちばん美味しいのである。

俺たちはだがすぐに、ミーティングはリハよりももっとずっと大変だと悟った。ときに誰かが気に入ったCDを持ってきたが、たいてい、どのみち誰もちゃんとわかっていないどうでもいいことで言い争いになった。俺はコーヒーと興奮のせいでじきに汗をかきはじめて、頭痛がするようになった。それから家に帰ると、もう一言もしゃべりたくなかった。というのも、事務所でしゅうし興奮して、ひとり不平不満を並べていたからだった。

アルバム『母』のジャケットはどんなのがいいだろう、と俺たちは懸命にアイディアを探した。コーポレート・アイデンティティについて、ちょうど初めて聞いたところだった。アルバムと舞台美術、Tシャツと入場券とが同じテーマのもとで統一されることを意味しているとのことだった。要するに、全体で一つにまとまっているんだと誰もが気づくようにするため。それまでの俺たちは、全部、そのときどきで思いついたことをやっていた。入場券がどんなデザインになっているかを自分たちで決められたらいいのに、なんて考えた奴はいなかった。いぜんは入場券がロール紙に巻かれていて、切り目の入っているところで破るようになっていた。

それからメンバーの誰かが、当時、かなりユニークな記事が掲載されていた『マックス』という名の雑誌を持ってきた。そうこうするうちに、もうこの雑誌は存在しない。ともかくその号に、写真家夫婦のゲオとダニエル・フックスについての記事があった。二人は標本写真に特化していた。アルコールかホルマリン漬けになっている動物とか、体の部位を写したものとか。もちろん動物は死んでいた。奇形も被写体になっていた。俺たちはそれらがとても気に入った。特に、ホルマリン漬けされた北極熊の胎児三頭を写した写真が。二人の写真集をマネージャーが購入して、連絡を取った。もうまた新たなミーティングが必要になった。

写真家二人は、さいわいとても親切だった。出てきたアイディアは、俺たちを標本として写すというものだった。久しぶりに生きているものを撮る機会に、彼らはすっかり興奮して、俺たちの方は、たまには強そうとか危険そうに写る必要がなくて、ただ死んだふりをすればよかったことを喜んだ。

企画を実現させる段階で、いくつか問題が生じた。十分な大きさがあって、どの方向からも照明を当てることのできる水槽で、使えるものがどこにもなかった。結局、最初の水槽が水圧に耐えられずに割れたあと、プレキシガラス製のものがハンブルクの撮影スタジオに設置された。俺たちは一人ずつ中へと入った。完全に水中に潜らなきゃならなかったから、というのもその水が標本用の液体を表していたからだが、息を止めなきゃならなかった。両足を重しでしっかり底に固定した。ポートレート撮影用に、さらに鉛のベルトを巻きつけた。俺たちの一人ひとりが、約四時間ぶっ続けで水中にいた。そのうちきっと二時間は息を止めていなきゃならなかった。全員分が終わったときになって、写真家たちは、水の濁りがあまりにもひどくなっていて、写真の出来栄えにかなりの差がでていたことに気がついた。そういうわけで二人が、もう一度その濁った液体の中に入らなきゃならなかった。とはいえ、さいわい少し温めてあった。二人は早く終えるために、わざわざ最初に水に入っていたんだった。

しまいにグループ写真を撮った。水中では撮影指示がちゃんと理解できなかったし、決定的な瞬間に、いつも誰かが息継ぎをしなきゃならなかったから、かなり難航した。さらにつらかったことに、誰かが屁をこくと空気の雲が長いこと水槽に留まって、恐ろしいほどひどく臭った。それはそれで大きな笑いを誘ったが。そうでなくても、年金生活者のように一日中バスローブ姿でスタジオ内をぶらぶらするのはとても楽しかった。

とうとうこれらの写真が、本当に、『母』と題されたサード・アルバムのジャケットに収まった。

表紙は赤ちゃんの写真。これも、もちろん写真家二人が撮ったものだった。そうして俺たちも、ゆっくりと俺たちのコーポレート・アイデンティティへとたどり着いていった。続くツアーの舞台も、そんなわけでそれに合うように見えるべきだった。舞台について、俺たちはかなりたくさんのミーティングを新規に設定した。この呪うべきミーティングという言葉を俺たちがいつから使っているのか、わからない。いぜんは重要な事柄はすべてリハ中に決めていたから、ミーティング自体を必要としなかった。だが、いい面もあった。いまや俺たちのもとで、本当にすべてが調和しはじめた。

舞台は手術室の雰囲気を漂わせるものだった。天井からは本格的な手術用照明がぶら下がっていた。それは俺たちが古い診療所からもらってきたものだった。だが、かなり重厚な鉄でできていたから、俺の記憶違いでなければ、あとで合板の照明に取り替えた。俺は歯科用椅子の上にキーボードを載せて演奏した。といっても直接椅子の上じゃなくて——椅子そのものは、まだどこか俺たちのもとにある——作業台の上。歯医者のもとでドリルとか照明がついているところ。歯科用椅子には、動かせるアームのところにそういうテーブルがついている。キーボードはその上に載せた。加えて俺は、医者よろしく白衣を着た。そういうわけで人々には、俺のことをドクターと呼びかけるのがほとんど当然なことのように思われた。

その呼び名を、俺はずっといぜんにうっかり使ってしまったことがあった。俺たちが音楽著作権協会の会員になるために名前を書き入れなければならなかったときのこと。そのとき、なにか奇抜なことをしなきゃならないと思ったんだ。それいらい、どのアルバムにもローレンツ博士とかなんとか書いてある。そのまま自分の名前を使っていればよかったんだ。いまや皆が、どうして俺が博士と名乗っているのかを知りたがっている。子どもの頃に、外科医になりたかったのは本当だ。だが、消防士にも、パイロットにも、発明家にも、あるいはミュージシャンにもなりたかった。少なくとも、ミュージシャンとして想像していたなにがしかに。

＊

音楽が大音量でぶんぶん唸ってくる。いわゆるパーティー会場からだ。そこにはＤＪがいて、耳をつんざくような大音量で途方に暮れた幾人かのファンを悩ませている。彼らはまさに、あいにく静かじゃなかったコンサートを切り抜けたところだが、いまや全力でその続きの真っ最中。バンドメンバーは誰も見えない。俺もただ扉のところに立っている。だが見つかってしまい、あっという間に携帯につぐ携帯が、腹を空かせた小動物さながら俺に向かって伸びてくる。廊下はあまりにも暗いから、写真じゃなにも見分けられないだろう。すぐまた戻るよと約束して、通路に姿を消す。

いぜんもそんなふうによく嘘をついただろうか？　もっとも、いまのは嘘とも限らないか。なにか腹ごしらえをしたら、本当に何枚か写真を撮ることもできる。誰かが写真を見るだろうか、とか、写真はその後どうなるんだろう、とか、考えなくていい。つまるところ俺の携帯じゃない。俺の携帯には、もうかなりどうでもいいものばかりが入っている。ときには誰かが見るまえに、もう消去してしまう写真もある。ときにはそれこそ俺自身が見るまえに。だがバンドの誰かが写っていると、人々にはひょっとしたら写真が消せないかもしれない。消してしまうと、どこかまるでその人物を殺すみたいなんだ。友人が死んだとき、俺もそいつの番号を携帯から消去するのを長いこと躊躇した。というのも、消去した瞬間、そいつがもっと遠くに消えてしまうからだった。

ケータリングのコックたちも、もういなくなっている。永遠にじゃなくて、きょうのところは。料理の残りがあるかを見て回るものの、もうすべてが片付けられている。コンサート中、ずっとそうする時間があったんだ。まだなにか見つけられるか、ちょっと同僚の楽屋を見てみようか。だが、もう一度パーティー会場の前を通り過ぎるのは気が進まず、コンサートホールを抜ける道を探す。ホールはすっかり見違えるようだ。観客は誰一人おらず、舞台ももう撤去されている。整理班は、もうほとんど床をきれいさっぱり掃き終わっている。箱がまだいくつか床に残っている。現地の手伝い要員たちによって駆け足でトラックへと押されていくから、その数はたちどころに減っていく。どの箱にも定位置がある。それについては舞台マネージャーが、ツアーまえに綿密に考えている。いまも鋭い目（アルゴスアウゲン）で、どの箱も正しいトラックのもとに向かっているか、監視している。そのために舞台マネージャーは、すべてに色で印をつけさせている。照明は黄色、音響は赤、舞台はオレンジとかそんな色。アルゴスの目[1]がどんなだかは、ぜんぜんわからないが。

　俺はアルゴスという名の犬を知っていたことがある。ひょっとしたらその名がなにか関係していたのかもしれなかった。そのアルゴスは『ヒトラー　最期の十二日間』で、ヒトラーの犬を演じた。ブルーノ・ガンツ主演の映画のこと。本物はブロンディといったらしい。映画の撮影が終わったら、犬は御用済みとなった。続編が撮影されることはおそらくなさそうだったから。もっとも、誰かが、ヒトラーは実のところ自殺しておらず、まだこの世にいるんだ、なんて狂ったアイディアを思いつくんじゃなければ、だが。それで、突然また奴がいる、なんて。だが、このもっともありえない場合でも、新しい犬が要りようになっただろう。そうこうするうちにブロンディは老衰で死んでしまっているだろうから。

いずれにせよアルゴスの使い道がなくなって、安楽死させられるとのことだった。そこで、ある若い男が犬を引き取った。なんたる偶然、その男はコックだった。コックの友人はというと、俺たちのことを知っていて、俺たちは俺たちで、落ち着いて、普段の生活から離れて三枚目のアルバム曲に取りかかれるように、バルト海沿いの家に赴こうとしていた。音楽にすっかり没頭していたから、そのかん体の健康の世話をしてくれる人を必要としていた。いまこう言うとカッコよく聞こえるが、おそらく半分だけしか当たっていない。自分たちで食事を作って、それから食器を洗うには、俺たちはともかく怠け者すぎたんだ。それから買い物をするのにも。だが、とりわけ食器洗いが。そういうわけで、コックがヒトラーの犬を連れて俺たちのもとにやってきた。そして漁師から、タラのレバーや新鮮なニシンなどの珍味を調達してくれた。俺はもう普段から食事が楽しみでならないが、そのコックがいたときはかなりテンションが上がってしまった。他のことはもはや考えられなくなった。朝、いま言ったタラのレバーに焼き立てのパン、目玉焼き三つ、モッツァレラ・サラダ、塩漬けニシンか焼きニシン、それから食後のケーキ一切れを平らげると、すっかりお腹いっぱいで、なんならすぐまたベッドに横になりたいくらいだった。強い音楽と有能なコックの組み合わせは、いまいち上手くいかない。

またインターネットに繋がったら、アルゴスで調べてみよう。

そのためにはひとまずホテルにいなきゃならない。空っぽのホールを凝視していても仕方ない。な

1　ギリシャ神話に登場する、百個の目を持つ巨人。

ら行こう。俺はパウルとオリーの楽屋に向かう。たいして変わっていない。いまも、とてもリラックスした音楽が流れていて、二人はくつろいだ様子でパーティーに行く準備をしている。食事がないか、さっとあたりを見回す。バナナはいつもいい。ナッツも二、三粒、まだ残っている。いまいち誰のお気に入りでもないようだ。バナナを手に、隣の楽屋に行ってみる。ここも音楽が流れている。もう少し大きな音量。ここには甘いものの皿が置いてある。その種のバーを何本か持っていく。こういうのにはビタミンが超たくさん入っていて、砂糖はぜんぜんって、宣伝で言ってるから。

それからふたたび袋小屋オフィスへと赴き、食べ物はないかと訊く。古いサンドイッチをもらい、諸々の戦利品を手に自分の楽屋へと退去する。楽屋で、テーブルの下にあった最後の水ボトルと一緒にそれらみんなを下着袋に入れる。残念ながら、袋についている記名入りテープははがせないが、そのぶん俺が誰かが誰にでもすぐわかって、俺に話しかけたい奴が、わざわざ名前を訊かないですむ。

俺たちの楽屋では、ゲストたちがついに話しモードから叫びモードへと移行している。もしや、ティルはもう少し音楽の音量を下げるべきなのかも。それとも、俺がただ歳をとって敏感になったのかもしれない。そういう可能性もあるんだ。いつも誰かのせいにしたくない。そういうわけでホテルに戻ることにする。シャトルがホテルまで行ってくれるなら誰か一緒に戻る気があるか、訊いてみようと、ふたたび隣の楽屋へと向かう。

俺はここで行ったり来たりをかなり頻繁に繰り返しているぞ、と気づく。ときに売り子の娘が、毎日びっくりするほど長い距離を歩くと語ることがある。二十キロメートルとかそのくらい。看護婦だったかもしれない。彼女たちはとても小さな空間で働いているから、そういうことはいつも信じられないが、本当なんだ。彼女たちは万歩計で確かめている。俺もそういうやつを買ったことがある。本当にちゃんと機能するかどうか、最初は信じられなかった。それからハイキングに行って、歩いた距離が歩数にしてあまりにも短かかったから、とてもがっかりした。すっかり疲労困憊していたから、もっとたくさん歩いただろうと思ったんだ。おまけにその機械では歩数だけが表示されて、それでいて俺はきっかり百メートルの距離を見つけられなかったから、歩数をメートルに換算できなかった。その後、それは突然どこかにいってしまい、二度と見つからなかった。

いま、もうまたふたたび歩かなきゃならない。楽屋にはもう誰もいなくなっているから。パーティー会場に向かってゆっくりと慎重に歩く。他のバンドメンバーはちょうど到着したところで、ひとまず客の一人ひとりと一緒に写真を撮っている。ひととおり終わるまできっと会場をあとにしないだろうから、ということは、もちろん俺と一緒にホテルに戻りたいと思うこともないだろうから、一緒にいるとしよう。舞台に立っているときと同様、俺は眼鏡をかけているが、他のメンバーが一緒にいるから、ごくわずかの人々にはいまや俺が誰だかわかる。俺自身はそんなにすることもない。それにしても、本当に何人かものすごく可愛い女の子がいる。それは俺も否定できない。どうしていぜんはいなかったんだろう。俺たちがどこまでも色恋を求めて、そこらじゅうを駆け回っていたときに。巷の言葉を借りれば、ぜんぜん釣れなかったときに。あんなにも女たちから認められたかったのに。この娘たちはみんなどこにいた？　よくよく考えると、まだぜんぜん生まれていなかった。

かつては、俺たちを前座として演奏させてくれたバンドの楽屋にわざわざ押し入って、そこにいる女たちを少し分けてもらおうとしたもんだった。恥も外聞もかなぐり捨てていた。すべて無駄で、なにをしても上手くいかなかった。それで、いま女たちがいるというときになって、俺たちは結婚している。少なくとも何人かは。

同僚に近づき、一緒にホテルに戻りたいか訊いてみる。想像したとおり、その気はない。まぁいいか、それなら俺もあともう少しここにいよう。でないと連中が床につきたくなったら、シャトルが――ホテルと会場と空港のあいだを行き来する小さなバスのこと――ないことになってしまう。きょうのいわゆるパーティーは、昨日と一昨日のパーティーとなんら変わるところがないから、他のメンバーが帰りたくなるまでそんなに長く待たなくてもいいだろう、という前提でいる。

そこで、袋を持ってふたたび袋小屋オフィスへと向かう。そこでは人々がいまやボディーソープやシャンプーをしまっている。ブラシに櫛、消毒剤もある。何カートンもの煙草、大量のアダプター、というのも世界のいたるところでプラグやソケットの形が違うから。それから無線機、コンピューター、その他ありとあらゆる物。国境検査人たちには特別にTシャツ一種類を取っておく。税関吏職員も俺たちのファンだと期待しなきゃ。ときに彼らはバスの中に上がってきて、飲み物を選んでいくこともある。そういう仕事では喉が渇くんだ。俺たちを通過させてくれるのであれば、そういうことも大丈夫。俺たちはどのみち飲みすぎている。すると、若い男たちは片付け終わっている。

コンサートが終わると、クルーはみんなあっという間に作業をする。ゲストたちが帰ってしまうまえにパーティー会場に行けるようにするためだ。彼らだってシャワーを浴びて参加したい。いまやハンドタオルがあちらこちらに散乱している。だが、それも集められて、数が数えられる。俺たちはそれらをたった一晩のためだけに借りている。俺は煙草をプラスチックの灰皿に投げ入れる。そこにはもう吸い殻が何本か茶色い水に浮いている。皆、部屋であからさまに吸っている。どうやらいまや防火はすっかりどうでもいいらしい。雰囲気は概ねとてもくつろいでいる。クルーの連中が、街で買ったものを誇らしげに見せてくる。なんらかの技術用品が、どうやらここではドイツより安いらしい。

明日もう一度街に行って、ブルートを手に入れられるか見てみよう。街に行くなんて、ど田舎から出てきたみたいな言い方だな。俺はベルリン出身だが、ベルリンにいても街の中心に向かうときは、街に行くと言ってしまう。ブダペストではセーチェーニ鎖橋のすぐそばに泊っている。だから、よくよく考えると街のど真ん中。

三十年前には、フィーリング・Bで、俺たちがいま泊るようにあてがわれているホテルから百メートル離れたところに寝泊まりしていた。当時は自分たちの改造したトラックの中で寝ていた。夜の四時に到着したから、その場所が牧歌的だと思ったんだ。寝床に身を横たえるやいなや、耳の半メートル先を最初の市電が走った。線路があるのを見ていなくて、その騒音がなんなのかを自分で説明できなかったから、この世の終わりかと思った。それから、しだいに車の往来が激しくなっていった。俺たちの横でも、斜め上でも。というのも、橋の上を、車とバスがひっきりなしに走っていた。

日中は無数の船が通り過ぎた。街の歴史をめぐる息の長い説明が、たくさんのスピーカーを通していくつもの言語で聞こえてきた。昼間はとてもいろんなことが起こって、落ち着いて小便すらできなかった。俺たちのトラックといまのホテルのあいだに、とはいえもちろんホテルは当時からもうそこにあって、俺たちが足を踏み入れる勇気がなかったばかりにそれと認識していなかっただけなんだが、ともかくそこにちょっとした小さな低木の生えている狭い緑地があって、ちょうど誰も通らなかったとき、そこで小便を済ますことができた。食事を作ったり飲んだりするための水も、そこから汲んだ。だがその水は、散水用のスプリンクラーが作動しているときだけ汲めた。俺たちは濡れてしまわないよう、水タンクを持って、輪を描くようにして忍び寄った。それから勇気を持ってスプリンクラーをいいかとわしづかみにして、その上にタンクをかぶせた。水圧があまりにも強くて、水の大部分はふたたび跳ね返ってしまった。タンクの四分の一が水で満たせたら、それを持って一目散に逃げて、いまや濡れることになった。その水がドナウ川からそのまま汲み上げられていたとは、予想だにしていなかった。

　二日後、俺たちはみんな激しい下痢に苦しんだ。さらに都合の悪いことに、見渡す限り、俺たちの使えたトイレがなかった。そういうわけで、トイレを使わせてもらえる喫茶店を見つけるべく、早朝、パニック状態で駆けた。するとそこで、なにかを食べなきゃならなかった。そして、それは厚かましいほど高かった。おまけに俺たちには食欲もなかった。むしろ、その逆。公衆トイレもあったが、肝心なときに見つけられたことは一度もなかった。だが、見つけていたとしても、あの状態では遠くにありすぎたに違いない。正確なところ、俺は寝袋から出ることすらできなかった。ツアーの残りの夜々は、古い掛け布団をかけて寝た。その掛け布団は、また車が故障して、車の下に這っていかなきゃならないときに敷こうと持ってきたものだった。寝袋は、夜に橋からドナウ川に投げ捨てた。トラックの外の後ろに置いてあっても、臭いがひどかったからだった。

　いまはホテルの部屋が嬉しい。自分の内側に向かってだけだが言ってみる――この言い方はオリバー・カーンから学んだ。[2] 外側の俺は、醜い壁の前に立つ悲しい老人のように見える。俺の意見じゃないが、通路をこちらへと向かってくる音響担当が、いままさにそう言ってくる。

　そいつが訊いてくる。コンドームとキーボード奏者に共通するのはなんだと思う？　もちろん、わからない。「簡単さ」彼は言う。「あるともっと安心だけど、ない方がもっと面白い！」

　くだらなさすぎて笑ってしまう。だが、キーボード奏者がいるとどうしてもっと安心なのか、どうも合点がいかない。ひょっとしたら、ダンス音楽を演奏するバンドが国際的なヒット曲を飛ばした時代からくるのかもしれない。そういうときは、たぶん、ときどきオルガンが必要とされたから。だがこれまで、俺の存在がバンドに安心感を与えたような気になったことがない。

心地よい会話の腰を折りたくなくて、ジョークを話そうと試みる。目の見えないミュージシャンが、舞台でドラマーに訊くんだ――「きょうはみんな上機嫌に踊っているかい?」するとドラマーが言う。「どうして? 俺たちはもう演奏しているのか?」そいつは耳が聞こえなかった、とかナントカ。おかしいな、そうしたらそもそも質問が聞き取れないじゃないか。悲しいかな、俺はジョークを覚えておくことができない。もったいないなぁ、あれはすごく面白かったんだが、どこか話の展開が違ったぞ。

俺たちは何週間もまえから、全体を通してみればもう三十年以上もまえから一緒に移動しているから、新たな話題を見つけるのがいつも簡単なわけじゃない。音響担当は、いまはただ頷き、俺たちは上機嫌で一緒にパーティー会場へとゆっくり歩いていく。

＊

暑かった。それはそれは暑かった。だが、まさにそれでちょうどよかった。俺はもう、ともかく寒くなかった。七〇年代の冬の朝、家で氷のように冷たい浴槽に足を踏み入れていたときは、そんな心

2　元ドイツ代表のサッカー選手オリバー・カーン(一九六九年～)の出版した本のタイトル『俺、成功は内側からやってくる』のことを言っていると思われる。

地よい状態がありえるなんて想像もできなかった。あるいはバルト海沿岸での休暇中に、風の強く吹いた寒い日々には。だがいまや暖かくて、ほんの少し汗をかいてすらいた。とても気持ちが良かった。自分の体が周りと一体化したような気分だった。外側と内側とが、まったく同じくらい温かかったから。服を脱ぐこともできただろう。いいや、できなかった。なぜなら、もう裸だった。姿勢正しくテーブルについて、Puzzle（パズル）を完成させようとしていた。俺は、プズレ、とu（ウー）を発音する。子どもの頃にそう習ったんだ。俺の記憶ではPussel[3]とも書いた。実際の作業にとても合っていると思ったものだった。そのパズルでは世界地図が出来上がるはずだった。きれいに描かれた、各国の面白いミニ情報つき。

二日前に、このパズルの入った箱を通りで見つけた。蓋に出来上がり図が描かれていて、解いてみたい気になった。すべてのピースが箱の中にあるか、数えてみる気はなかったから、そのまま持っていった。そういうわけで、いまやシドニーのホテルの一室でテーブルに向かい、アイスランドの残り半分を探しながら絶望的になっている。それはそうと、どういうわけでシドニーくんだりまで来たんだった？

サード・アルバムの収録も終わり、ミックスも済み、シングル・カットする曲も選び出し、あとはCDの発売を待つ以外、たいしてすることがなかった。というのも、ドイツで新曲をひっさげてツアーに出てみても、誰も一緒に歌えなかっただろうから。まだ誰も新曲を知らなかったんだから当然である。古いプログラムはというと、それでドイツのステージに立つ勇気はもうなかった。そんなとき、ビッグ・デイ・アウト・ツアーに参加しないかという問い合わせがちょうどいいタイミングで来た。たくさんのバンドが出場するフェスティバル・ツアーで、毎年一月にオーストラリアで開催されていた。俺たちは太陽をひじょうに焦がれていた。ストックホルムで冬を過ごしていたんだった。太陽に向かってオーストラリアへと飛び立つまえに、ただこちらも「太陽」と名付けられた曲のためのビデオを撮影せねばならなかった。というのも、この曲がニューアルバムからシングル・カットされることになっていた。ただ、ビデオのためのいいアイディアがまだなかった。

すると、いぜんチェコの山小屋で晩にモーツァルトのオペラを観たときのことが脳裏をよぎった。テレビの設定がどうやら間違っていたようで、本来の映像に対して違うクラシック音楽が聴こえていた。モーツァルトの方も、その音楽の方も知らなかったから、俺は間違いに気がつかなかったが、その放送がとてつもなく気に入った。音楽にものすごい緊張を生んでいるカメラワークの革命的に新しい方法を、俺はまさに経験しているんだと思った。オーケストラが終わって、ニュース番組がはじまっても相変わらず音楽が流れていた段階で、はじめて自分の誤解に気がついた。

その抜群の効果を俺たちの方でも試してみるべく、ちょうどそのときたまたま流れていた映像に合わせて、自分たちの曲を再生させてみた。新たな文脈の中で、曲はまったく別の意味を帯び、ときにはそれこそ価値が引き上げられることもあった。それで、オリーがコンピューターで「太陽」を昔のメルヒェン映画の白雪姫に合わせて流してみた。俺たちはすっかり夢中になって、監督に、ビデオの中で俺たちを七人の小人として描いてほしいと頼み込んだ。俺たちが六人だったのは気にならなかった。誰も気づかないだろうと思ったし、実際にそうだった。そして自分たちを、誇らしげにsex（ゼックス）小

3　子どもや小動物の愛称としての「おちびちゃん」の意味。

人[4]と名乗った。

スタジオでは、そっくり同じ山小屋が二つ建てられた。大きい方は俺たち用、というのもその中で俺たちが小さく映るようにするためで、小さい方は白雪姫用だった。推して知るべし、撮影日は著しく後ろへずれていき、オーストラリアへ出発する前々日と前日になって、ようやくバーベルスベルク[5]で撮影することになった。出発前日の十八時頃には仕事が終わる予定だったが、もちろん、まだなにも終わっていなかった。俺たちには自宅から荷物を取ってくることすら叶わず、撮影のさなか、せめてある程度はしかるべきものを集めてきてくれるだろうという期待のもと、トムに俺たちの家へと向かってもらったのだった。

深夜にいたるまで撮影は続き、俺たちは小人の家に横になって眠った。家の中にはベッドがあったから。当然のこと、シュナップスもあった。夜、小便をしなきゃ、あるいはゲロを吐かなきゃならなくなって——というのも、そういうのはたいていあとになってわかるもんだから——小人の家の壁を支えていた柱につまずいてしまい、そのひょうしに隣の柱にぶつかって、肋骨を数本折ってしまった。翌朝、俺はまともに着替えるのもままならなかった。

空港でトムと落ち合った。サプライズ袋を持ってきてくれた。だが、俺たちは清潔な服を着られないも同然だった。というのも、ビデオの中では炭鉱で働く小人を演じていて、二日間かけて、さんざんの苦労ならびに専門知識のもと、化粧で汚くなっていた。指の爪にも特別な汚れが施してあった。俺たちをきれいにするには何時間もかかったことだろう。

機内のスチュワーデスたちは、俺たちのことをいささか怪しんだ。きっと、これほどまでに汚い乗客を機内に迎えたことはそれまで一度もなかっただろう。俺たちの髪は炭鉱夫のそれを思わせるように化粧してあったから、ヘッドレストはすっかり黒くなった。だが彼女たちは、つまりスチュワーデスたちは、理由を知って寛大でいてくれた。ロサンジェルスで乗り継いで、その先はアメリカの航空会社だったが、今度は汚れを上手く説明できなかった。憤慨して、アメリカでいったいなにをしてそんなに汚くなったんですか、と訊いてきた。ただトイレに行っただけです、と俺はありのままに説明したんだった。そして俺たちは相変わらず汚いまま、気温二十五度のブリスベンに到着した。

オーストラリアを巡るツアー全部が素晴らしかった。少なく見積もっても二十のバンドが、巨大なスタジアムのいろんな舞台で演奏した。すべてのバンドを観るのはとうてい無理だった。俺たちの直前にPJハーヴェイとプラシーボが演奏して、俺たちのあとにリンプ・ビズキットが登場した。リンプ・ビズキットとはアメリカでもう一緒だったが、俺たちがいまだに古いプログラムで演奏していたことに、いささか驚いていた。そうこうするうちに彼らの方は、ニューアルバムを二枚リリースしていた。このツアーのメイン・バンドだったから、リンプ・ビズキットが舞台に立つと、人々があまりにも熱狂してしまい、踊りながらオーストラリアの赤い土を巻き上げることになった。すると俺たちは皆、赤い雲の中にいて、なにも見えなくなった。他には、コールドプレイがいた。大学生みたいな四人組の、とても感じのいい若者たちだった。

到着直後から、オーストラリアでの俺の気分は良かった。そこにはアメリカの素晴らしさがあって、

4　ドイツ語の数字の六（sechs）とセックス（sex）は、発音が同じ。
5　ベルリンにある映画スタジオ。

その悪い面がなかった。そして、本当にカンガルーがいた。着いてすぐの二日目はホテルに向かっているときに、カンガルーが一匹道端に座っているのを目撃した。それに続くカンガルーも道端で出くわしたが、もう死んでいた。海岸に近づけば近づくほど、死んだコアラもそこにどんどん加わった。コアラは轢かれてもなおとても可愛らしくみえた。いぜんは、そういうのはメルヒェンの中だけにしか存在しないと思っていた。あと、環境保護団体のジャケットの中。あれはパンダだったっけ？

いまや俺たちはこれら動物のすべてを生きた状態で見てみたくなって、動物園を訪れた。そこでは本当に、草原にしゃがんでいるかなり大きなカンガルーの体を撫でることができた。ダチョウやエミューなんて、俺たちよりも大きかった。そういう動物をこれまでそんな間近に見たことがなかった。それからワニの餌やりに、俺たちも人々を押し分けていった。骨をバリボリかじる音が、いまだに耳に残っている。メインのアトラクションはアボリジニーの見世物だった。俺には信じられなかった。そこには本当に人間が檻の中にいて、踊ったり火を起こしたりしていた。もちろんディジュリドゥも吹いていた。ベルリンでも、かつてインディアンがアトラクションとして展示されていたことがあったのを思わざるをえなかった。彼らにはドイツがあまりにも寒くて、じきに死んでしまった。暖かい国だからって、人間を動物園に閉じ込めるのはもちろんいいアイディアじゃない。アボリジニーたちも、仕事が終わったら帰ってもよいことを、俺はもちろん願っている。オーストラリア全体が、かつては監獄島として使われていたんじゃなかったか？　俺たちの目には、むしろ休暇先の国と映った。だが、俺たちはそもそも観光客としてそこにいたわけじゃなくて、舞台で演奏するために来ていた。

ツアーには気分の盛り上げ役が若干名つき添っていた。これらの人々は、数々のバンドが最高の気分でいられるようにするためだけに、その場にいるんだった。コンサートが終わるたびに、盛大なパーティーでもてなしてくれた。アルコールは無料で、欲しいだけ飲めたが、よくよく考えると皆が欲した以上の量があった。みるみるうちに俺は訳がわからなくなっていった。するとＰＪハーヴェイに惚れた。彼女のギタリストに、あるいはプラシーボのヴォーカルに惚れたんだったか、もうよく覚えていない。

ツアーでいちばん面白かったバンドが、俺にとってはハッピー・マンデーズだった。次のコンサート会場に向かって飛行機で移動しようとなると、もう離陸前にウォッカを何本か空にして、さらにビールも何リットルか飲んだ。彼らには死の匂いが漂っていた。コンサート中はヴォーカルがドラムの台座に座って、その妻がそうとう古いコンピューターでスクロールして表示する歌詞を読み上げていた。妻が追いついていけないときもあって、そうするとヴォーカルは歌わなかった。ギタリストはピックを落として、拾おうと身をかがめた。そのさいビール瓶が目に入って、一口飲んだ。ふたたび起き上がって弾き続けようとしたものの、ピックがないことに気づいて、もう一度身をかがめた。そこでもうビール瓶が空なのに気づいて、もう一本頼むんだった。念のため、床に座ったままだった。

アフターショー・パーティーの席で、一度、ビール半リットルをそいつの口に注ぎ込んだことがある。奴が寝ていたときだった。その時点で、俺も完全にシラフなわけじゃなかった。次の日、そいつは機内で俺の斜め前に座って、俺のことをじっと凝視し続けた。どこで知っているんだか、想いだそうとするものの、できないんだった。またあるとき、俺はカメラを回しっぱなしにしたまま機内中を歩いたことがある。皆が俺に向かってビール缶やゴミを投げつけてきた。そのフィルムは二度と見つからなかった。

主催者たちの素晴らしいアイディアで、どの舞台の後ろにもプールが設置された。ミュージシャンは、自分たちのコンサートが終わったらすぐに飛び込むことができた。俺たちが舞台衣装を着たままだったこともあった。暑かったたし、若かったたし、信じられないくらい上機嫌だった。

メルボルンで一日フリーだったとき、俺たちは自転車を二台、蚤の市で三十ドルで買った。それで街を探検しよう、となった。おんぼろ自転車に乗って、浜辺の喫茶店で一休みしたときは、現地の人間のような気になった。晩にはホテルに戻って、自転車をロビーでコンシェルジュに預けた。すると受付の女が三十分おきに電話をよこし、この自転車をどうしたらよいのでしょうかと訊いてきた。俺は受話器を枕の下にやった。そういうトリックをテレビで見て知っている。

晩には、いつも海に泳ぎにいった。この素晴らしく美しい浜辺には異様に人がいないなぁ、と思った。もちろん、なんらかの旗や引っ張り上げられた籠には注意を払わず、ちゃんと読んだ標識なんて一つもなかった。そういうわけで俺は、鮫がいるうえ毒性クラゲがでるせいもあって、その浜辺が遊泳禁止になっていたのを完全に把握しそこねていた。

また別の日には、断崖をなす海岸でシュノーケリングをした。そのさいクラゲに腕をほんのちょっと刺されてしまい、そういうのが本当にかなり痛いのに驚いた。その後、ツアー中はずっと痛みが良くならなかったから、そのことにますます驚いた。

＊

パーティー会場ではカップルが成立しはじめている。ゲストのなかにはもう帰った人もいる。その多くは、会場に入らせてもらえなかった友人たちをそんなに長く待たせたくなかったんだろう。DJ自身も女と歓談したくて、音量を少し下げている。

もう同僚もいないから、また楽屋へ向かう。楽屋には鍵がかかっていて、他の部屋も空っぽ。俺という馬鹿者はシャトルの出発を逃したのか？　袋を手に、中庭へすっ飛んでいく。これ幸い、小さなバスがまだ待機中。するとプロダクションオフィスの若者たちもやってくる。いまや、いよいよ出発する。

運転手はいかに自分が万全な調子であるかを見せつけようとして、ひとまずあらゆるバリケードを抜けて走る。整理係の連中は罵り、俺たちを止めようとするが、運転手はともかく止まらない。この現象は、ほとんどどの運転手でも見られるものである。俺たちと一緒にいる短い時間で、できる限り忘れがたい印象を残したいんだ。そういうわけで、もう何人かは俺たちを命の危険にさらす状況に陥れてきた。

ある運転手は高速道路のど真ん中で停車して、俺たちには、後ろから何台もの車が猛進してくるのが見えた。なぜ停まったのか、わからない。道を知らなくて、荷物を載せた車を待ちたかったんだと思う。俺たちは恐怖に駆られて叫び、すると運転手は悠々とふたたび発進した。奇跡ででもあるかのように、後続の車々はブレーキを踏んでくれたのだった。

メキシコでは、かなりの頻度でブレーキとエンジンを交互に踏んだ運転手がいた。俺たちはすぐさまそいつを漕ぎ人と名付けた。おかげで皆が酔ってしまい、俺は降りたくなった。だが運転手は、俺がメキシコシティのどこかで降りることだけは是が非でも阻止したがった。曰く、あまりにも危険とのことだった。おそらく俺たちのことで責任を感じていたんだろう。とはいえ、運転スタイルにはそれが見てとれなかった。交差点で運転手が注意していなかったとき、俺たちは三人で車の外にジャンプして、胸をなでおろしながら徒歩で先を行った。まもなく、俺たちのいた場所も、どの方向に行けばいいのかも、本当にわかっていなかったことを悟った。三つ角を曲がったところで、みすぼらしい恰好の若者集団があとをつけてきたとき、運転手の言っていたことを理解した。目立たぬように歩く速度をどんどん上げていったが、若者たちはどうやら苦もなく追いついた。だが、彼らに邪(よこしま)な意図はまったくなかった。それどころか汚いティッシュ一枚と鉛筆一本を差し出してきた。その鉛筆で、ティッシュにサインしてほしいという。本当にサインだけを欲しがった。

　いまの運転手はひたすら速く走りたいだけのようだ。警官に道をふさがれたら、通らせてくれるまで早口に彼らをなだめすかす。俺たちに理解できる唯一の言葉がラムシュタイン。

　いまや、皆が心地よくサンドイッチの包みを解くときがくる。俺も一つ分けてもらう。満足そうに、一人ひとりがパンを嚙む。夜のブダペストはとりわけ暗い。にもかかわらず、どの片隅からも、小さな細部にですら、なんて素晴らしい街であるかが見てとれる。ひょっとしたら、まさにこんなに暗いからこそ。俺にとって、暗闇はとりわけ心地いいものだ。街がそうとう醜くなるのは、たいてい明るいオフィスビル群が露わになるとき。誰もいなくて、なんのためにそれらオフィスがあるのか誰にもわからない。ここでは過去がほとんど嗅ぎとれるほど。ローマ人とトルコ人の影響を見てとることができる。家々のぶ厚い石造りの壁は、まだ昼間の温かさを吐き出している。もちろん、より西側の、あるいはより醜い街々の壁もそうなんだが。あるいは、そうじゃないのかも。というのもあちらでは壁が、ここみたいに滅多にこんなぶ厚い石でできていないから。この静かな通りでは、それがとりわけ心地よくさせていて、俺は子どもの頃を想わずにいられない。終わりのないように思えた長い休暇の日々、兄貴と一緒にベルリン中をうろつき回っていたときのことを。そういうときは何度も、新しい、意外にも美しい場所に出くわしたものだった。

ベルリン・ミッテでは、当時、まだ家と家のあいだに大きな隙間が空いていて、雑草やカモミールが生い茂っていたり、古い建物の基礎の残りがあったりした。そういうところには、漆喰の塗っていない家の壁と壁のあいだに、あの心地よい暑さもあった。開け放たれた大きな家の扉の前を走ると、積んである石炭やジャガイモの涼しい香りが俺たちを撫でた。その匂いが大のお気に入りだった。多くの匂いが俺に語りかけてくる。ひょっとしたら、そういう匂いは他の人々にはどちらかというと不快かもしれない。道路の補修で熱いタールが圧延されるとき、俺は何時間でもそこにつっ立っていられる。きっと、その匂いを小さい頃から知っているからこそなんだろう。そういうときは、すぐさまグライフスヴァルダー通りでの暑い夏の日々を想う。キットフィックスの匂いも決して忘れまい。接着剤で、俺たちは子どもの頃に小さなインディアンたちのテントをそれで貼り合わせた。のちには海賊たちの船を。この接着剤を、俺は香水にして耳の後ろに塗りたかったが、そうしたらきっと耳たぶが後ろにくっついてしまっただろう。それならそれで悪くないかもしれないが。というのも子どもの頃に、立ち耳のせいでよくからかわれたから。

事故に遭って、ほとんど轢き殺されそうになったとき、病院の医者たちは俺にすぐさま立ち耳の治療手術を施そうとした。どのみちもう病院にいるんだから、ということで。かなり頑張って回避することができた。いずれにしても、キットフィックスは本当にいい匂い。ひょっとしたら、だからいつもその匂いを嗅いでいたのかもしれない。子どもの頃に初めてブダペストに来たとき、地下鉄のトンネルからかなり刺激的な匂いがした。それからというもの、俺はわざわざ、できるだけたくさん地下鉄の入り口がある道を通るようにした。

何年も経ってから、その匂いをふたたび見つけた。当時、俺は初めて西製の車を手にしたところだった。なぜかはわからないが、デファレンシャルギアにオイルが足りないと考えて、車の下に潜って満たそうとした。オイル容器を開けたとたん、あの素晴らしいハンガリーの匂いがふたたび広がった。自分の好きな匂いで香水を作ろうかと何度も考えたが、少なからずの匂いの原料を知らないから、これは難しい。例えば、部分々々に分けることのできた西製玩具のインディアンたちはすごくいい匂いがした。だが、インディアンたちを耳の後ろに塗りつけることはできない。その代わり、そのインディアンたちの匂いにかなり近い、草の香り付きのオイルランプ用のオイルを見つけた。もうそのインディアンたちが手元にないから、残念ながら直接の喩え（たとえ）が言えない。

いいもののなかには——まさにそのために俺たちは西側へと行きたかったんだが——もう存在しないものもある。その代わり東側のものも、もうない。

最近、バウマルクト[6]で乳白色の絵具を買おうと思ったが、ともかくなかった。棚のその場所は空だった。その次に行ったときも。それでいて俺は、西側にはいつもすべてがあると思っていた。だから、また昔みたいでちょっと嬉しかった。そういうときは、何度か店に駆け込んだが、無駄なんだった。そのぶん、どこかにやっぱりなにかがあると、余計に嬉しかった。そして列に並ぶさいは、とても面白い人々に出会えた。そんな具合に、多くの事柄からなにか心地よい面を見出すことができる。緊急を要する生理的な欲求は別だが。

生理的な欲求と言えば、もうまたふたたび小便しなきゃとピンとくる。本当にいつもなにかがある。いつになったら本当にすべてが良いとなるんだろう？　おそらくそんな状態は存在しない。というのも、すべてが完璧かどうかを考えていたら、その瞬間をもうすっかり享受することなんてできないんだから。それとも小さな心配事や憂慮の数々が、幸せな、かつワクワクする人生を送るためには必要だとでもいうんだろうか？　そうなんだと思う。どうして、いま俺はそういうことを考えなくちゃならないんだろう？　コンサートのあとは少しおかしくなるというのは本当だろうか？　舞台に立ったあとは深い穴に落ちると語ったミュージシャンがいたが、どういうことを言っていたのか、俺にはぜんぜんわからなかった。また別の奴らは、高みから降りてくるために、かなり大量のアルコールを飲まなきゃならない。俺には必要ないだろう。というのも、そもそもぜんぜん上にあがることがないんだから。

もちろん俺だって、かつてはコンサートのあとに大量のアルコールを飲んだ。だが、コンサートがなくても飲んでいただろう。一緒にベッド・インしてくれるか女の子たちに尋ねる勇気を、アルコールからもらっていたから。尋ねるまではかなり上手くいったが、そういう問いに相応しく、答えが返ってこなかった。勇敢かつ魅力的に振る舞うにはどうしたらよかったんだろう？　かなり危ない綱渡り。意外にも女がノーと言わなかったときは、たいていその女がもっと酔っぱらっていたせいだった。思うに、二人のうち一人は酔っていない方が断然いい。それから本当に性的冒険へといたったあかつきには、それまでの日々の全アルコールがいわば減価償却を終えていた。だが、それ以外コンサート後に飲む理由がなかった。ひとりでいようが人々と一緒にいようが、まったく関係なかった。

いまとなっては、コンサートが終わったらできるだけ家に帰りたい。ベルリン周辺で演奏するなら、これはへっちゃら。とはいえ境界は定めがたい。ドレースデンはベルリン近郊。ミュンヘンとなるとそれほどでもないが、モスクワと比べたらすぐそこ。ミュンヘンからなら楽勝で四時間後にはまたねぐらにいられる。昔、自分の家をそう名付けていた。故郷でのコンサートのあとですら、ホテルに泊まるミュージシャンもいるらしい。その方が気分いいとのこと。コンサート後の虚無で家族に負担をかけたくない、少なくとも彼らはそう言う。とはいえひょっとすると人は、コンサートが終わり、みんなが帰ってしまうと、本当に思慮深くなってしまう。するとすべてが、そのおかげで自分が有名なすべてが、一瞬にして終わってしまう。すると人は、ただもうあとは小さな人間。小さなというのは、いま、もちろん身体的な大きさじゃなくて、大衆のなかで取るに足らないという意味。にもかかわらず俺はツアーが終わると、通りで、どの人の中にもクルーを見出すように思う。そして自分の間違いを認めなきゃならないと、とても悲しくなる。ということは、やっぱりちょっとは身一つになってしまったと感じている。あるいは少なくとも、自分の周りにあの一味がいなくて孤独。それこそまさにバンドの素晴らしいところだ。つねにどこか自分の属す場所がある。なんとなく同じ目的と同じ憂慮を抱えている他の奴らが、つねにいる。

＊

俺たちはちょうどウィーンでコンサートを終えたところで、俺はホテルの部屋に座ってテレビを観ていた。映画でも観て眠りにつきたかったが、集中できなかった。そういうわけでリモコンをカチャカチャいわせて、もう少し気楽なものを探してみることにした。ひょっとしたらトーク番組とか。すると、とても強い音楽が聴こえてきた。それに合わせて陰鬱な映像も目に入った。明らかに精神に問題のある何人かが泥の中で殴り合っていた。それから、そいつらは犬みたいに通りを這っていた。すべてが病んで見えた。そしてようやく、その音楽に気づいた。「俺の一部」だったんだ！ 俺たちの曲。ちょうど舞台で演奏してきたところだったが、映像を観ながらではぜんぜん違ったふうに響いた。もっとずっと強い。すごく強いバンドの曲みたい。すっかり感激した。MTVがこの曲を放映するなんて、思ってもみなかった。ニューアルバムの最初のシングル・カット曲につけたビデオのことで、最近、撮影したばかりだった。

アルバム『母』を発表してからというもの、俺たちは長いことステージに立って、その次のアルバムにかなりの時間を割いていたら、三年が過ぎていた。そういうわけで、俺たちが解散してしまったのではないかと危惧したファンもいた。

音楽ショップでは、店員たちが俺に訊いてきた。買おうとしているケーブルはいったいなんのためにまだ必要なんですか？ それでいて俺たちは狂ったように、ようやっと完成するまで、新曲の数々にかなりのエネルギーを注ぎこんでいた。

いまやそれらの曲が、『旅、旅』という素晴らしい名前のアルバムに吹き込まれたんだった。俺たちは大当たり（クニュラー）を飛ばして戻ってきたかった。ちなみにこの言葉は、今日ではもうきっと使われていないだろう。せいぜいディスカウントショップが大安売りのときに使うくらい。つまるところ「俺の一部」は、俺たちの大当たりとなるべきだった。基礎となる音楽的アイディアはパウルによるもので、当初はまだ作業用の歌詞を使っていた。世界は破滅して誰も助からないだろうと歌うもので、俺はそれだとわざとらしく強く響くと思った。そのことで、いつもふざけて何度もしつこく文句を言った。俺たちのもとで聞く耳を持ってもらいたかったら、すべてをしょっちゅう何度も声高に言わなきゃならない。ティルが憐れんでくれて、今度はローテンブルクの食人鬼と言われる男についての歌詞を持ってきた。被害者の観点から語ったもので、皆が夢中になった。あとはもうビデオが必要なだけだった。

難船者としてある島に流れ着いて、ティルを首長とする原住民に巨大な鍋で煮られてしまうというアイディアは、とても面白いと思った。そういうわけで、この曲になると舞台上に鍋がある。だが、その設定だと俺たちはバンドとしてひとまとまりになれず、役を分けるのは「天使」のビデオでもう悪い経験をしていた。

ならばと監督は、俺たちの孤独な島に異星人を飛来させようとした。映画『マーズ・アタック！』さながら異星人たちは全人類を射殺して、俺たちを誘拐するんだという。これは、それに必要なコンピューターアニメーションに莫大な費用がかかるだろう、となった。代替案として監督は、肉屋でのホラータッチのビデオを提案した。太った肉屋がひたすらソーセージを切っている。だがやがて、生き残っている人々が次々と虐待されていき、しまいにはソーセージにされてしまうことが判明する。いわば映画『デリカテッセン』の引用。だが、それでは正常すぎるように思えた。

俺たちは他の監督と話した。こちらの方は、俺たちをバスに乗せて草原を走らせようとした。するとバスが故障してしまい、日本の学級と遭遇する。子どもたちはひとまずサインを求めてくるが、その後、俺たちの指を食いちぎり、しまいには平らげてしまう。もちろんセックスの要素もありとのことだった。悪くないと思ったが、そのためにわざわざタイに赴かねばならず、それがどうにもできなかった。

その頃、俺はよくザ・ホワイト・ストライプスを聴いていて、音楽に耳を傾けながら我を忘れて部屋でひとり踊っているのに気づくことがあった。よくよく考えればこれはとても私的なことだが、誰にも見られていないと思っている誰かが、本当に正直に我を忘れて、なんら振り付けもなしに曲に合わせて踊っているビデオは面白いだろうなぁ、と想像した。なんとなく本物っぽいから。

次のミーティングで述べてみたところ、バンドの反応はまんざらでもなかった。その場合ビデオは背景なしで、ということで、金をかけずに撮影できる面もあった。少なくともそう思った。監督は喜んで協力してくれた。バスのアイディアはというと、別のバンドで撮影している。ディ・ファンタスティッシェン・フィア[7]だったと思う。俺たちをひたすら踊らせるのは、監督にはあまりにも退屈に思えたが、バンドメンバーの各人がなにかをするというアイディア、他のメンバーはそれについてなにも知らず、誰かがそれをしているときに他のメンバーはその場にいてはいけないというアイディアは、皆がいいと思った。各々がなにをしたいか考えをめぐらせて、それについては監督とだけ話すことになった。

皆がいいことを思いついたが、もっとも良かったのはシュナイダーだった。強い女になってプラリネを食べるというもの。にもかかわらず監督には、それらのシーンだけではインパクトが十分じゃないのでは、といまだに躊躇(ためら)いがあって、雨の中で泥まみれになって殴り合うシーンが織り交ぜられる

7　シュトゥットゥガルト出身のヒップホップ・グループ（活動期間は一九八九年〜）。

ことになった。経費は天文学的に跳ね上がった。とりわけ泥と雨のせい。水はどこかに流れていかなきゃならなかったんだから。だから舞台上で本物の水は滅多に見ないわけ。まぁいいか。俺たちは取りかかりはじめた。あぁそうだ、俺たちは、さらにまた犬として通りを連れられることになった。衣装合わせの段階から、もうすごく面白かった。なんといっても犬のメイクなんて、いつしてもらったことがある？　撮影がはじまった。踊りのシーンのための、希望していた私的な雰囲気を維持したまま撮影が進められるわけじゃなかったことに、俺たちはすぐに気がついた。誰もかれも撮影中はあちこち歩き回った。俺たちはめちゃくちゃ緊張していたが、泥まみれの殴り合いのところでそれもはじけて、すべてが上手くいった。残念ながら泥は角ばった植物用の肥土からなっていて、俺は膝をケガしてしまい、次の日、犬として這っていくのにかなり苦労した。

ベルリンはドイツ・オペラ駅から、シュナイダーが俺たちを連れて散歩に出た。シュナイダーは女に化けて、俺たちは犬の化粧をして、紐につながれて連れられるんだった。もちろん四つん這い。ともかく面白かった。通行人たちには訳がわからないんだった。犬を連れた女が——そいつも女になったシュナイダーみたいな姿かたちなんだったが——シュナイダーと犬について語りはじめた。信号が緑のうちに歩道を渡りきれなかったから、俺たちはあわや轢き殺されるところだった。撮影後、化粧を落とさないまま居酒屋に行ったら、ウエイトレスが嫌悪感を丸出しにしたから驚いた。俺は歯を茶色にして、欠けたり折れたりしているみたいに化粧していたのを忘れていた。とはいえ、そこはそんなに化粧の必要もなかったんだが。

ウィーンのホテルでそのビデオを初めてテレビで目にしたときは、感激して叫んでしまった。そしてアルバムの売れ行きも好調だった。相変わらずメルヒェンの中にいるようだった。目が覚めたらすべて夢だったとなるんじゃないかと、ときどき不安になった。あるいは、俺たちが詐欺師だと暴かれて、もう音楽をすることが禁じられて、工場に働きに出なきゃならなくなるんじゃないかと。

＊

すると、もうホテルに到着する。ロビーには何人か年金生活者がうろついている。こういう人たちを年金生活者と呼ぶのか、それとも実際に年金をもらっている人だけをそう呼ぶのか、俺にはもちろんわからないが、いずれにしても人々は歳をとっている。

俺たちがいくぶん売れるようになってからというもの、経営陣は俺たちを比較的高級なホテルに泊まらせるようになった。より高級なホテルがより快適だと思うのは誤りである。高級なホテルはおうにして高いだけ。そして、客たちがより不快な人たちであることもありえる。ホテルにそんな大金を払える人々が、必ずしも親切だとは限らない。そのことは、もちろん俺たちにも当てはまるだろう。

客の大多数は、少なくとも俺たちよりもう少し年配だ。というのも、彼らはそのたくさんの有り余る金をひとまず稼がなきゃならなかった。それも俺たちに当てはまる。人々のなかには、その金の価値に見合わないものにわざわざ大金を支払うのを贅沢とみなす人もいる。どんなフェラーリも、ベントレーも、Lamboも――ランボルギーニのスペルがわからない――その厚かましい高値を正当化できない。ともかく俺の見るところ。あるいは時計でもいい。にもかかわらず、それらを買う人がいる。俺たちのホテルの部屋も似たようなものだ。

いまいるのはいわゆるスイートで、つまり、テーブルとソファーを備えた大きな部屋が別途ついている。俺はここで寝たいだけだから、そういう部屋は本来必要ない。そのくせ寝室はものすごく小さい。そういうわけで、俺はリビングのソファーに横になって寝る。安いホテルならもっと簡単だったろうに。

一度などは、電気をつけっぱなしにして寝なきゃならなかった。リモコンとスイッチの操作があまりにも複雑にプログラムされていて、扱えなかった。しかもフランクフルトでのことだった。言葉は理解できたはずだったんだが。

ここブダペストのホテルは、さいわいとても古い。部屋のドアにも、まだちゃんとした鍵がある。ちゃんとでっぱりのあるウォード錠。俺のジョーク並みに古いタイプ。建物をあとにするときは、いつも鍵を持ち歩くようにしている。というのも、ひじょうに遅い時間に戻ったらフロントに誰もいないかもしれないし、あるいは鍵をまたもらいたいときに、身分証明書を見せなきゃならないかもしれないから。しかも俺は自分の部屋番号をいつも覚えていられるわけじゃないから、フロントの人が怪しむことになる。

自分の部屋までエレベーターで上がっていき、ドアの鍵を開ける。空気が新鮮なように、窓は開けっぱなしにしておいた。暗い部屋に飛び込んで転ぶことのないよう、小さなスタンドランプもつけっぱなしにしてある。とっさにトイレに駆け込まなきゃならないかもしれないし。環境のことを考えると、まったくひどいことをしていて、事実、直接罰せられる。というのも、明かりにおびき寄せられた蚊が、いまや俺のことを待っている。環境に悪影響をおよぼしてしまう俺の足跡は、それでなくてもバンドのことを考えるとゴジラのそれより大きい。ゴジラって、手の中に女をつかんでいた、エンパイアステートビルで射殺された猿のことだったよな？　それとも、あれはキング・コングだった？ともかく俺の足跡の方が大きいんだ。

　ミュージシャン人生が俺の頭をどうかしてしまったに違いない。そうでもなかったら、こんな馬鹿げた比喩を使ったりしないだろうから。俺は靴を脱いでベッドに横になる。テレビをつけようか？やめとこう。子どものとき、そしてもう少し大きくなってからも、テレビがなかったから、そういうメディアと上手く付き合う術を習ってこなかった。

　ひとたびテレビのスイッチを入れると、すべてを最後まで観てしまう。映画や番組を作った人々がそのためにとても苦労しただろうから、それを途中でやめてしまうのは嫌なんだ。ついてなかったら、ランツ[8]のトーク番組とか、そういうのに行きあたる。さらにもっとついてないと、番組がぜんぜん終わらなくて延々と続く。ちょっとラッキーな場合は古いテレビドラマ。放映当時は観られなかったから、俺にとっては新しい。『ボナンザ』、『名犬ラッシー』、『私立探偵マグナム』、『リップタイド探偵24時』等々。最後のは映画だった？　『俺がハマーだ！』と『冒険野郎マクガイバー』は観ていた。統一後、どうやら東側の者たちのために再放送されていた。あの当時、俺は仕事もなく、友人宅のソファーに座ってシュナップスを飲んではテレビを観ていた。だが、ドラマで起こったことのすべては覚えていられなかったから、いま全部をもう一度観てもいいわけだ。それでいて統一はちょっとまえの出来事だったのに。二十年前とかそのくらい。ときどき、このかんに過ぎ去ったすべての時間が消

8　マルクス・ランツ（一九六九年〜）、イタリア側チロル地方出身のドイツ人で、ドイツのテレビ番組司会者として有名。

えてしまったようになる。人生がこんなに早く目の前を疾走していってしまわないようにするためには、どうしたらいいんだろう？

長いあいだ刑務所にいたある友人から、毎日同じことを経験していたら時間が飛ぶように早く過ぎていったと聞いたから、俺は時間がいわばいくぶん伸びるように、とても多くの種々異なる印象を集めようとした。残念ながら、つねに変化し続けるものの中にもまたモノトーンがある。だから、ミュージシャンもかなり同形の軌跡上を動く。それに、毎日別の街にいると気分転換になるように聞こえるかもしれないが、規則的に別の街へと移動して、そこでもホテルに泊まるんだから、そうじゃない。今回のように三十ものコンサートが続くツアーでは、あとになってコンサートの一つも想いだせないものなんだ。なにか予期せぬことが起こったら別だが、そういうときですら、覚えているのは特別な状況だけで、コンサートすべてなわけじゃない。どうして俺が全力で、自分の人生をそんなにも長く思えるようにしようとするのか、自分でもわからない。なぜなら自分が死にゆくときに、そこまでの時間が長いように思えようが短いように思えようが、そんなことはまったくどうでもいい。どのみち、もうなにも感じていないんだから。そして永遠がそのことを問うなんて、いよいよない。それなら、生まれてすぐに死んでも良かったんだ。人生の意義とは、ひょっとしたら、できるだけ早く時間をやり過ごすことにあるのかもしれない。そしてもう一度生まれ変わるためとか、そういう理由。

俺はいま五十歳で、いままでの人生が短かったのか長かったのか、比較がないからわからない。誰かに訊いても、そいつはまた別の時間尺度を持っている。おまけに、これまでの人生で経験してきたことのすべてを一気に想いだすなんてできない。俺は、例えばふたたび似たような状況になると、そのことを突然想いだす。だからクリスマスにはそれまでの数々のクリスマスパーティーのことを想って、するとまた一年間ぜんぜん想わない。人生とは、クリスマスパーティーが連なっただけなんだろうか？

こうやってあれこれ考えをめぐらせるのも仕事であるらしい。いずれにしても、こうして考えているうちに、緊張が解けてくるというよりむしろ不安になってくる。いい加減、考えなくてもいいように、やっぱりテレビをつけたほうがいいんだ。そのために番組があるようなもの。だが、また深夜まで起きていて、それでいてただｎ－ｔｖ番組のアメリカ原爆実験の模様を追うリスクは冒したくない。あるいは第一次世界大戦のＵボートについてとか。そういうわけで、たくさん持ってきている本のうち一冊を手に取るものの、最後にどこまで読んだか、もう自分でわかっていないことに気づく。どこから読めばいいのかを探しているうちに、もう眠りについている。

Ⅳ

なんの騒ぎだ？　俺はどこにいる？　あぁ、ベッドの中だ。そうだった、バンドと移動中なんだ。時計に目をやる。六時半。空港へと出発するのは十時になってから。さっさとまた寝る。いつものように、朝まだきはありとあらゆることを夢にみる。きっと精神科医にはとても興味深いであろう夢の数々。それ以外の人には、他人の夢ほどさだめしつまらないものはない。ジャック・ケアルックの『夢日記』を買ったことがあるが、これっぽっちも夢中になれなくて、自分でもあきれてしまった。最後まで読み通すことすらできなかった。夢というのは自分だけに留めておくべきで、決して書き留めるべきじゃない。

俺がベッドから起き上がることも、書き留める必要はないだろう。というのも、いまから朝食を食べにいくことから推測できるだろうから。昔であれば、ロックンロールの朝食はコーラとカロからなっていると言ったものだった。カロとはフィルターなしのかなり強い煙草で、昔は東ドイツの多くのブルース・ファンとロック・ファンが吸っていた。だが、東ドイツで朝に家でコーラが飲めたのはごく少数の人々に限った話だったから、ロックンロールの朝食は、コーヒーとカロの組み合わせに変わった。いずれにしても、より重要だったのはカロの方。

根本思想は悪くなかった。なぜならカロで太ることは確実になかった。腹を突き出して舞台に立ちたいロックンローラーがどこにいる？　一方で、この朝食は長寿を約束するものじゃない。だが、それすらミュージシャンには問題にならない。自殺する奴だっているんだから。ひょっとしたら、自分の人気がじょじょに下火になっていくのを経験しなくていいように。よりによってとても若いうちにもう有名になると、長くて出来事に乏しいその後の人生が難しくなる可能性もある。

俺は若い頃、ぜんぜん有名じゃなかった。人生はいまになって、いよいよ本格的に面白くなってきたから、あともうしばらくは生きていよう。だからカロには火を点けずに、ミューズリーのように、俺のミューズリーを用意する。あの種の連中を、まだそう呼ぶ人はいるんだろうか？

かつては、もともと髪の毛の長い奴らでガムラーじゃなかったら、みんなミューズリーだった。[1]だがガムラーという呼び名は、ミューズリーの時代にはもう誰も使っていなかった。ミューズリーという呼び名で、甘くしていないソバ粉のグリュッツェの香りや、伸びきったセーターを着て汗ばんでいる女たちを思う奴も、もういない。ミューズリーとは、つねになんでも落ち着いて話したがって、とても物分かりのいい人たちなのだった。あらゆる動物を愛し、植物を愛し、俺たちパンクにも理解があった。俺たちパンクの方は、もちろんこの種の連中に深い軽蔑の念を抱いていて、自分たちがじきにミューズリーのようになるであろうことは予想だにしなかった。ひょっとしたらミューズリーも同じように、自分たちが後になったものをかつては軽蔑していたかもしれない。つまりは政治家を。緑の党にいてもなお。ミューズリーという言葉を使うのはいまだに好きじゃないが、俺の朝食を他にどう呼んだらいい？

興味のある人がいるかもしれないから、ひとまず描写してみよう。一握りのコーンフレークをお椀にざぁっと流し入れて、冷たい牛乳かお湯をかける。そのときにあるもの次第。そこに亜麻仁の種、オートミール、プラムや杏子（あんず）などのドライフルーツを加える。ひょっとしたらクルミも。というのも、たまたまクルミにはアレルギーがないから。上からヨーグルトをスプーンで何回かピチャッと落とす。それからジャムも少々。だが甘すぎるのも良くない。でないと膵臓を刺激してしまい、甘いものがもっと食べたくなってしまう。料理のレシピは他人の夢よりもっと退屈と言っていい。それでいて料理こそ老人のセックス。

ともかく朝食を済ませて、もう一度、急いで街に行く。煙草を買いたいのと、ブルートを探したい。俺のお気に入りの制汗剤。何度言っても言い足りない。なんらかの理由から、この制汗剤はかなり格安のドラッグストアにしか置いてない。まだなにかご当地ものを買えるのはドラッグストアくらいなもんだ。高級な香水店では、いったいぜんたいいまどの国にいるか、そうこうするうちにもうわからなくなっている。おまけにそこではいつも店員が突進してきて、なにが欲しいかを知りたがる。自分でもわからないのに！

つまり、わかっているんだが、そういう香水店ではまだ一度もブルートのことを知っている店員を

1　ガムラーもミューズリーも一九六〇年代以降のドイツ語圏に広まった用語で、オルタナティヴな生活文化を求めた若者たちを指した。

見つけたことがない。こいつは本当に匂いが良くて、俺は息子をBrut(ブルート)と名付けたかったほどだった。だが、それはおそらく息子が望まず、娘になった。となるとBruta(ブルータ)しかない。そうするとBruder(弟)みたいに聞こえる。

ふたたびブダペストの美しい旧市街にうっとりする。俺はいつも一つの方向に従うようにしている。弧を描いてまたホテルに帰りつけるようにするためだ。帰り道でドナウ川に行きあたるから間違えようがない。ただ川の流れる方向に気をつければいいだけ。俺はよその街を歩くとき、住宅の窓をのぞいてみようとする。そして想像してみる。自分がここに住んだらどんなだろうと。ブダペストなら実際に住んでみてもいいと想像できる。ここには巨大な、漆喰の塗っていない住居建物群が立ち並んでいる。だが、通りにはもうかつてほどそんなに多くの人がいない。とりわけ、老いた人々がいなくて寂しい。

まだ、かっぽう着姿の老いた女たちのことをよく覚えている。俺が興味津々で暑い街をぶらぶらしていたさなか、そこらで気持ちよさそうに歓談していた。ここでは変化のスピードが東ドイツの街々ほど速くなかっただろうが、やっぱり資本主義が目に見えて到来している。

俺は思う。建築上の犯罪行為は、東ドイツのときの方が統一後よりも少なかったんだ。合成樹脂製の窓の時代になってしまった。一方、ここブダペストはまだかなり外観がいい。建築用の金がそんなにたくさんないのもメリットかもしれない。小さなギャラリーや、主流のそれとは趣を異にした喫茶店がいくつか目に入る。ここにはおまけにハンガリー製品を置いているドラッグストアまである。棚の下にはすっかり埃をかぶった箱が並んでいる。その後ろにブルートもあるぞ。俺は喜びですっかり震える。というのも緑色の制汗剤だけじゃなくて、金色のもある。それに、すっかりおかしくなっちまうぞ、青いのも！　俺はどの色のも二個ずつ買う。店員はその選択にずいぶん驚いてなにかを言うが、俺にはわからない。ハンガリー語は世界でもっとも難しい言語のひとつ。

ふと、ロンドンの空港で一度、俺のブルートすべてが没収されたことがあったのを想いだす。それはサンフランシスコで長時間探した挙句、見つけたものだった。もちろん手荷物の中に入れておいちゃいけなかったんだ。そのことをすっかり考えていなかった。誰かが俺に説明してくれたことがある。貨物室では圧力が均一にかからないから、容器がすべて割れてしまうんだ、と。これはすべてもう何十年も昔の話かもしれない。なぜって、大きな犬は貨物室に乗せられるんじゃなかった？　それとも専用キャビンがあるのか？　犬じゃなくて、俺はとても嬉しい。

インタビューでときどき俺は、性質的にどんな動物かと尋ねられることがある。あるいは、どんな動物でありたいか。そうすると延々と考え込まなきゃならなくなってしまい、インタビューが実のところ終わらなくなる。いま、念のため考えるようにしてみる。インタビューされているわけじゃないが、もう一度尋ねられたらそんなに長引かないように。いまだに結論らしいものにたどり着いたことがない。ひょうきんを気取って、人間は生物学的に言ってもう動物さ、ゆえに人間でありたいよ、なんて言うこともできる。残念ながら、これでは面白いというより、むしろ屁理屈屋になってしまう。蛇は絶対にごめん。そうしたら痒いところが掻けなくなっちゃうから。ひょっとしたら鳥とか？　そうしたら嘴で掻けるし、エア・ベルリン・カウンターで延々と待たなくても空を飛んでいける。それにしても、こんな馬鹿げた質問を思いつくのは誰だろう？

インタビューというものが、俺には概して難しい。投げかけられる全部の質問に答えられるくらいなら、自分を表現するために音楽なんかいらないだろう。ときに連中はこうも訊いてくる。どの街あるいは国にいるのがいちばん好きですか？　ないし、最良のファンがいますか？　すると俺は、すぐに言及しないすべての国を傷つけることになってしまう。全世界を数え上げることはできないし、どこで演奏するのも同じくらい好きなんだ、と言ったら言ったで、信憑性がないだろうし、おべっかを使っているみたいでもある。もっとも賢いのは、つねに口を閉じていること。だが、それですらインタビューでは間違いだ。すると高慢ちきに映る。だから俺はインタビューを避けようとする。それでもなお、ときに押しつけられてしまう。この、あるいはそのインタビューはとりわけ重要だからとかいって。だが、これまでにインタビューのポジティブな影響を一度も認めたことがない。人々がコンサートに行くのは音楽が気に入っているからであって、ミュージシャンが『ローリング・ストーン』誌のインタビューに答えたからじゃないだろう。今日、雑誌を読んでいる人はどのくらいいる？　そもそもまともになにかを読んでいる人がどのくらいいる？　もちろんテレビのインタビューに答えてもいいんだが、残念ながら、俺にはそれも無理だ。

　カメラが向けられるやいなや、俺の反応はこわばってしまう。と同時に、自分で自分が恥ずかしくなる。実際に映像を見てみると、もう本当に気分が悪くなってしまう。俺の頭がすっかりイカれちまっていることを、他の連中は気づかないんだろうか？　どうしてまた引き受けちゃったんだろう？視聴者としての俺は、そういうインタビューにむしろすっかり威嚇されてしまう。他の連中があんなにも上手にできるのが、いつも理解できない。Ｋ・Ｉ・Ｚ[2]とかクラフトクラブ[3]のインタビューなんか、もう目が離せない。トキオ・ホテル[4]だって、最初から有能かつ流暢にペラペラしゃべることができていた。少なからずの人々は楽器を演奏できるようになるまえに、もうそういう技をマスターしているんだろう。

実に、スターになるために生まれてきた人と知り合いになったことがある。そういう人は、ひじょうに強い自意識を持って登場するから、たちどころに観客を納得させる。小さな親切や好意もすべて当然のごとく、かつとても慈悲深く受けとるから、周りの誰もがほんの少し自分も大切にされているように感じる。そういう人々のために、きっとあのホテルのスイートルームもつくられているんだろう。俺は密かにそういう連中が羨ましい。彼らにとって、世界はまったく秩序正しい。俺はといえば、ひっきりなしになにかを考えなきゃならない。みんなもそうなんだろうか？

ヨガ教室では、床に横になって、なにも考えないようにしましょう、と言われる。ならば俺は、どうやったらなにも考えないでいられるか、ひとまず考えてみなきゃならなかった。それから、まさに考えないことに大金を払っているぞ、と考えがおよんだ。あと、ひょっとしたらヨガの先生になったほうがいいだろうか、とも。だが俺は、なにも考えるべきじゃなかったんだった。それで、俺がなにも考えていないあいだはなにが起こるんだ？　まるで死んでいるかのようであるに違いないぞ。それから、セックスの最中はなにも考えていないと語りたい奴がいれば、十中八九、そいつは嘘をついている。それとも本当に俺だけの問題なのか？　いつもいつも新たな印象が覆いかぶさってきて、どうにかしてそれらを整理しなきゃならない。例えば、車の排気ガスはここではドイツと違う匂いがする。ロシアのガソリンはなにが違うんだろう？　どうしてこんなに甘い匂い？　鉛の含量が多いとか？

2　ベルリン出身のヒップホップ・グループ（活動期間は二〇〇〇年〜）。
3　ザクセン州・ケムニッツ出身のロックバンド（活動期間は二〇一〇年〜）。
4　ザクセン＝アンハルト州・マグデブルク出身のロックバンド（活動期間は二〇〇一年〜）。

それともエンジンがただ単に大昔のもの？

カート・ヴォネガットがかつて言ったんだが、人間の最大の欠点は、役に立たない歯と余計な思考を展開させる過大な脳なんだそうだ。思うに、自分でそのことが感じられる。そんなに考えなくてもいいように、俺にはなにか仕事が必要なんだ。ただ、なにをやったらいい？　いったいぜんたい、俺にはもうなんにも興味がないんだろうか？　家族と車の世話だけをしている、よくいる平凡な男の一人なんだろうか？　俺自身のもっとも敵とする人間になってしまったとでも？　そんな、そんなことがあってはならない。俺はまだ人生に関与するんだ。俺以外の人生にも。それに、いぜんだって、まともなことはなにもやっていなかった。

いまではあまりにも簡単になっている少なからずのことが、当時はもっと労力を必要とした。特定の音楽を聴きたいと思ったら、夜、ラジオの前に座っていなきゃならなかった。あるいはダビングさせてもらえるなんらかの録音テープを持っているだろうと期待して、友だちを訪ねなきゃならなかった。楽しかったし、西側のレコードを手に取ったときの気持ちは他と比べものにならなかった。ほんの一瞬のあいだだけだったにしろ。あるいは、いいと思ったバンドの知らない曲を聴くだけでも。いまはただコンピューターのスイッチを入れたら、思いつくほとんどどの曲も聴くことができる。それどころか俺のまだ知らない曲の数々も、コンピューターが提案してくれる。そうこうするうちに、こいつは明らかに俺よりも俺のことをよく知っているらしい。それで、曲がいつでも聴けるなら明日でもその時間はある、となる。あるいは、いつか。

ホテルに戻る。もうあと十分しかない。もう一度トイレに行かなきゃ。トイレに行くことが俺にとっていつもそんなに大切なんだと、いま、訝しく思うかもしれない。それは俺たちがたくさん移動していることからくる。ナイトライナーでトイレに行くのは厳禁だ。というのもその後、長いあいだ猛烈に臭う。もっとも、そうであっちゃならないんだが。飛行機の中はますます無理。というのも、便器は普通の座席の下にあって、とても小さい。それで、ちょうどそこに座っている人物が立ち上がらなくちゃならない。それから座席のクッションが持ち上げられる。バンドの誰かがこの便器を使うのを、滅多に見たことがない。本当に緊急なときだけ。それでいて、俺たちのあいだで恥ずかしいことなんてもうなにもないんだが。空港やホテルに移動するさいのミニバスには、トイレがついていない。空港に着いたら着いたで、自分がトイレに行っているあいだ、荷物をどうしたらいいのかいつもわからない。だからすべてをホテルで済ますよう、気をつけるのが肝心だ。もう、そのことについて話すのはやめよう。さっさと歩く速度を上げる。

シャトル出発の三分前に、俺はふたたび下のロビーにいる。俺が最後だ。他の連中は街中をうろついていなかったから、俺よりも時間があった。全員がきちんと時間を守っているのはいいことだと思う。そうすると、そのことを念頭に置いて計画を立てることができるし、決して待たなくていい。それに、時間どおりに来ること自体は難しいことじゃない。ただそのことを考えればいいだけ。他の連中のことを考えるのは、一般的に善いことだ。いま仮にバンドメンバーを待たなきゃならないとしても、もうそこにいる奴らとしゃべっていられるから、必ずしもそれで時間を無駄にするわけじゃない。というのも何人かはいま、コンサート後に、あるいはパーティー後にはじめて顔を合わせる。前日の晩が素晴らしかったら、ひょっとしていい女をホテルに連れ帰っていたりしたら、連中の顔からその様子が見てとれる。眠いうえに二日酔いになっているとしても、あの独特な笑みをたたえたしたり顔なんだ。他の奴らは、夜のあらゆる詳細を知りたくてたまらない。最近なんて、携帯で撮った写真が披露された。いわば物的証拠。全貌をつかむべく、同僚たちが狙いを定めて誘導尋問する。まるで『事件現場』シリーズのよう。たがいに知り合ってもう長いが、皆、毅然とした態度を取り続けることはできず、するともうすべてを漏らしてしまう。

バスの中の雰囲気は最高だ。まるで、どこか遠足に向かっているみたい。女教師は別のバスに座っていて、俺たちの話が聞こえない。いまやもう二十分後にはブダペスト空港に到着している。幽霊の手によるかのように引き戸がひとりでに開き、俺たちはそのまま飛行機のもとへと連れていかれる。まるで自分がスパイ映画の中にいるみたいに思える。ここではもうパイロットたちも準備万端で、荷物を積み込むのを手伝ってくれる。俺たちの飛行機には、車のトランクを少し広くしたほどのスペースしかない。

とても心のこもった仕方で、飛行機の折り畳み式階段の前に小さなレッドカーペットが敷かれる。要するに、靴の泥落としに近い。機内に乗り込み、もう飛行機恐怖症じゃないのがものすごく嬉しい。そういう恐怖症が、全人生を台無しにしてしまうこともありえる。それでいて、よく言われるように、その恐怖心が墜落から守ってくれるわけでもない。俺が座るのはたいてい同じ場所で、前方のソファー席。そう言ってよければ、進行方向に向かって斜めの位置にある。他の席と向かい合わせになっているから、何人かは後ろ向きに乗ることになるが、その方が会話するには都合がいい。後ろ向きに座るのもぜんぜん悪くない。気分が悪くなるかと思いきや、これまでのところなんともない。鉄道初期の頃だって、列車の高速度で人は発狂してしまうと思われていた。だが人間という生き物は、本当にたくさんのことに耐えられるものである。それは、ここ機内にいても気づく。

バンドの誰かが、いくつか大胆な操縦を試みるよう、パイロットたちを焚きつけたことがあった。おそらく、そいつは俺を怒らせたかった。あのときはつかの間、重力がなくなった感じがした。その後、予期せぬ力でソファーに押しつけられて、もう動けなかった。それでいて、ぜんぜんシートベルトを締めていなかった。どのみち死ぬんだと思っていたから。飛行中になにかが起きるなら、せめてそれまでは快適に座っていたい。とはいえパイロットが小さい螺旋を描いたときは、とても快適とはいえなかった。あまりにも負荷をかけられて、飛行機が喘ぐように軋むのが感じられた。その後、パイロットたちが断言したところによると、飛行機が本当にいっぱいいっぱいになるまで、まだあともう少し余裕があったんだと。びっくり仰天だが、この行為以降、俺は飛行機とパイロットたちをより一層信頼するようになった。

いちばん前に座っているから、俺がコーヒーを注いでいく。ただのインスタントコーヒーだが、すごく美味しい。たぶん機内は座り心地がいいから。後ろには甘いものが入っている巨大なバスケットがあって、俺はそれを前に持ってくるなり、体に良くないと知りつつこれでもかと食べる。ちゃんとした食事も、もちろんある。俺たちのなかには出発までの時間を眠ることに費やして、だからまだ朝食をとっていない者もいる。いま俺はしっかりたくさん食べておいて、それですっかり満腹になってしまえば一日中もうなにもいらないから出費の必要もない。これはもちろん中途半端な考えだ。なぜなら会場での晩の食事代金はもう支払い済みで、俺がまだ満腹だったら、食事が腐ることになる。いたるところそうであるように、幸福とはどこか間にあるんだ。ともかく、俺が食べたものはひとまずもう誰も奪い取ることができない。移動距離が短いとき、俺たちはかなり急がなきゃならない。俺たちは念のためいつも急いでいて、ときには離陸前にもうかなり多くを平らげている。すると空中で、つまりかなりの高度で、どうやら胃が拡張するようだ。どうしてここ機内が突然そんな悪臭に襲われるのか、俺は他に説明しようがない。俺たちはひき肉を食べるのが大好きだから、そのせいかもしれない。抑えようのない喜びが広がる。一日中、これほどまでに笑っている同僚を見ることもない。笑いながら吐いてしまわないように、ときに枕にかみついている。パイロットたちは平然と酸素マスクを装着する。すると副操縦士が立ち上がり、スプレー缶を持って機内を歩く。俺たちは窓を開けられないから。だが、スプレーは役に立たない。悪臭の責任者はすっかり誇らしげに見やる。俺はむしろ機内の安全に対する侵害だと思うが、まさにその俺の抗議が、陽気さの度合いをさらにいっそう高めていく。

それは、俺たちにまだチャーター便がなかった頃からそうだった。当時も、いつもバンドと一緒に飛行機に乗るのが好きだった。たいてい俺たちのうちの一人が皆に新たな認識を披露して、機内全体を楽しませた。とりわけ好んで報告されたのが、携帯とかコンピューターとか、最新の技術的成果のメリットやデメリットについてだった。必要な知識は、俺たちの膝の上に置いてあった数多くの雑誌から直に手に入れられた。俺たちは空港のキオスクがいつもほとんど空っぽになるまで買ったから、しょっちゅう飛行機に乗るようになってからは、読んだことのない号を手に入れるのがそうとう難しくなった。

ギタリストの一人は、それほど雑誌に興味を示さなかった。その代わり、手荷物として大きなギターを持ち込みたがって、するとスチュワーデス全員が、ギターをしまおうというときに奮闘することになった。そのさい、有名なギタリストが搭乗しているに違いないという結論にいたるんだった。女たちは、おまけに正しかった。リヒャルトは俺たちのなかで唯一本物のロックスターだ。あのコート、リヒャルトはそれを羽織って大通りを闊歩するが、あの長いコートが似合うのはリヒャルトだけ。ティルからはというと、かつてはスチュワーデスたちが何度も搭乗券を確認したものだった。というのもあんな生き物が、彼女たちの美しい飛行機はビジネスクラスの搭乗券を手にしたことを、彼女たちはぜんぜん想像できなかった。するとティルは怒ったように唸って、轟音とともに腰を下ろすと、たちどころに寝入ってしまった。あるいは、機内の収納棚に入りきらなかったプレゼントをまだ手に持っていたこともあった。スチュワーデスのひとりが、棚の扉がほんの少し開いていたから介入しようとしたら、ティルが血走った目で一瞥したもんだから、引き下がってしまった。

ときには機内で機嫌がいいこともあって、すると、墓場を思わせる陰気な声で歌った。あるいはソーセージの切れ端を投げてきた。俺たちはお行儀よく投げ返した。すると俺は、つかのま自分の飛行機恐怖症を忘れることができた。機内の残りの時間は座席ですっかり固くなって、なにかを読もうと努力した。たいてい最初の二頁以上は読めなかった。俺は飛行機を回避できるならどんな機会でもとらえるようにして、そのために日がな一日、どこかのバスに座っていた。飛行機恐怖症がなくもなかったオリーが、彼のキャンピングバスでツアーに出る案を思いついた。だが、俺にはだんだんすべての回避行動があまりにも面倒になってきて、少しずつ飛行機に慣れていった。雲を眺めているときや、前方の操縦席から外を眺めているときなどは、本当に素晴らしくもある。たいていはなにかを読んでいる。他の連中も。ただ、ものすごく悪臭がすると、言ったようにみんなが喜ぶ。

疲れはいまや忘れられ、ありがたいことにもう一度、昨晩のきわどい詳細が披露される。俺たちはとりわけ高貴な同時代人のようには見えない。その代わり、かなり愉快な同時代人。いずれにしろ俺たちの視点では。

きょうはザグレブに到着する。着陸後、まだ少し空港で待たなければならない。車が来て、感じのいい女二人が俺たちに挨拶する。一緒に写真を撮りたいとのことで、それを叶えてやる。厳密に言えば、俺たちはどの空港でもなんらかの人々と一緒に写真を撮っている。

それから空港のバスで待合室まで運ばれる。俺は面白おかしく席に倒れかかろうとして背もたれを見過ごしてしまい、それがちょうど脚と脚のあいだにぶつかる。バスがロビーに到着すると、痛みを抱えながらやっとの思いで、急いでトイレに駆け込む他の連中のあとをよろよろとついていく。

俺たちは皆、機内で意味もなくコーヒーを飲みまくっていて、いい加減トイレが空くのを待っていられないから、皆で同時に便器にひっかける。俺たちは俺たちの小便をウィルキンソン・ソードと名付ける。たがいに交差する刃がたくさんあるから。それから、俺たちはなんらかを待っている。そのかん飛行場で働くあらゆる人々が、俺たちと写真を撮りたがる。もちろん、彼らの持ってきたCDにもサインする。こんなにたくさんの人々が俺たちの到着することを知っているとは驚きだ。たまたまのぞいてくるスチュワーデスたちは、その場でコンサートのチケットを手にする。だがファンの大多数は、荷物係の作業員たちか警備員たち。

飛行場の前でも、これまたかなり多くのファンが待っていて、俺たちはひたすらサインを書き、写真を撮る。何人かは転売するためだけにサインをもらいに来ているが、俺にはどうでもいい。俺が買うわけじゃないから。それなら俺は俺の音楽を聴かなくてもよく、だからそんなに頑張らなくてもいいんだろう、といまや言う人がいるかもしれないが、それはぜんぜん事情が違う。俺は、俺たちの曲を聴くのがとても好きだ。それどころか暗記している。曲が頭の中にあるからもうぜんぜん聴かなくてもいいんだが、それでもときどき聴いている。

そういうときはすぐに、俺たちの曲のどれを自分の葬式で流してもらおうかと考える。俺の葬式ではラムシュタインの曲が流れることを、人々が俺に期待しているような気がするんだ。俺たちの聞くところでは、かなりたくさんの葬式で俺たちの曲が流れているんだそうだ。たいていは「おまえ無しで」とのことだが、俺は無しでもいいだろうから、これは俺が望まない。ある一人がラジオ番組で「俺と結婚してくれ（ハイラーテ・ミッヒ）」をリクエストしていた。これも俺たちの曲の一つで、その人物が言うには、飼い犬が死んだから聴きたかったんだという。すると俺は、すぐさま違った耳で歌詞を聴くことになった。フィーリング・Bのときですら、葬式用の曲を作っていた。あのときは念のため歌詞は無しにして、楽器だけで演奏していた。タイトルは「日の出（ゾンネンアウフガング）I」といった。

俺は葬式用にラムシュタインの曲を探しているんだった。すると俺には、選ぶのがとても難しい。俺たちはこれまでに七十曲以上を作ってきたが、自分の葬式となるとたった一度きり。となると、その曲が合うかどうか、あれこれ試すのは困難を極める。それに、死ぬことについて言えば、予期していたよりも早く事（こと）が進むと言うじゃないか。残された人々が曲を選ぶべきなんだ。彼らの聴きたいなにか。なんならモダン・トーキングの「ブラザー・ルイ」でも。

いまや俺たちは、とりあえずまた信頼しながら、俺たちのことを待っているシャトルバスに乗り込む。運転手はなにかを説明したくて、俺たちは一生懸命頷く。それでいてなんにも理解できない。完璧かつスラスラと英語をしゃべる運転手のせいじゃなく、ただ単にその英語を理解できない俺たちのせい。イエスとかノーとか、そういう簡単な単語はわかるが、会話には十分じゃない。幸いなことに、セックスという単語はとてもたくさんの言語でこのように言う。まだあとジェスチャーという手もある。俺の体がいまちょうどどんなことをシャトルの運転手に告げているか、誰にわかるだろう。

＊

エコー賞オルタナティヴ・ロック国内部門を手にするのは――長い間――ラムシュタインです！

俺は汗をかいていた。いまや皆が俺たちを見ていた。大きなカメラの巨大なアームが俺たちのもとへと向かってきた。俺は、右に左に、同僚たちの様子を見やった。彼らはなにもしていなかった。そういうわけで俺も、馬鹿みたいにニンマリして、と同時に、そういう賞が毎日授与されているかのように見えるよう、努めた。

俺たちは驚いていなかった。もう数日前から、今回はその賞をもらえることがわかっていた。賞を手にする皆がそのことを事前に知っていた。第一に、すばやく舞台に上がれる席をあてがわれたし、第二に、そうしたらなにをしなきゃならないかを知っているべきだった。偶然、おまけに、謝辞を述べたい人々の名前を書いた紙も持っていた。そうでもしなきゃ誰かを忘れかねなかったんだから。賞を授与されないバンドは、たいていそもそも式典に参加しなかった。それらバンドが現れるのは、パーティーになってからだった。

俺たちが初めてエコー賞にノミネートされたときは、だが、これらすべてのことをまだ知らなかった。当時はノミネートされたことに俺たち自身がいちばん驚いていた。というのも、ちょうどファースト・アルバムを発表したばかりだった。それで、それはまさにそんなに成功していなかった。実のところ誰もこのアルバムに注目しておらず、俺たちはまだまったくの無名だった。

俺たちのノミネートされた部門が、そもそもオルタナティヴといった。オルタナティヴとはいったいぜんたいどういうことだ？　別の選択肢っていうけど、なにに対して？　オルタナティヴとは、成功している普通の音楽とはなにか異なる道を歩もうとしていて、だからエコー賞授与式のような商業ベースの式典とは無縁なのではないか？　おそらく、誰もまともにどう扱っていいかわからないバンドということなだけだろう。ともかく俺たちは、興奮したレコード会社からノミネートされたことを告げられた。そういうわけで、ハンブルクへ向かった。

そのまえに、なにを着たらよいかについての長い会話があった。いずれにしろ、俺たちが一つのまとまりとして認識してもらえるよう、同じものを着たかった。俺たちは初めて招かれていたから、時間とおりに到着した。時間どおりというのは、二時間早く。

レッドカーペットを闊歩したさい、当然のこと観客からのリアクションはこれっぽっちもなかったが、それ自体は悪くなかった。俺たちが誰だかわかったのは、やっぱりノミネートされていたトーテン・ホーゼンのガードマンだけだった。もちろんトーテン・ホーゼンは賞を手にした。俺たちは、業界ツアーで知り合っていたネーナのマネージャーにくっついていた。何時間も彼とロビーで立ち話をして、おそらしく喉が渇いていた。それからようやっと式典が開始して、すべてがとてもワクワクすると思った。

目の前にオットー・ヴァールケス[6]が座っていて、俺はというと、ずっとその後頭部を凝視していた。子どもの頃、オットーのショーを観るためにわざわざお隣さんの家まで行ったことを想い返していた。

一つひとつのジョークが次の日学校で長々と真似されたもんだから、今度はのけ者にされたくなかった。そしていまや、彼に触ることもできた。興奮して、手が汗ですっかり湿った。

ノミネートされた全員が、短い映像とともに紹介された。ついに俺たちの映像が流されたとき、俺たちを知る者は誰一人いなかったから、拍手は鳴り響かなかった。あったのは退屈な静寂だけだった。

その賞はエアロスミスがもらったんだと思う。俺たちは、こんなにも素晴らしく着飾ったのはまったくの無駄だったと悟って、それに応じて、自分たちが滑稽に思えた。さいわいその後、盛大なアフターショー・パーティーが披かれた。俺たちはそのことも知らなかった。そこでは好きなだけたくさん飲み食いできて、金を払う必要がなかった。桁外れに酔っぱらったのは俺たちだけじゃなかった。四時にまだいた者は、六時までいた。モーゼス・ペラム[7]がシュテファン・ラープ[8]の鼻を折った。次の日、駅のホームには、二、三の半分死に体の者たちがエコー賞を手につっ立って、凍えながら列車を待っていた。あるいは、まさに俺たちのようにエコー賞なしで。

二年後、さていまやその賞を手にした。俺たちは木偶の坊のように舞台に立って、なにを言えばいいかわからなかった。お決まりの恥ずかしい謝辞を述べるだけのスピーチはお断りだった。すると、俺がしゃべらせてもらえることになった。俺はスリランカでの休暇のことだけを語った。というのも二日前に戻ってきたばかりで、そのときの印象がまさしく溢れんばかりだった。おまけにベン・ベッカー[9]がつまらない式典中に、ウォッカとトニックウォーターを一緒に飲むととてもさっぱりするよ、と教えてくれていた。

それから俺たちが手にした表彰楯は、どうやら音波を表しているらしかった。技術的に見て、エコーがどんな形をしているのか俺にはわからない。楯はかなり重くて、パーティーの最中、とてもじゃないが持っていられなかった。そういうわけで、そのままどこかに置いておいた。

俺たちは何年間も続けて授賞式に行って、いつもなんらかの賞をもらったが、全体的に言って、もらったエコー賞の楯のうち、俺はそんなに多くを家に持ち帰らなかった。ただ、カテゴリーが変わった。いつしか俺たちはもうおそらくオルタナティヴではなくなっていて、ベストビデオ賞などをもらった。

ときに彼らが俺たちのためのカテゴリーを考案することもあった。ベストバンド賞とかベストアルバム賞が授与されたことは、一度もなかった。俺たちにとっては、つまるところまったくどうでもよかったが。俺たちはただ、そのつど素晴らしい経験だったパーティーを喜んだ。ブラッドハウンド・ギャングを見かけた。連中は、どこかで見たことのあるように思えた下着を箒にひっかけて、戦利品としてダンスフロア上を運んでいた。どこでその下着を手に入れたんだろう？ さっぱりわからないが、思うにトイレだったんだろう。

ベン・ベッカーがDJブースによじ登って、自分の新しいCDをかけるやいなや、それに合わせてひとりで踊る様子も目にした。ついでに言うと、その曲は十分続いた。カンピーノ[10]に抱きついている

6 西ドイツ出身のコメディアン（一九四八年〜）。
7 西ドイツ・フランクフルト出身のラッパー（一九七一年〜）。
8 西ドイツ・ケルン出身のコメディアン（一九六六年〜）。
9 西ドイツ・ブレーメン出身の俳優・歌手（一九六四年〜）。
10 トーテン・ホーゼンのヴォーカル。

自分がいた。式典そのものに、俺たちはますます興味を持たなくなっていった。ときにそれは、ルッケンヴァルデ[11]における業界パーティーの魅力を放つものになっていた。ならば彗星賞の授賞式に向かう方がよかった。こちらはドイツの音楽専門チャンネルVIVAの賞。

もっといいのは、もちろんその対になっているもの、すなわちMTVアワード。俺たちはそこで初めて、そしてそれが唯一の機会だったが、本物のスターに出会った。マドンナ、ロビー・ウィリアムス、U2、R.E.M.等々。ボリス・ベッカーもいたが、どうしてだったのかはもう覚えていない。一度などはミハイル・ゴルバチョフがいたこともあったが、俺にはなんの役にも立たなかった。俺たちはもちろん言葉を交わさなかったし、そもそも接点がなかったから。だが、それでも一度はこの目で見たんだ。ハラルト・シュミット[12]なんて、隣の席にいた。俺は話しかけなかったが、彼の番組をとてもいいと思っていることを伝えたかったから、容易なことじゃなかった。だが、その番組がいいものであることを知るのに、彼には俺の意見なんか必要ないだろうと思う。それはテレビのレイトナイトショーで、俺はいくぶんラッキーだと、コンサート後にホテルで観ることができた。俺が誰のことを話しているか、若い人にはもうわからないに違いない。

俺たちは、若者向け雑誌『ブラヴォー』の賞をもらったこともある。そのときまで、『ブラヴォー』がバンドに賞を授与していることを知らなかった。俺たちが手にしたのは銀のオットー賞楯で、これはアニメの小さなインディアンのように見える。

『ブラヴォー』で働く何人かは俺たちのことをとてもいいと思ったようで、若者たちの気を引くように努めてくれた。『ブラヴォー』誌上で俺たちについて面白い記事を掲載してくれたものの、上手く機能しなかった。それでいて彼らはコンサート写真の下に、いかにしてティルが靴元のロケット火薬で舞台上を二メートル飛び上がるかを書いてくれてもいた。

若者たちがその情報を信じていたら、舞台上の俺たちを実際に観て、きっと失望しただろう。なぜならロケット火薬なんて微塵もなかったから。金のオットー賞楯を手にしたのは、ついでに言うとロビー・ウィリアムスだった。はてさてロビーはそのことを知っているだろうか。

ともかく俺は、その受賞を喜んだ。ひょっとしたら、小学校三年生のときに火災予防バッジをもらって嬉しかったときみたいに。だが俺にとっては、きっとこれら音楽賞が音楽をやる理由だったわけじゃなかった。

受賞式が緊張するものだったのは、賞だけのせいじゃなく、俺たちが演奏できたからでもあった。滑稽なことに、たった一曲演奏するさいに俺たちが晒されたストレスは、普段のコンサートのときよりも大きかった。俺たちはテレビ慣れしたバンドじゃなかったから、それに応じて単発のステージ経験がなかった。舞台がそれ専用に設営されて、すべてがテレビで放映されるとのことだった。そのために前日に何度も曲のリハーサルをせねばならなかった。カメラ担当の面々が、なにを撮るべきかを知らなくちゃならなかったから。すると連中は、舞台上をあちこち駆けた。俺は、実のところ興奮しっぱなしだった。ベストなプレゼンをするのに俺たちにはたったの三分間しかなく、そのうち俺が映像に映ったのは、たったの数秒だった。おまけに俺たちは他の多くのバンドと一緒に演奏するとのこ

11　東ドイツ・ブランデンブルク州。
12　西ドイツ出身のコメディアン・司会者（一九五七年～）。

とだったから、彼らを前に、絶対に恥をかきたくなかった。仰天したことに、これらの出演は本当にとても多くの人に影響力があった。放送後の日々、俺たちは通りで認識されて、挨拶してもらえたこともあった。

＊

ここザグレブを、そうこうするうちに俺はよく知っていて、どこを行けばいいかがわかる。いつもそうなわけじゃない。少なからずの都市はむしろ見通しがきかず、初めて訪れてみて、ときにそのまま工業地帯に向かって歩いてしまうこともある。

イスタンブールでは、なんと俺を訪問する人までいたんだが、到着したのがとても退屈な地域で、なにも素敵なものは見つけられなかった。俺たちはボスポラス海峡か旧市街を観てみたかったから、結局タクシーに乗った。運転手はドイツ語も英語もわからなかった。俺たちはトルコにいたんだから、不思議でもなんでもなかった。トルコ語はというと、残念ながら俺は話せない。そういうわけで俺たちは、街の中心地へ行きたいことを運転手に説明しようとした。ひょっとしたら小さな市場があって、なにか素敵なものが買えるかもしれないところ。

タクシーはうなりをあげて出発し、都市高速道路をビュンビュン飛ばした。いまや俺たちは、この街がいかに大きいかを知った。美しい寺院を、川を、公園を、遠目に見た。俺たちの行きたかったところを指さしたが、運転手は容赦なく走り続けた。タコメーターは百四十を指していた。かなり危険になったが、運転手はうまい具合に車と車のあいだをすり抜けていった。永遠に思えた時間が過ぎて、街のかけらも見えなくなったとき、運転手は高速道路を降りるなり、俺たちを商業地域はイケアのドアの真ん前へと導いた。彼は、買い物や街の中心地を求める俺たちの望みをショッピングモールのことだと理解して、俺たちをそこで降ろしたんだった。俺たちが自分たちのいる場所を認識したときには、もうすでにいなくなっていて、見渡す限り他のタクシーは見つけようもなかった。そういうわけで俺たちは、素晴らしいフリーの日をイケア・イスタンブール店で過ごした。俺がホテルからたった百メートルを別の方向に歩いていたら、イスタンブールのもっとも心地よい地区を見出せていたのに。俺の方向感覚についてはこんなところ。さいわい、きょうはザグレブにいる。

ホテルは直接駅に隣接していて、古くて美しい。昔の絵葉書にあるみたいに見える。ロビーには、現にホテルの写っている昔の絵葉書もある。一枚買って、鉛筆で俺の座っている窓のところに十字の印を書いてみてもいい。窓の向かい側には電車のレールがある。そこには古いディーゼル機関車が停まっていて、エンジンは長いあいだ温めっぱなしにしてある。そういうのは蒸気機関車だけだと思っていた。子どもの頃のような匂いがする。ただ、もう少し臭い。

俺は街に行くことにする。ホテルから飛び出すと、すんでのところで市電に轢かれそうになる。ザグレブの市電は青い。俺は酒に酔って青くなっているわけじゃないが、にもかかわらず、注意していなかった。ここにはいくつか丘があって、それらが街を縁取っている。だから山なりに続く森を歩きながら、街を半分ぐるっと回ることができる。そのさい犬を連れた人を多く見かける。ときには俺も、ちょうど藪を抜けていく犬がいるかのようにしてみる。俺の犬が持っているかもしれない名前を、つねに大声で呼んでみる。

一度、犬の面倒を頼まれたことがあった。間が抜けたことに、その犬はスターリンという名だった。

体重が俺の約二倍はあって、森の中をやすやすと俺から逃げていった。もっと軽くても難なく逃げただろう。そういうわけで俺は、何時間もスターリンの名を大声で叫びながら森を抜けて走ったが、肝心のスターリンはというと、もう主人の家の扉の前で待っていた。きっと駐車場からヒッチハイクでもしたんだろう。いずれにしろ、俺は車で来ていて、犬が俺のもとに戻ってくる気がないと気づいて急ぎはしたが、スターリンの方が俺よりも早くベルリンに着いていた。

俺はミュージシャンだから、ペットを飼うのはかなり難しい。あまりにも家を空けることが多いから。アメリカの二、三のバンドはツアーに犬たちを連れてくるが、するとバスの扉が開くやいなや、大きな騒ぎがはじまる。もちろんバンド用のバスは悪臭を放っているが、それが障壁になることはない。だが、俺は犬無しでもまったく問題ない。そういうわけで、とても馴染みのあるように思える通りを抜けて、きびきびと歩いていく。たくさんの家々がまだ改築されていない。匂いも昔と同じ。一つには、ここではまだ暖房に炭を使っているからで、二つには、少なくともこの地区ではまだ香水のプンプン匂う洋服店がないからだ。それに紅茶専門店も。

統一後、ベルリンは俺たちの近所で最初の紅茶専門店がオープンすると、通りじゅうがバニラとかルイボスとか、それがなんの匂いだったか知らないが、そういう匂いでいっぱいになって、ともかく俺は気持ちが悪くなった。そもそも、あの悪臭放つ紅茶を飲んでいる奴を俺は一人も知らない。たぶん、そこには線香もあった。乳香同様これらのハーブは、おそらくもともと部屋を消毒するはずのものだった。教会での礼拝に参加する人々ないしインドの巡礼者たちが、大きな催しもののさいに病気を感染させて、皆が死に絶えてしまうことのないように。そのためなら喜んで悪臭にも耐えたんだろう。だが、この香りに細菌が殺せるなら、人間の健康にもそんなに良いものじゃないに違いない。線香を買う多くの人が、自分たちの家を消毒したいわけじゃないと思う。ひょっとしたら彼らは、自分たちがいかに世慣れしていて、古いインドの習慣にも通じているかを他の人に見せることができるのが、ただ単に嬉しいのかも。あるいは、その線香は誰かにプレゼントされたもの。それか、その匂いが本当に気に入っているのかもしれない。

そんな考えで、俺はとても緊張している自分の気を紛らわす。数時間もしたら、もうまた舞台に立つ。きょうはすべてが上手くいくだろうか？　どうして俺たちはもうそれほど失敗しないのか、俺には謎だ。そうやって考えていると、本当に不安になってくる。

まだジョージ・W・ブッシュが大統領だった頃、こんな想像をしたことがあった。俺が散歩している最中、目の前でヘリコプターが墜落する。そこにはアメリカ合衆国の大統領が座っている。あるいは座っていた、と言うべきか。ともかく、俺は彼を残骸から引きずり出して、命を救ってやる。ブッシュは当然のこと、俺に果てしなく感謝している。すると俺は、政治に関するどんな希望を彼に伝えようかと考えをめぐらす。俺が馬鹿々々しいと思うだろうことすべてを言うこともできるだろうな。命の恩人なんだから、ブッシュには俺を投獄できないはずだ。

とはいえ『ハウス・オブ・カード　野獣の階段』を観てからというもの、俺は政治家にはありとあらゆる汚いことができると信じて疑わない。ケヴィン・スペイシーはただ役を演じているだけだとわかっているが、もう彼の映画を観ようと思わない。あそこまで説得力を持って演じられる――嘘をついたり、だましたり、殺したりできる――人間は、おそらく自身の内に本当に闇の部分を抱えている。にもかかわらず、あるいはまさにそれゆえに、俳優たちは文字どおり競って悪者を演じようとする。おそらくそうしたら、普段だったらしないだろうことをしたり、少なくとも言ったりすることが許されるから。

　俺だってバンドでまったく同様のことをしている。そこでは化粧をして怒った顔をして、俺たちがショック・ロッカーと表現されて驚いてみせる。バンドにかなりの信憑性が生まれるのは、ただ、俺が本当にそういう、舞台で演じているムカつくタイプだったらの話。俺がそういう奴であることをきちんと体現すれば、人々はもちろんそれに応じた反応を示す。だが、それは俺が望まない。一方で、俺たちのバンドでの振る舞いはいいと思う。観客にそれほど媚びないのがいいと思う。音楽が気に入っていて、自分自身のためになにかコンサートから持ち帰れるものがあるから人々は来るのであって、俺たちが、君たちはなんて素晴らしいんだ、君たちのためだけに演奏するよ、と言うからじゃない。俺たちがそんなことを言っても、どのみち誰も信じない。それどころか、たいていそのとおりであるにもかかわらず。俺たちは、だがなにも言わない方が良くて、そのぶん曲をできる限り上手に演奏する。俺が観客だったら、その方がいいだろう。

　ふと、俺はまたしても自分が罠にはまっていることに気づく。というのも、俺みたいに考える人々に対して、俺たちは自分たちの振る舞いを通してやっぱりおべっかを使っている。それとも俺はファンとして例外なんだろうか？　まさに、そんなふうに即物的に愛すから？　一緒に手拍子をするように鼓舞しようとしないどのバンドも、俺は喜ばしく思う。俺は自分が一緒に手拍子をしたくなったら、というのは滅多にないが、というのも言ったように俺は音楽が聴きたいんだから、と言いつつ、ここでしゃべっているのは年金生活者みたいだなと自分で気づいてしまうが、ともかくそういう場合、手拍子するよう俺に言う奴は必要ない。

　それに、この一緒に手拍子というやつは、いつもどこか『ごった煮鍋』を想い起させる。これは東ドイツのテレビ娯楽番組で、人々はいま意外に思うかもしれないが、俺は観れたもんじゃないと思っていた。本当に、東ドイツのすべてを俺がいいと思っていたわけじゃないんだ。ただ、たくさんの人が俺についてそう考えている。東ドイツの人間が回想においてどう描かれているかを耳にして、俺がいつも口を挟むものだから。党が語って聞かせるすべてを馬鹿みたいにそのままペラペラしゃべる、一種の信心深い愚か者のごとく。それどころか俺は、東ドイツでもクリスマスを祝ったんですか、と訊かれたこともある。あの消費テロとメディアでの発狂なしでもクリスマスを素晴らしく祝えることが、理解できない人も少なからずいるらしい。物質的なものがそこまで高く評価されていなかったことは、例えば俺が東ドイツでいいと思ったことの一つ。それに、友人関係がいまとは違う価値を持っていたことも。文化に関して提供されたものは、確かにそうじゃなかった。とはいえ、やっぱりそうだったかも。劇が上演されるたびに、俺たちはワクワクしながらほんのちょっとした示唆を待ったものだった。展覧会の初日のたびに、出逢いがあった。なにがテーマになっているかはまったくどうでもよく、俺たちはそこで定期的に、観客と国家機関の寛容の度合いを徹底的に試したんだった。ウラニア[13]でのスライドを使った講演ですら、いつも超満員だった。それから、ジャニス・ジョプリンに関する音楽の講演もあった。市立図書館でなされたそれら講演では、敬虔な静けさのなかレコードが流されて、そのあとで議論がなされた。だが、もっとも素晴らしかったのは本物のコンサートだった。

俺はまだビリー・ブラッグのコンサートをよく覚えている。そこでは俺たちが、文字どおり一つひ

13　ベルリンにある市民啓蒙センター。

とつの単語を吸収したんだった。あるいは他のあらゆる素晴らしいコンサートを。ハード・ポップ、フライガング、バイヨン、ディ・アート、デカダンス、オーナメント、フェアブレッヒェン。[14] ケヴィン・コイン、トム・ペティ、ボブ・ディランだって、東ベルリンで公演した。俺たちはどの曲でも、直接語りかけられていると感じたものだった。

それはだが、いま、いわば東ドイツ娯楽の旗艦番組であった『ごった煮鍋』には当てはまらない。観客の様子がもう悲惨だった。すっかり張り切りまくって一緒に手拍子していた。ともかくひどい流行歌のときですら。おそらく人々には、そもそもチケットが手に入ったことがとても嬉しかったんだろう。本当に難しいことだったに違いない。というのも俺はこれまでの人生で一度も、本当にその場に居合わせたことのある人に出会ったことがない。番組には、西側のスターが出演することだってあった。

いま俺には、スターの定義がわからない。スターとは、星のように人々のために輝くものだと理解している。それで、星というのは天空のとても高いところにあるものだから、ファンたちが見上げることになる。だが、人がスターとみなされるのにどのくらいの人々が見上げる必要があるか、誰にわかるだろう？　いま、俺が誰かをそれはそれは良いと思って、その人を見上げたら、その人は俺にとってのスターで、当然のこと当人も自分をスターと名乗ってよいのである。

こんなふうにあちこち歩いていると、だんだん腹が減ってくる。いぜんはそれが歩くことの意義でもあった。俺がコンサートの前後にぶらぶら歩いたのは、なにかが見たかったからじゃなくて、前日の晩とかそれ以前のいつかのせいで、気分があまりにも悪くなってしまい、閉じられた空間の中にいるのが耐えられなくなったからだった。それでクラブの近くをほっつき歩いてみて、深呼吸をして、歩きながら血の巡りを良くしようと努めた。ときにはあまりにも巡りが良くなりすぎて、そのまま茂みにゲロを吐いてしまったほどだった。俺は小さな目標を立ててみることにした。例えば、次の角まで吐かずに行ってみよう。それから、ひょっとしたら煙草を吸う。まあ、それはどちらかというと遠い目標だった。だが、到達できないこともなかった。というのも、踏みだす一歩ごとに俺の調子は良くなっていったから。この方法は、驚くべきことにいつも効力を発揮した。暖かいときも、寒いときも。いたのが新興住宅地だろうと、美しい森の中だろうと。それから、俺がなにを飲んでいたかも、何時間寝ていたかも無関係。残念ながら、歩くごとに記憶のかけらもふたたびやってきた。するとすっかり熱くなって、もっと速く歩くことになった。畜生、なんで俺は、飲んだらああもムカムカする奴になってしまったんだ？　他の皆はただ面白くなって、カッコイイことをして、美女と寝床を共にもしていたのに、俺という奴は女たちにビールをかけて、他にも恥ずかしいことをしてしまった。そして、俺になにかをしたわけじゃまったくなかった連中を罵倒していた。俺は映画にでてくる不快な飲兵衛たちとまったく同じだった。おまけにそれから、ああでもないこうでもないと嘆いていた。自分自身をもっとよく知らなかったら、自分でも俺とは関わりあいたくないだろう。文字どおり、俺は自分から逃げようとした。一瞬のあいだは上手くいった。ともかく短いあいだだけだったが、前日の夜について考えないことに成功した。するとじきにまた、楽屋に戻るべく引き返すことのできた瞬間が訪れた。そしてたいていそれが、昼間なにかを食べることのできた唯一の時間でもあった。

14　すべて東ドイツで有名だったバンド。

きょうの俺は二日酔いじゃないが、いま、なにかを食べてもいい。入る勇気があるのはセルフサービスの店だけだ。そういう店ではウェイターがテーブルにやってこないから、俺は話さなくていい。ユーロの導入が、食事のさいに俺のプラスに働いている。おそらく俺たちみたいなミュージシャンほどユーロを喜んだ者もいなかっただろう。俺は、俺たちが狂ったように換金して、コーヒーを飲むたびにそれがいくらなのか、かなり面倒な計算をしなくちゃならなかった時代を想いだすことができる。その後、換金し直すのを忘れるんだった。それで、金はいまでも引き出しの中に転がっている。それら諸々の通貨を知る者は、そうこうするうちにもう誰もいなくなっている。そしていつも、俺たちがなにか素敵なものを見つけてお土産に買っていきたかったときに、あるいは俺たち自身が気に入ったときに、その場で適切な通貨を持っていなくて買えなかった。ときに、ある国にいて、俺たちには時間が足りなさすぎた。それに、一時間のために街で換金するかいがあるか、誰にもわからなかった。

それから、幸いなことにユーロがやってきた。しかもかなり遠くの国々にまで。そういうわけで、そのものが高すぎるかどうか、俺は一目見てわかるようになっている。とはいえ場合によっては助けになる程度。というのも、多くのものが普段はいくらくらいするものか、俺にはわからない。ジャケットがいくらぐらいしていいか、誰にわかるだろう？　それに、コーヒーが飲みたかったら、それがいま一ユーロだろうと二ユーロだろうと俺はコーヒーを買う。三ユーロだとしても。なぜならコーヒーが飲みたいときに、コーヒーを飲まないという唯一別の選択肢はあってないようなものだから。金を節約することで深い喜びを見出せるのであれば、話は別だが。そういう人も、俺は知っている。彼らにとっては一日の出費が合計で十ユーロ以下であれば、その日は成功している。幸福とは断念することにある、と言う人も少なからずいる。少し俺の意見でもあるが、ただ俺は断念を断念することもできる。

それほどいぜんのことではないが、持っておくためになにかを買うのが俺にとって大きな喜びだったときがあった。といっても、なんでもよかったわけじゃなくて、正確に言うと、安くて古い車の数々。古いザスタバを通り過ぎながら、そのことがいまふたたび脳裏をよぎる。ザスタバをよく見ようと通りを横切る。それ自体はまったく馬鹿げた行為。細かいところを気に留めることができるわけでもなければ、いま、もっと詳しくなれるわけでもないから。なにを見ればいいのか、俺にだってぜんぜんわからない。だいたい、俺は車のことをなんにもわかっちゃいない。ただ、この車の姿が素晴らしいのを目にする。鮮やかな黄色。そういう色に自分の車を塗ろうとする奴は、今日誰もいないだろう。俺は良い色だと思う。子どもの頃に持っていたマッチボックス・ミニカーを想いださせてくれるから。

昔、俺が買った旧車(オールドタイマー)たちも、見た目はかなりカッコよかったが、車というのは見るためじゃなくて走るためにある。そういうわけで、とたんに古い車のデメリットが露呈した。シートベルトがなかったから、子どもたちを乗せられなかった。別の車々では暖房が効かなかったり、換気すらできなかったりで、そんなこんなで窓が曇って、俺はなにも見えなかった。ライトも弱く、ブレーキについては言わずもがな。そんな調子だったが、俺はこれら車たちを愛していた。

思うに、俺たちバンドに関しても、人々はまったく同じように感じるだろう。俺たちはもう二十年以上も存在している。多くの人々は、彼らの両親が俺たちのことを語ったのがきっかけで、俺たちのもとへとたどり着いた。あるいは、彼らの両親が俺たちの音楽を聴いていたから。俺たちのいまの音楽は確かにまだラムシュタインっぽいが、もう新しくない。あるいはアクチュアルじゃない。いま、若者がまだ俺たちの曲を自分たちの音楽として見出しているのか、俺にはわからない。車みたいなもんだ。エジルのように成功している若いスター・サッカー選手たちは、新しいメルセデス・ベンツ・スーパーカーSLSを買う。そういう連中は旧車に見向きもしないだろう。なぜなら彼らはもっとも新しいもの、そして最良のものが欲しいから。ネッツァーがフェラーリを持っていたとき、フェラーリだってそうとう新しかった。それでも、少なからずの人は旧車も買う。だが、彼らが車から求めるのは速く走れることじゃない。精巧な技術が装備されているかどうか、誰も注目していない。普通、車に関して重要なことが、旧車の場合は全部どうでもいい。まだひとつあるのを見て、まだ存在しているのを純粋に喜ぶ。それが理由で、人々はいま俺たちのコンサートにやってくるのだろうか？俺たちはもう、そこまで来てしまったんだろうか？

旧東陣営の街々が、俺にははじめからいつも心地いい。もちろん古い通りを抜けて移動していく。俺の幼少期を想いださせてくれるのは、家々や店々というより、むしろそこで生きている人々のその仕方。ここには、ぜんぜん利用されていない、とても美しい休閑地がある。家々のあいだにある駐車場はアスファルトになっていなくて、夏には埃が半端ない。歩道は、交互に並べられている、あの言いようもなく醜いコンクリート石で固められておらず、夜もちゃんとした暗さになる。人々は隣近所の人々が自分たちのことをどう考えているか、まったくどうでもいいようだ。ここでは、あのサービス中心社会で俺をとても不快にさせる、あの熱心な偽の優しさは微塵も感じられない。人々は、少なからずの西側の都市でそうみたいに偉そうじゃない。俺はここで本当に心が安らぐのを感じる。ひょっとしたら、東側の人間としてまだそこに属しているんだと思う。

　唯一、モスクワではどこか気持ちが違った。俺たちには学校で、モスクワとは天国のようなところだと誉めそやされていた。もっとも功労のある幹部だけが、そこへ派遣されていた。ロシア語授業や新聞での説明を信じるのであれば、グム百貨店こそが、ともかく世界でもっとも素晴らしいデパートだった。おまけにそこにはクレムリンもあった。そして、あの想像も絶するMausoleum（レーニン廟）が。Mäuse（ネズミ）みたいな響きで、もう名前だけで面白かったところ。その前には、果てしなく長い行列ができているとのことだった。というのも全ソビエト連邦共和国から――つまりは全世界から――なにに対してだったんだろう、それを強化するような一瞥を与えるために人々が集まったからだった。伝わるところによれば、その中には、俺たちの畏怖という点で神よりもずっと上回っていたレーニンが横たわっていたんだから。だが、奴はもう何十年もまえに死んでいた。きっと、奴も復活するんだろう。

なんといってもソ連は、少なく見積もってもアメリカ同様、謎に満ちていた。すべてが可能だった。人の語るところでは、かの地の冬はあまりにも寒いから、人々が車のエンジンを夜じゅうつけっぱなしにしておかなければならなかった。でないと、もうかからないからだった。それから人々は、皆、電球がもったいないから片っぽのライトしかつけないで走っているとのことだった。当然のこと俺は、人々が皆そこでは毛皮の帽子を、要するにロシア帽をかぶって歩いていると期待していた。

　俺たちが二〇〇〇年頃にバンドでその地の土を踏んだとき、これらすべての多くは確認できなかった。そこはただ単に大きくて汚れたうるさい都市で、空港から旧市街に移動するのに三時間以上が必

15　ギュンター・ネッツァー（一九四四年～）、元西ドイツ代表のサッカー選手。

要だった。雪は汚れでほとんど黒くなっていて、街は排気ガスで臭かった。東ドイツ市民であれば、そんなことにはきっとまったく気づきもしなかったんだろうが、このかん俺はきっと軟弱になっていた。かのホテル・ロシア、ヨーロッパ最大どころか世界最大であるとすら称されたそのホテルは、ちょうど解体されたところだった。通りの数々は舗装がはがされていた。あるいはすっかり通行できなくなっていた。何台かの巨大なジープだけが、傍若無人にも青色回転灯をつけて反対車線を走っていた。するとそれらが歩道の真ん中に駐車して、ばあちゃんたちが皆、苦労しながらその周りをよたよたと歩かなくちゃならなかった。そしてクラブは、なんとしてでも金持ちの男を捕まえようとする娘たちでいっぱいだった。

だが、コンサートは良かった。ただし、そこでも面倒なことがあった。主催者が舞台すぐ前の最良席をＶＩＰ席として高値で売っていて、かなり大きな空間が空っぽになっていた。そこには、ただ二、三の個々人が赤いビロード席に座ってシャンパンを飲んでいた。ファンのみんなは後ろに立っていなくちゃならなかった。催し全体が軍隊によって付き添われていて、その軍隊というのが、若者たちをそれほど上品に扱っていなかった。コンサートのチケットを提示できなかった者は、どうやらもう地下鉄の駅で、地下鉄に戻るよう殴られたとのことだった。それはもちろん、俺たちがゲストリストに載せておくと約束していた人々にはつらいことだった。そして会場の中まで到達できた連中が、いまや俺たちからこんなにも離れたところに立っていた。俺たちは最初の曲のあとで演奏をやめて、前に来るように促したが、その勇気があったのはごく少数の人々だけだった。警備員たちは脅すように見やって、勇気ある最初の者たちをまた押し戻した。それがどんなふうに終わったか、俺はもうぜんぜん覚えていない。

ロシアで本当に良かったコンサートのことは、だがいまでも覚えている。そのときは野外で演奏していた。ヴォルガ川沿いの都市サマーラでのことだった。かつてはそこでラーダが製造されていた。とても人気だったロシアの車。少しフィアットみたいに見える。統一の直前にはラーダ・サマーラもあったが、その車が都市にちなんで名付けられていたとは、俺たちのうちで誰も知らなかった。俺はサマーラとは女の名前だろうと思っていた。ひょっとしたら、そうだったかもしれない。それで、都市がその女にちなんで名付けられた。ありえなくもないだろう?

ジグリ山塊の近くでもあったからジグリとも呼ばれていたラーダと並んで、ともかくサマーラの街ではソビエト製のロケットも製造されていた。例の、月へ、というか宇宙へと飛んだロケットの数々。そしてこの街からいくぶん離れたところで、ジグリ醸造所の所有者がロックコンサートを催したんだった。広大な草原のど真ん中で。草原の上と言うべきか、中と言うべきか、いずれにしろそこには草以外のなにも生えていなかった。敷地を仕切る柵もなかった。あったら、人々がどこそこの門から入ることになって、あまりにも長い時間がかかってしまっただろう。そうしたらコンサートはもうまた終わっていたに違いない。入場は無料で、人々はあらゆるところからやってきた。街と軍が一万二千台ものバスを用意したが、ほとんどのロック・ファンは徒歩で、巨大な群衆の流れとなってやってきた。もっとも近い駅は三十キロ以上も離れていたが、誰も**も**のともしなかった。そこにいた者は、まさにそこにいたんだった。誰も、もう前に行くことも、後ろに行くこともできなかった。唯一、とてつもなく古いヘリコプターが舞台の後ろで、何度も離陸しては着陸を繰り返していた。そのヘリコプターには羽が二枚ついていて、どうやら一九四九年式とのことだった。俺たちもちょっと乗せてもらえないかと尋ねると、皆が断固としてダメだと言う。その理由が、俺たちは絶対に晩もまだ生きていなければならないから、というものだった。仕方なく俺たちは、主催者たちが楽屋用にと用意しておいてくれたアメリカ製のキャンピングカーに乗って、コンサートの準備をした。あるいは、すべてを見てみようと少し走り回った。兵士たちの乗っていたバスは、第二次世界大戦のときのもののように見えた。すると舞台上では——ちょっと詩的に表現させてもらおう——群衆の海の果てすら、おおよそも目にすることができなかった。ウッドストックを、俺はそんなふうに想像していた。次の日、俺たちは、そこには七十万人もの人々がいたことを知った。人々は皆どこから来たかがわかるように、出身地のワッペンやその他の目印のついた旗を振っていた。雰囲気は描写できないほど素晴らしかった。そこでは皆が小便を垂れ流していたが、どうってことなかった。というのも、密接にひしめき合ったあの群衆にあって、トイレに行くなんて端的に言って不可能だったから。夏のことで、服は駅までの道すがら乾いてしまった。コンサートが終わって、徒歩の速度で人々のあいだをサマーラの方向にゆっくりと移動していったとき、その様子を俺たちは観察することができた。そして次の日、俺は熱狂して、新興住宅地のあいだに踏みならされて自然にできた道をあちこちつついていた。誰も俺のことをこれっぽっちも気に留めなかった。いくつかの都市では現地の人のように見えるらしい。というのも、何度も道を訊かれるから。それで、おまけに助けることができると、俺はやんちゃ坊主のように鼻高々になる。

　ここザグレブではかなり年老いたばあちゃんが通りに立って、大きな瓶に入った蜂蜜を売っている。ひょっとしたら使い捨て瓶とも言うのかもしれない。そういう瓶は一度しか使わないだろうから。きっとついさっきまでレチョー[16]かなにかが入っていたんだろう。瓶にはまだ古いラベルが貼ってある。

そういう大きな蜂蜜瓶がたったの二ユーロだ。すると、あまりにも安くてもうまた後ろめたい気がする。それでも俺は、よく一つお土産に買って帰る。一度そういう瓶が鞄の中で開いてしまったことがあった。それはもちろん俺のせいで、蜂蜜のせいじゃなかった。

俺がまた一瓶買うと、ばあちゃんが喜ぶ。その横にじいちゃんが立っていて、いろんなベリーの詰まった小さな紙箱を売っている。ばあちゃん、じいちゃん、というのは馬鹿にして言ってるんじゃない。二人には孫がいるかわからないから、やっぱり年長の婦人と歳を重ねた紳士と言うようにしよう。だがそう言うと、ここで俺に品物を差し出している当人たちとは違った人を想像する。

ベリーは俺たちの境遇に照らせばタダも同然だ。その金で、丹精こめてベリーの木を育ててくれる人はおろか、実を摘んでくれる人だって、ほとんど見つけられないに違いない。散歩をしながら庭で人々があれこれ作業しているのを見ると、いつも魅了されてしまう。そこには一つひとつの花が、まさにあるべき形で咲いている。だが、仕事の大部分は見えない。土がほぐされ、肥料が与えられ、有害な生物が一つひとつ摘み取られるといったところは。まるで、ほんの小さな一角しか見えない氷山みたい。いったい人々はどこからそういうことをするエネルギーを調達するんだろう？

そういうのはもうセックスをしない人たちで、だからそういう仕事に自らのエネルギーを向けるんだろうか、と考えたことがある。セックスに関心がある限りはまだ、庭の世話なんてしないから。俺たちはというと、ミュージシャンとして舞台上ではひたすら交尾の振る舞いを見せていて、おまけにセックスについて歌っている。俺たちはおそらく純粋に音楽的に、ひょっとしたら無意識なだけかもしれないが、人々を性的な興奮状態に置こうとしている。少なからずの曲を聴きながら、俺はなんとも奇妙な切ない気持ちを抱くことがある。それはいわゆる欲情にかなり近いものだ。いま俺は、俺たちの曲のことを言っているんじゃない。欲情という点で言うと、音楽ジャンルは二の次だ。するとそれは本当の気持ちなんだろうか？　それともまた、ただ神経伝達物質のなせる業なんだろうか？　そもそも俺には本当の気持ちなんてあるのか？　ホルモン分泌に関して無駄に持っている知識が、俺のあらゆる愛を壊そうとしている。俺が妻を愛しているのは神経伝達物質のせいじゃない、あるいはしゅうし生殖行為を欲しているからじゃない、と思っているんだが。とはいえ女というものは、抵抗力のある子らを授けてくれて、その子らを養い護ってやることのできる男を無意識に探しているものなのだ、と読んだこともある。そこでは愛が話題になっていなかった。

にもかかわらず、俺は愛を信じている。そのことについて、俺たちは一曲作ってもいいんだろうが、俺たちのうちでそういうアイディアにいたった奴は一人もいない。もちろん俺自身だって。もともと俺はむしろ、自分がすべてを糞くらえと思っていて、できることならなにかを壊してしまいたいのを自分の音楽で表現してみたかった。若い頃は、ひっきりなしに怒っていられた。世界のいたるところ、なんて馬鹿げた出来事ばかりなんだろう、おまけにどの人もみんなそれが普通であるかのように振舞っているじゃないか、と。あらゆる小市民たちめ、自分たちの小さな幸福と、自分たちのもっと小さな庭ばかりを気にかけやがって。自分たちの小さなベリーを摘みたいだけなくせに、と。だが、それは昔のことだった。

もうひと箱、ラズベリーを買う。果実は下の方がぶよぶよになっていて、なおさら老人が気の毒になってくる。いったい、もういつからここにラズベリーを持って立っているんだろう。俺は足早に立ち去る。でないと、もっと買ってしまう。誰も話しかけてこないように無愛想な表情を作って、気遣わしげに額に皺を寄せる。ちょうど重大な問題を頭の中であれこれ転がしているみたいに。ほとんどそのとおりなんだ。俺はコンサートのことで気を病んでいる。あるいは、むしろ俺自身のことで。しくじってしまうんじゃないかと。あらゆることを、俺は自分自身に引きつけてしまう。俺の最大の敵は、俺自身。

若い頃、バルト海で電波塔によじ登ろうとしたことがあった。そこにはいたって普通の梯子が上に向かって伸びていた。だから、それ自体はまったく危険でもなんでもなかったが、およそ二十五メートル上に登ったとき、いまやそのまま手を離さねばという感情に襲われた。俺は怖くなって梯子にしがみつき、その先は登れなかった。するとすっかり緊張してしまい、本当に危険になった。それでいて、そのままそんなふうに梯子から落ちるなんてありえないのに。舞台上でも同じだった。なにか名状しがたいものに対する不安のせいで緊張してしまい、注意散漫になってしまうんだった。それどころかときには、調子が悪くなってしまうのではという不安でもう調子が悪くなった。そういう状況を回避するために、俺は別のことを考えてみてもいい。それをもうずっとやっている。結果的に、喜ばしくないことを考えてしまい、ほんのちょっとでも思考が止まると、数々の不安に戻ってしまうが。そういうわけで、客観的な考えで積極的に自分を落ち着かせようと努めている。毎晩やっていることをそのままやれば、なにもしくじることはないんだ、と。

いま、またすんでのところで轢かれるところだった。まったく、危なかったじゃないか。心臓が激しく鼓動し、顔が熱くなる。シュコダの運転手は俺を叱責し、言葉が理解できないながらも、彼の言わんとすることがわかる。

そのせいで、いまやようやく本当に目が覚めて、俺はあたりを見回す。ホテルはかなり近くにあって、昼寝をする時間なら十分にある。いま、慎重に考えてみる必要があるぞ。眠るというのは繊細なテーマで、俺の場合、いつもあっという間に眠りにつけるが、目が覚めるとぼんやりしてしまう。目覚まし時計をセットしようと、ひとりでに起きようと、関係ない。ただ、眠っていられる時間がほとんどないと、そのことをまえもって知っているから寝つきが悪くなる。おまけに覚醒と睡眠のあいだのあの奇妙な時間帯に、妄想が生まれてしまう。すると、もう考えを把握することができず、考えをたどっていくこともできない。頭の中が蟻塚の中のようになってしまう。それどころか、それら考えのすべては、もう何度か考えたことがあるような気がしてくる。たぶん、あのどっちつかずの状態のときに。ときにはまるで、眠りにつく寸前にいつも戻っていく中間世界があるかのように思える。認知症を、俺はそんなふうに想像している。俺はなにかを思うんだが、意識を取り戻せない、あるいはそれについて熟考できない。そうして俺の前にチラチラきらめくイメージは、もう俺の人生とはなんの関わりもない。ひょっとしたら、死ぬ直前もそうなるのかもしれない。となると、もうますます死ぬ気がしない。認知症に対しても、俺には大きな不安がある。自分のなにかがおかしいのに気づくのと、そのことがもうぜんぜん理解できないのと、どっちの方がひどいのかわからない。植物人間のごとく病院に座っていたくはない。俺がもう誰のことも認識できなかったら、他の連中も、もう俺と関わりあえないだろうから。そのときもまだ俺は俺なんだろうか？

俺はいったいどうなっちまったんだろう？　いぜんだったら、どうやったら女をベッドに連れ込むことができるかを考えて、認知症になってどうやって死ぬんだろう、なんて考えなかった。なんてことだ、こんなようではイカすロック音楽なんてやっちゃいけないんだ。とはいえ、ドイツ全体がひじょうに急速に高齢化しているから、俺はその図になかなか上手くはまっている。老人ホームでのパンク宴会がいまから楽しみだ。宴会という語も、どうしようもないほど時代遅れになっているが。俺は老いていくロックバンドのジレンマが理解できる。ミック・ジャガーも、八十歳近くになって「ジャンピン・ジャック・フラッシュ」を歌って、歌いながらもう欲情ではじけんばかりなように振る舞うのはきっと楽じゃない。そういう振る舞いが曲には似合っているんだが、じいちゃんには相応しくない。

恥ずかしいことと言えば、自分が恥ずかしくなっているのに、それに自分で気づかないことだ。若い子どもらがいれば、幸いなことに、どれだけ彼らが恥ずかしい思いをしているか、彼らがいつも言ってくれる。だが俺の子らは、俺のやることなすことすべてが恥ずかしいという年齢だ。だから、本当にそんなにひどいのか俺にはわからない。子どもらがもう五十歳近くになったらなったで、恥ずかしい両親のことより別の心配事があるだろう。

統一当時、親父はいまの俺より若かった。当時の親父は、もう果てしなく老けて見えた。いまの親父の年齢になったら、俺はどんなふうに感じるんだろう？　いまのところ俺は、いまの俺の歳だった頃の親父よりも若く感じるが、それがそのまま続くんだろうか？　七十歳は、新たな五十歳？　八十歳は、昔だったら死？　そう言うのも馬鹿げている。もう文法的にありえない。

そろそろホテルに帰り着く。携帯に目をやる。連絡してきた奴は誰もいない。自分がそれほどテクノロジーに依存していなくて、ひっきりなしに携帯を凝視しなくていいのが、俺はもちろんいいと思っている。だが、もうまったく誰もなにも求めてこないとなったら、それはそれで奇妙だ。

家に電話してみることもできる。だがいま、その勇気はない。ありとあらゆる考えのあとで、きっと声がすっかり震えるだろうし、家にいる家族を前になにも嘆きたくない。彼らも彼らで十分ストレスを抱えている。そういうときに、自分の不安で家族にさらなる負担をかけたくない。根本的に、俺は後ろめたくもあるんだ。家族が家でじっとしながら俺のことを待っているあいだに、俺の方はバンドと一緒に世界中を旅しているという理由だけで、もうそう思うのに十分だ。妻は一日中、すべての世話をしなきゃならない。それで、子どもが病気にでもなったりしたら、かなり苦労することになる。俺はというと、このあたりをほっつき歩いている。そんなときにせめて夢中になることもなかったら、それこそ傲慢というものだろう。それこそ、かなりハイレベルの嘆き。

　俺だって、ツアーもミュージシャンとしての人生も、素晴らしいと思っている。ただ、自分自身と上手く折り合いをつけることができないんだ。あるいは、むしろ自分のぼんやりとした不安の数々と。例えば、音楽とは違うなにかをするとしても、そのなにかをするのは相変わらず俺なんだろうから、状況は変わらないだろう。どこかまったく違う場所にいるとしても。そもそも、ぜんぶまったく関係ないんだ。いまや少し、俺は今晩のコンサートが楽しみにすらなってくる。コンサートの準備の、あの安らぎを与えてくれる単調さが。同僚たちと一緒にいられることが。誰がバンドに同僚（コレーゲ）という概念を定着させたのか、俺にはもうわからないが、思うにこれは東ドイツ時代からくる。当時は皮肉を込めて言われていた。俺たちは皆、人生で普通に仕事をしたいと思っていなかったから、同僚も欲しくなかった。だが、よくよく考えると素敵な言葉。なぜなら、それは俺たちが同じ一つのまとまり（アイン・コレクティーフ）であることを意味しているんだから。仲間であるなにか。そしてそれは、少なくとも俺にとっては目指すべき価値を持つものである。たがいのために存在しているグループの一部であるということ。

俺は散歩を大急ぎで終わらせることにする。昼寝も無しにする。コンサートに行きたいんだから。そういうときは、いま、すぐにまた会場に向かって移動するのが本当にいちばん確かなんだ。

＊

ラムシュタインでのもっとも美しい瞬間を想い起そうとすると、真っ先に想い浮かぶのは、おかしなことに音楽とはまったく関係のない小さな出来事ばかりだ。

俺たちは一度、アメリカのどこかのプールサイドに固まって座って、だらだらとしゃべっていた。とても暑かったから、皆で泳いでいた。ティルが何往復か本格的に速く泳ごうとして、まるでモーターボートが水を切って走っていくかのように見えた。だがプールには人がたくさんいすぎて、いまいち全力で泳げないでいた。俺たちは晩に演奏することになっていて、午後は自由時間だった。腹が減ってくると、また汚れたシャツを着て、外で俺たちのバスを待った。

するとそこに素晴らしく美しい、深紅色が褪せてもうほとんど茶色くなったスポーツ・クーペが停まっていた。そこで俺たちは長いこと、クーペの前であらゆるポーズの写真を撮って遊んだ。アメリカでは写真を撮るのに、キオスクでいくつかインスタントカメラを買っていた。小さな厚紙製の箱型のもので、前にレンズがついていて、中にフィルムが入っていた。写真を撮りながら、上機嫌で、隣にあった木から、小さくてまだ熟していないリンゴをもぎとって食べた。現像後の写真を取りにいったとき、店の従業員は俺たちの写真がすっかり気に入って、どの写真もじっくり見ていた。彼には俺たちがテロの危険性ありと見えて、だからおそらくそれが許されたんだろう。

また別のときはスペインで、俺たちは会場前に停まったバスの中で目が覚めると、朝一でサーフィンをしに海辺へと向かった。つまり、他の連中はサーフィンがしたくて、俺はというと、その時間を使って断崖の続く海岸を歩いた。数時間後、へとへとになって戻ってくると、彼らは小さな喫茶店の前に座ってコーヒーを飲んでいた。俺もそこに加わり、ときどき俺たちのうちの誰かが腰を上げて、なにか食べ物や飲み物を持ってきた。そうして俺たちは、これ以上ないくらいに仲睦まじく海を眺めて、なにをするでもなしに、深いところで結びついているのを感じるんだった。

もしそこにバンド無しで座っていたら、ただ退屈だったに違いない。なんとなく、バンドと移動するのはまさに魔法のようなんだ。すると俺は、自分が観光客より重要な気がしてくる。というのも、実のところ世界中のそれらすべての場所で、なにかすることがあるんだ。そしてどこか、誰の干渉も受けずに女の訪問を受けることのできる部屋がある若者のような気もする。本当に浮かれてはしゃげる。だから、俺に気を配って、するべきことを、あるいはむしろしてはならないことを言ってくる大人は誰もいない。それどころか正反対。ミュージシャンの場合、むしろ馬鹿なことをするのが期待されている。それでいてミュージシャンだからといって、他の職業集団の代表者たちに比べてより常軌を逸しているとか、より狂っているわけじゃないんだが。ホテルの窓から物を投げるのに、かならずしも大したアイディアの豊かさとか知性は必要ない。ともかく翌日にそのテレビ代金を支払わなきゃならなくなることを忘れるほど酔っぱらっていれば、それでたいてい十分だ。

ともかく俺はそうしてバンドと一緒に、その存在についていぜんは知りもしなかった数々の地を訪れた。アルバムを収録するのに、俺たちはアメリカまで行ったこともあった。個々の楽器がスタジオで録音されているあいだ、他の面々は自由だった。そういうわけで俺は、できる限り頻繁にバンドの同僚を一人捕まえては、レンタカーで地域を散策した。本当に刺激に満ちていた。山湖にたどり着くと、そこでは人々が自分たちで作ったモーターボートをあれこれ試していた。人気（ひとけ）のない農場にいたると、そこは子どもの頃に西部開拓時代について想像していたのとまさにそっくり同じだった。夕日が沈む頃あい、山に座り、俺たちは暗くなるまで黙っていた。そのさい俺はフィルターなしの煙草を吸っていて、カラカラに干からびた一帯に火が燃え移らないよう注意しなくちゃならなかった。車が一台、山を登ってくると、その車が俺たちのもとにやってくるまでの何分間か、車のたどる道を追うことができた。するとコヨーテが鳴きはじめた。この動物が本当に存在するなんて、思ってもみなかった。子どもの頃に読んだ物語の中だけにいるんじゃなかった。しかも、こんなにたくさん。

アルバムの収録が、俺にはいつも刺激的だった。俺たちのいた場所を、自分のために発見することができたから。アルバム『旅、旅』の収録はスペインだったが、そこはアメリカよりもさらにもっと素晴らしかった。俺たちのいた家は海岸から約七キロ離れていて、俺があたりを歩いてみると、一日中、人っ子ひとりにも出くわさなかった。ただ犬が二、三匹、山を越えるのについてきた。南フランスでは石灰岩にすっかり我を忘れた。よく、暗くなってから戻った。両手には、貝やカタツムリの巨大な化石を抱えていた。それらは雨で道の上を流されてきた玉石の中にあった。森の中にあった数多くのブリキの標識が、いくぶん心配でもあった。それらは明らかになにかを禁止していたが、俺には解読できなかった。だが、おそらく、もっぱら資格のある人のみがその一帯で狩りをしてよいということを意味していた。銃声から判断して、かなり多くの人がいた。そういうことだったら俺はむしろ通りにいたくて、三十分間、自転車を飛ばして山を駆け下った。逆踏みブレーキを酷使し続けたから、ボトムブラケットがあまりにも熱くなって赤く燃えはじめた。容易にできるもんじゃない！

下の谷には小さな村があって、そこで俺は小川沿いの小さな店の前で、小さなコーヒーを飲んだ。人生は、これ以上あり得ないほど素晴らしかった。山の上へは、自転車をそれこそ押していった。そういうわけで、また夕食を食べたい気になってきた。俺の人生は、それでなくても大量の食事を中心に回っているようだ。おそらく甲状腺のせいで、体重増加によって罰せられることなく、食べたいだけ食べられる状況にあったから。俺はびっくりするほど食べに食べた。それによって羨ましがられもした。というのも、それは本当に多くの人にはできないことだったから。そして俺には、これまたどれもとても美味しかった。

ただ特定の料理を想うだけでいい。すると場所とか時とか、その他あらゆる状況が想い浮かぶ。ポーランドへの最初の旅行からは、ザピエカンカ、ワッフル、コルネ、ビゴス、豆（ファソルカ）などの、とても美味しい料理の名前がいまだに頭に残っている。俺たちのいた地名はわからない。俺は、ひたすら食べ続けてきたような気がする。よくよく考えれば、俺の人生ずっと。だが突然、いたって普通のある日、自分がすっかり太っていて、もうそうやってがつがつ食べ続けていられないことに気づいた。残念だったが、言ったように幸福とは断念することにある。なにかを諦めなきゃならない人が皆、そうやって自分に言い聞かせているんじゃなかろうか。

＊

そうこうするうちに、ファンが何人かホテルの前に立っている。ファンのあいだを抜けてホテルに入るのは、そんなに難しくない。俺がホテルをあとにすると、ファンたちがときに街中を追いかけてくることがある。だが彼らのほとんどがそれほど長い散歩に慣れていないから、だんだんその数も減っていく。それに、俺の後をついてまわるあいだに、バンドの他のメンバーがホテルから出てくるかもしれないから、多くが踵を返す。他の連中はたいていそれほど歩かないから、捕まえやすいんだ。

俺は立ち止まり、人々にいくつかサインを書いてやり、一緒に写真を撮る。そういうときは、だがホテルから安全な距離だけ離れていなきゃならない。でないと人々は仲間に電話をしてしまい、事情を知った人々がとっさに後を追って駆けてくるから。そうしたら皆のぶんがひととおり終わるまで、俺はまた一時間そこに立っていることになってしまう。

せいぜい役に立つのは電話をしているように見せかけることだ。だが、それでもわずかのファンはひるまず、一緒に写真を撮ってくださいと頼んでくる。それか、そのまま俺の横を歩き、そのさいに俺たち二人の写真を撮っていく。そういうときは、俺は少なくとも落ち着いて電話を続けていられる。あるいは、せめてそのふりだけでも。

きょうは言ったように、若い人々がほんの少し扉の前にいるだけだ。親切そうに見えるから、こっそり素通りしていくのは断念する。短い会話や二、三のサインを彼らがいかに喜んでくれるか、経験するのは喜びだ。普段であれば、ときにカップルやジョギングをしている人の後ろに隠れて、不意に扉をくぐってホテルに飛び込んでしまう。

ファンの偽りない熱狂も、俺の人生で予期できなかったことだ。人々がコンサート後に、きょうがまさに人生でもっとも素晴らしい日です、とか言って説明してくれる。すっかり感動した九十歳のばあちゃん連中が、俺たちのコンサートを座って聴いて、喜びのあまり涙を流していたこともあった。他の者たちは、俺たちが自殺を思いとどまらせてくれた、と語った。これには特別な意味がないかもしれない。というのも、俺たちにはもちろん比較ができない。自殺を思いとどまらせてやれなかった人が何人いたか、わからないんだから。そういう人たちはもうコンサートに来ないから、訊いてみることもできない。一方で、もうコンサートに来ない人たち全員が必ずしも自殺したわけじゃない。少なからずの人々は、別の理由でコンサートから遠ざかる。そういう人は、単に成長したんだ。あるいは、彼らには俺たちの音楽が攻撃的すぎる。伝え聞いたところでは、昏睡状態の患者が俺たちの音楽で目覚めさせられたこともあったという。それは、ひょっとしたらむしろ音量の問題だったのかも。他の多くの人々には、一方で、俺たちの音楽が緩くなりすぎてしまった。あるいは、あまりにもポップに——それがどういう意味であるにせよ。ともかくハードさが足りない。だが、五十歳の半分じいちゃん連中が、ハードで新しい音楽を考案するのも難しい。もしかしたら俺たちは昔の曲を演奏すべきなのかもしれない。だがそうすると今度は、なにも新しいものが思いつかないのかと文句を言われることになる。どうやるのが正しいのか、俺にはまだ対処法が見つからない。そういうわけで、ひたすらいつもやっていることを続けて、気づく人は誰もいませんようにと願う。

いまやシャトルに座り、俺たちは渋滞にはまっている。こんなにもたくさんの人々が旧い街を抜けていこうとひしめき合っているときは、それも少し長くかかる。街を建設した時点では誰もロックコンサートのことを考えていなかったんだから、当然といえば当然。俺はまた、運転手としゃべってみようとする。ひょっとしたら国と人々についてなにか面白いことを話してくれるかもしれない。それか、なにかクレージーなことをしたことのある有名人を、もう乗せたことがあるかどうか。

さいわい冷房は切ってある。運転手たちには、俺たちが彼らの高級な冷房機能を喜んでいないのが理解できない。アメリカのバンドはというと、彼らには寒すぎることがない。おまけにバスには、氷の入った、飲み物用の巨大な浴槽が必要とくる。アメリカ人が冷却のためにどのくらい金をかけているか、俺は知りたくもない。俺はというと、自分の居間が冬にいくぶん暖かくなってくれれば、それでもう嬉しい。だが、それは本当になにかぜんぜん別のこと。

ツアーのせいで、季節の感覚が少しおかしくなっている。スペインは十月末でもとても暖かいから、Tシャツで外に座っていられるし、それどころか泳ぎに行きたくなる。だがスペイン人にとってはもう冬で、彼らは厚手のジャケットを着ている。一続きのツアーはたいてい十月からクリスマスまで続く。少なくとも秋のツアーは。そういうとき俺は、毎日別のクリスマス市に行く。すばやくたくさんの人々のあいだを蛇行してすり抜けていく方法を、もう編みだしている。そうでもしないと足が冷えてしまう。俺のそういうスポーティな歩き方では周りの様子があんまり観察できないが、クリスマス市というのはどれもとても似ているから、見逃すものはなにもない。いまいるのがどの国かすら関係ない。おまけに食事も一緒。どのみち音楽も。俺がそれをつまらないと思っているとの印象を抱くかもしれないが、それは違う。むしろ安心させてくれる。

一年中クリスマスを祝って、いつもひたすらクッキーとジンジャーブレッドを食べていた奴を一人知っていたことがある。クリスマスツリーは、毎晩そいつの電気蠟燭で光っていた。彼はそういうクリスマスの雰囲気がひたすら好きなんだった。俺もクリスマスは好きだ。そして街を転々とするのも大好きだ。そういうわけで、クリスマス市にはよくもてなしてもらっている。だがいまは夏で、それもいい。そうしたら、そうしょっちゅう脱ぎ着しなくていいから。俺がいま、ほとんど毎日のようにバスの中にぼんやりと座っていても、とても快適。

こう思う。俺は、俺の人生のかなりほとんどすべてを、概ねひとまず素晴らしい（スーパー）と思っていると。とはいえこのズーパーという語は、ハイディ・クルムのせいでもう使いたくない。いつ、どうしてあのトップ・モデルの番組[17]を観たのか自分でもわからない。あのときはきっと、馬鹿げたことへのよくある異常な感激が俺を捕らえたんだろう。いずれにしろその番組の中でズーパーという単語が連発されていて、俺のこの語に対する全需要が満たされたんだった。

人生は無意味で、世界は苦しみに満ちている。そして、しまいには誰もが死ななきゃならない。どうして俺にはなにか面白いことが思い浮かばないんだろう？　いつもこんなことを考えてばかり。俺のどこが壊れちまったんだろう？　まるで、頭の中で奇妙な考えのつまったエンドレステープが回っているかのように感じる。俺は、実際にエンドレステープを持っていたことがあった。そのテープは、だが二分間しか続かなかった。そう言うと、エンドレスというのとなにか矛盾するようだが。ボブ・マーリーの曲を、そのカセットに録音しようとしたことがあったが、きっかり二分後に録音を止めるよう、気をつけなくちゃならなかった。最初の部分が消されてしまわないようにするためだった。その曲の長さは、実のところ二分四十秒だった。仕組みを理解したときには、エンドレステープを喜ぶ気持ちがもうなくなっていた。きっと多くの人がそうだったに違いない。というのも、このテープはじきに消えた。だが、マーリーのその曲は相変わらず好きだった。

俺が初めて二つ折り携帯を持つようになって、あらゆる機能を発見しはじめたとき、この曲をダウンロードして着信音にする可能性が拓けた。そうするのに、ただ二回、承諾するを押せばよかった。するとその曲が着信音になったが、そのために毎月、目玉が飛び出るほど高額の料金が引き落とされるようになった。俺はどうやってもアプリを止めることができなくて、いまだに毎月支払っている。

そういうわけで、せめてなにがしかを得ようと思って、ひとまず長い嘔吐音をダウンロードした。すると、誰かが俺に電話をかけてくるたびに、そのゲロを吐くときの音が聞こえた。バンド連中は、俺が電話を受けるたびにますますイラつくようになった。そのあとにくるものを予感していたら、きっとなにも言わなかったに違いない。というのもいまや、着信のたびに赤ん坊の泣き声を響かせるというアイディアを思いついた。そこで叫んでいるのは俺の子なのか、と、呆気にとられたプロデューサーが訊いてきた。ミュージシャンがそのような神経に触る音を自ら望んで聞いているのが、彼には想像できなかった。それから、馬のいななきに変えた。するといつも、村の厩舎にいる俺の馬を想うことができた。そういうわけで、少なくともより頻繁にまた厩舎に赴くようになった。新しい携帯になってからは、残念なことにもう効果音がダウンロードできないが、鳥のさえずりのように聞こえる着信音があった。アメリカでのツアーでは、携帯がなっていると思って二分ごとに鞄から携帯をひっつかむことになった。そこには、俺の携帯と鳴き声がそっくりな鳥の種類が生きていた。俺は着信音に腹を立てたが、その鳴き声が頭の中に残って、いまだに鳥が鳴くたびにビクッとする。いまや、そういう音が考えとして頭の中にあって、消せないでいる。

どうして俺は、こういうことすべてをするんだろう？

「学校でちゃんと話を聞いていたらさぁ、いま、ここにいる必要だってなかったんだよぉ」そういう状況で、ティルがよくこう言う。だが、それはもちろん正しくない。というのも第一に、俺は学校

17　ハイディ・クルムが司会をしていることで有名な、次世代のトップモデルを選ぶオーディション番組がある。

でちゃんと話を聞いていて、兵役に就きたくないと宣言するまではずっと成績も良かった。第二に、ここにいるのが好きだ。だから、必要うんぬんはぜんぜん関係ない。それに、俺は働かなくていい。それが若い頃に俺の宣言した目標だった。俺だけの、じゃなかった。クラスの半分が、もちろん男子だけが、希望の職業を訊かれて有給の休暇人と答えていた。俺がそう言ったわけじゃなかったが。というのも、その勇気がなかったからだが、まさに俺がそうなった。

そうして俺には音楽をする時間がとてもたくさんある。それどころか音楽で生活していける。きっと音楽なしでも生きていけただろう。まさにそれはできないと主張するアーティストたちのインタビューを読んだことがある。しゅうし表現していなくちゃならないんだと。そういうのは、いま、ちょっと気持ち悪く聞こえる。少なからずの人々も、携帯なしでは生きられないと思っているじゃないか。だが、なしでも生きていけるんだ。でも携帯のことじゃなかった。俺はむしろ、自分がどうしていつも音楽をしていたかったかを考えるべきなんだろうか？　俺はそもそもそう望んでいただろうか？どうしてだったんだろう？

ときに思う。それは自転車に乗るようなものなんだと。子どもの頃は、自転車に乗れるようになりたいか、なりたくないか、一秒も考えなかった。その代わり、最初にその機会があったときに、大喜びで兄貴の自転車に飛び乗った。

「こぐんだ、こぎ続けるんだ、止まるんじゃない！」庭の柵に寄りかかって、隣人が俺に叫んだ。それは、その隣人がかつて俺に向けた唯一の台詞だった。その後、首をつって死んでしまった。だがまさにその台詞が、とても助けになってくれた。ひたすら止まらないこと。それでいて、新たに獲得した自分の能力をめぐる喜びはとても大きなものだったから、苦労も失敗も、すっかり後景に退いたんだった。

そのまえに、もうかなり手間をかけて、いとこの三輪車をおばあちゃん家の庭からすぐの丘の上へと押していったことを思うと、俺には疾走しながら下る輝かしい瞬間々々が、まるでたったいま起っていることのように、いまだにありありと想い浮かぶ。あんなアドレナリンの放出は、あれいらいもう経験していないと思う。どの人間にも、ちょっとのあいだ、自分自身をコントロールするのをやめたいという欲求が宿っているんだろうか？ そうでもなければ、どうしてあんなにたくさんジェットコースターがある？ だが俺は、べつにコントロールしたくなかったわけじゃなくて、ともかくペダルが両足を高く放り投げたもんだから、転ぶより他に仕方がなかったんだった。

その後ほどなくして、俺はどうしてもピアノが習いたくなった。すると目に見える成果が現れるまで、いくぶん長くかかった。だから余計に、本当に最初の曲の数々が弾けたときにはびっくりした。それでまたやめてしまったら、俺は馬鹿者だったろう。そういうわけで、まさに弾き続けた。想像の中でだけ他の人々の前で弾いて、現実には恥ずかしすぎてできなかった。

子どもの頃に、自分の演奏で誰かに感銘を与えたいと思ったかどうか、もう想いだせない。あの年頃で、きっと女子たちはまだ問題になっていなかった。それでなくとも、俺がそもそも知っていたごくわずかな女子たち、同じ建物に住んでいて、あるいは兄貴と一緒に学校に行っていたから知っていたその女子たちは、音楽やミュージシャンに興味がなかった。むしろバービー人形や馬に興味を持っていた。ほら、俺がいかに女子たちのことがわかっていないかがわかるぞ。なぜなら東側にはバービー人形がまったくなかったし、概念そのものも、俺が耳にしたのは二十五歳になってからだった。乗馬だって、俺が見たのは、粗大ゴミを積んだ馬車がゆっくりと通りを登ってきたときだけだった。乗馬には、あるいは女子たちの夢を投影させるには、この馬たちではきっと相応しくなかっただろう。女子たちはともかく小さなグループになって歩道に集まり、ゴム飛びをして遊んでいた。俺はというと、家の居間にいてラジオを聴きながら、音楽が自分に新しい、なにか強烈な感情を与えてくれるのに気づいていた。もちろん、それでミュージシャンになる理由が十分説明できるわけじゃない。俺は一生、知らない音楽を聴き続けることもできたんだから。すべてのいい曲を一度でも聴くのに、一回の人生だけじゃ足りないんだ。友人の一人はいつもラジオから最良の音楽を録音して、それら音楽を熟知しているので有名だった。そいつは俺たちのもとで、まさに自分で演奏するミュージシャンと同程度の名声を享受していた。

　ただひたすら音楽ゆえに音楽をやっているんだ、と、ときに主張すると、同僚は俺を笑い飛ばす。彼らは、見られたくなかったら、凝視されたくなかったら、誰も舞台に立ちはしないさ、という意見だ。俺自身が見られるのは、俺にはそんなに重要じゃない。むしろ何人かの人が俺をいいと思ってくれることが重要。そのためには、だが、俺のことをひとまず認識してもらわなくちゃならない。だから俺は舞台に立ち、アルバムがサトゥルン[18]とかどの店であれ、棚に並んでいると嬉しい。誰がそうじゃないというだろう？　というのも、誰がいったいぜんたい愛されたくないとでもいうのか？　それこそ、すべての行いの根本なのでは？　そうでもなかったら、どうして人はあくせく働いて、そもそもなんらかの素晴らしい事柄を思いつくとでも？　自分がどれだけ素晴らしいかを自分の目で確かめてみる、ただそれだけだというのか？

　いいや、あるいはむしろそうなんだ、俺はたぶん愛されたくて音楽をやっている。他の人々や動物を、俺はひとりで愛することができる。ただ、愛されるのはひとりじゃ難しい。それは、本当に他の人々がしなくちゃならないんだ。そのために人はまさに人々を必要とする。そしてその人々のもとに、俺はおそらく音楽でたどり着こうとしている。とはいえ長年の経験で悟ったんだが、俺のやっている音楽は、そのさいに必ずしも助けになってくれない。むしろ難しくしてしまう。とても攻撃的なものだから、聴衆はすぐに愛について考えるんじゃなくて、彼らの鬱積した憎しみを解放してしまう。ミュージシャンだって、必ずしも好意溢れる人間なわけじゃない。たいていは複雑で、自己中心的で、信頼できない生き物で、自らを理にかなった仕方で表現することができないから、音楽に逃げていく。

それでも俺はミュージシャンになった。ちょうど俺が少年になったように、避けがたく、俺個人がなにか特別なことをしたわけでもなく。俺はそれでいいと思う。音楽をしているときだろうと、していないときだろうと、それとは無関係に、ずっとそう思っている。俺がいまや本当に本物のバンドで演奏していること自体が、俺にとって、おそらく俺のことを知っている他の人々にとっても、とても理解しがたいことなんだ。

俺たちは飛行機に乗ってコンサート会場に向かう。そして皆が、それが当たり前であるかのように振る舞う。それでいて飛行機に乗ること自体、人々にはもう普通じゃないのに。俺たちは本物の入場券を売って、すると本物の人間がとてもたくさん、俺たちを観ようとこの巨大なスポーツ会場にやってくる。俺には信じられないんだ。いつ、どうやってそんなふうになったのか、説明することもでき

18　CDやDVDも売っている家電量販店。

ない。というのも、俺たちが八〇年代の半ばフィーリング・Bで、フライガングの前座として東ドイツの村のホールで、酔っぱらった三百人のブルース・ファンを前に演奏させてもらえた時点で、もう理解できていなかったから。借りたバルカスで、バンドの皆と一緒にドレースデンでのコンサートへと向かいながら、俺にはこれ以上いい人生はないと思っていた。俺たちの曲が初めてラジオで流されたときは、その後、何日も夜は眠れなかった。それほど興奮していた。それでいて、番組終わりにたった数秒流されただけだった。

俺たちの曲がラジオで流されることなどほとんどないに等しいから、そんなときはいまだに嬉しい気分。俺は別の耳でラジオを聴いているから、それが自分たちの曲だと気づくまでいつもしばらく時間がかかる。そういうときはプライベートで耳を傾けていて、俺たちの曲が流れるなんて、ぜんぜん予期していない。だが、バンドが話題に上ったり、毎日のように俺たちのステッカーの貼ってある車を目にしたりするのは――というのも俺はほとんど毎日ベルリン周辺へと車で行っているから――もうそんなに特別なことじゃない。そして俺は、こういう展開になるようになにかをしたわけじゃなかった。むしろ、その反対。

あの当時、俺が思ったとおりにしていたら、いま俺はこの車に座っていられなかった。それらすべてを望んでいなかったからじゃなくて、俺たちに関して、すべてがどうなっていくかを思い描く想像力が俺には欠如していたからだ。俺だったら、かつてのバンドをできる限り長く生きながらえさせようとしただろう。英語を話すことを拒んだ最初のマネージャーを引き留めて、そいつとともに東ドイツだけで演奏していた。バンドと一緒にアメリカに行くなんて考えもしなかっただろう。フィーリング・Bでのアメリカ体験は、俺にそれほど勇気を与えてくれるもんじゃなくて、俺はもうベルリンテレビ塔が見えなくなった時点でパニックになっていたから。きっと、恐れ多くも俺たちのカセットに耳を傾けることまでしてくれた最初のレコード会社のもとで、すぐさま契約を交わしていた。

生まれて初めてアルバムを買ったのは、俺が十歳のときだった。おばあちゃんが兄貴と俺を連れて、休暇中に偶然立ち寄ったテューリンゲンの小都市で、ポーランドの商人たちがロックンロールのアルバムを売っていた。ポーランドの複数のバンドがチャック・ベリーの曲を演奏しているものだった。俺はチャック・ベリーを知らず、ロックンロールが普通はポーランドから来るものじゃないことも知らなかったが、ロック音楽が俺にとって、重要な知らせを含んでいるであろうことは明らかだった。カヴァーには、おそらくロッカーが羽織るのであろう革ジャンが写されていた。ファスナーが斜めについていた。そんなものを、それまでに一度も見たことがなかった。そういうジャケットが、俺も欲しかった。ジャケットを着ていた人物の顔はカヴァーに収まっていなかった。そんなふうにしてポーランド人たちは、肖像権をめぐる厄介事を無しにしたんだった。聴いていて、それらがポーランドのミュージシャンたちによって演奏されたものだったことはわからなかった。俺はとにかくその音楽が気に入った。それらの曲のいくつかでは、ピアノも演奏していた。俺たちが晩にそのアルバムを聴いたとき、少なくともそう聴こえたと思った。俺もこういう人になりたい、とおばあちゃんに宣言した。バンドのピアノ奏者。もう当時からヴォーカルにはなりたくなかった。責任は負いたくない。ただ後ろに座ってピアノを弾く。居合わせることがすべて。これぞオリンピックの精神。

いまや会場に到着した。ゲートのところで警備員が出迎えてくれ、俺を楽屋へと連れていってくれる。行き方は俺一人でもわかっただろう。というのも、ここにはまた壁という壁に道しるべが貼ってあるから。テーブルの上にはナッツの入った皿が置いてある。テーブルクロスは清潔。

タイムワープして昨日に舞い戻ってしまったんだろうか、と考える。ふたたび、よく考えもせずにナッツをいくつか口にほおばりながら、部屋を観察する。すべて、とても心地よさそうに見える。箪笥からほのかに腐敗臭が漂ってくる。俺は、着いたと感じる。

同僚たちはどこだろう？　部屋をのぞいてみる。誰もいない。すると、これまたもう長い付き合いになる技師の一人が、通路をやってくるのが見える。いま、面白いことが起こったわけじゃないが、たがいにニンマリしあう。俺たちは、当時からことがこんなふうに展開したことが、馬鹿みたいにただ嬉しい。そして両者が、それは確実に俺の能力とはなんの関係もないことを知っている。彼は、俺たちが演奏しないときは他のバンドと一緒にツアーに出る。だが、俺にはそれができない。そこでいったいなにをするというんだ？　俺には自分のバンドがあることが、本当に嬉しい。

技師が尋ねる――「なにが本当にひどいって、わかるか？　すっかり血が出ているのに、どこで、どうしてなのかがわからないときだよ」さっき血糊の詰まったプラスチック・ボトルの上に、それと気づかず座ってしまったんだ、と語った。あとになって手でズボンを触ってみて、ぜんぜん痛みがなかったから、ぎょっとしたとのことだった。

俺の同僚は見なかったか、彼に訊く。一座はちょうどヨガに行ったところさ、と彼が言う。思うに、ヨガ以上に俺たちの音楽と結びつかないものは、そんなに多くない。俺はヨガに反対なわけじゃない。俺自身は板のようにカチコチで、ぜんぜんリラックスできず、息継ぎも間違ってしまう。間違ったものを食べ、消化の仕方も間違ってしまう。水分を摂りすぎるときもあれば、少なすぎるときもある。一日のほとんどを椅子に座って過ごすが、これは俺が背中に加えることのできるかなり最悪のことだそうだ。医者でさえ、いつも、少なくとも一日に一度は太陽に挨拶を――ここで俺は間違ってもヒトラー式挨拶と間違えてはいけない――しなさいと言ってくる。どうして俺にはそれが一度もできないんだろう？

たくさんヨガをやる幾人かの人々は、そういうふうに言ってよければ、そこでかなり大袈裟に振る舞っている。聞いてもいないのにAsanas（アサーナス）[19]とChakras（チャクラス）[20]について語られて、俺はすぐさま過剰なAs（尻）にアップアップしてしまい、そこではただ単にいくつか背中のための動きについて言われていることをすっかり忘れてしまう。人々がそんなにも宣教的になるんであれば、俺は関わりあいたくない。いいことには宣伝なんて必要ない。それに、バンドが本当に健康上の理由からヨガに行っているのか、スタイルのよい女ヨガインストラクターのせいじゃないのか、俺には定かじゃない。だとしたら、自分の体のためになにもしないからといって、もうそんなに悪い気はしない。

俺だって、ヨガとは関係のない、なにか健康にいいことができるかもしれない。残念ながら、俺はそれもしない。その正反対。思うに、自分の移動の仕方や食事のとり方からして、俺は自分の体を勝手気ままに壊している。とはいえナッツはとても健康にいい。だが俺は豚肉も食べる。こう言うともう面倒くさく聞こえるが、牛肉だけでできているミートボールが、俺にはともかく美味しくない。あれこれ試してみたんだ。それからアイスバインはアイスバイン。これはいわば俺たちの文化に含まれていて、アイデンティティの一部。

19　ヨガの座法。
20　人体の中枢を指す言葉。

エジプトにいたときのこと。俺がドイツ出身だと説明すると、人々はすぐさま感激して、後ろからベッケンバウアー、ザウアークラウトと叫んできた。それもアイスバインとセットになっている。だが食事だけのことじゃない。音楽をするのは、およそ健康とは言い難い。騒ぎこそ、ほとんど心臓発作の主要な原因。それから、つねにあの興奮。十二時前にベッドに入ったのはいつのことだったか、もうわからない。機内では放射線も浴びるというじゃないか。太陽にとても近づくから。それに、空では気圧が低いから、脳ミソが膨張して頭骨にぶつかる。少なくとも俺にはそう思える。だが、もっとも良くないのがアルコールだ。

「テキーラをシャンパンで割ったときのこと、まだ覚えてるか?」俺は技師に訊く。どうやら覚えているようだ。というのも、痛々しそうに顔をしかめている。

「bcクラブでテキーラ五本」という答えが返ってきた。bcクラブというのはイルメナウ大学の学生クラブ酒場のことで、新興住宅地区の地下深くに位置している。統一直後、テューリンゲンではシエラ・テキーラしか手に入らなかったっけ、と言い添えずにいられない。そして、それは飲むのにそんなに向いていなかった。だがテキーラのシャンパン割りには、いかんせんテキーラが必要なんだった。

「bcクラブはドアも狭くて、本当に苦痛だったよ」技師は言った。彼はあらゆるクラブを、俺たちミュージシャンとは別の観点から眺めている。彼にとっては、もちろん物の出し入れがしやすいかどうかがより重要だ。きっと、長い、あるいはとりわけ狭い階段のあるすべてのクラブを記憶しているに違いない。

東ベルリンでもっともひどい酒場は、その観点からするとOKKクラブだ。なんの略記なのかは知らない。知っていたこともないと思う。ひょっとしたらオクトーバークラブ[21]となにか関係があるのかもしれない。それがなんなのかも知らないが。ＯＫＫクラブはカール・マルクス・アレー沿いの映画館インターナショナルの上にあった。通りの名前がまだ変わっていなかったら、だが。まるまる四階分上がったところ。建築上の理由から、このクラブには一つも窓がなく、長くて狭い曲がりくねった通路がたくさんあった。もちろんどこでも煙草を吸うことができたから、二メートル先はもう見えなかった。俺たちは、まさにそのクラブで演奏するのが好きだった。そこでの雰囲気は、もうそういう気候的条件によりとても熱くなっていたから。あるコンサートで俺は、舞台上ではなくミキシング・コンソールのところにいる技師たちの横に立ってみようと思いついたことがあった。そういうわけでついに一度、バンドを眺めることができた。もちろん俺なしの形で。それはそれで不思議だった。というのも、俺がもうバンドにはいないかのように映った。その感情を抱いたのは俺だけじゃなくて観客も一緒で、俺も一緒に演奏していたことに気づいた者は一人もいなかった。俺が観客全員の後ろの壁側に立っているなんて、誰も予想しなかったから。俺の場所はいまや技師の横で、その位置から、技師がそうやってコンサート中にしていることを観察することができた。俺よりもしなきゃならないことがたくさんあった。いまだにそうなんだろうと思う。

　いずれにしろ技師たちは、もう俺たちよりも何時間もまえから働きはじめる。何人かはその後、入場許可とコンサートのあいだの時間で仮眠をとる。そしてコンサート後には、美味しいビールがある。

21　旧東ドイツにあった合唱クラブ。

まだメンバーそろってバスひとつで移動していた頃は、外が明るくなるまで皆で夜通し飲んでいた。「壊れた肝臓の臭いがするなぁ」俺たちが茂みで小便できるよう、バスが停まると、技師の一人が言うんだった。その臭いが、いまだに俺の鼻に残っている。

一度、自分が飲んだものの総量を想像してみたいと思ったら、目の前に、アルコールがいっぱい詰まったタンクローリーが何台も停まっているのが見えた。すると、すっかり気分が悪くなった。それで、いま俺が嘆くのは、もっとずっと悪い。べつに飲まなくてもよかったんだから。自己憐憫こそ最悪だ！

だから、いまここで、このみすぼらしい楽屋に、いわゆるバックステージの領域に座っていることについても文句を言わないでおこう。それどころか俺はそれで金をもらっている。誰が俺と立場を交換したくないだろう？

だが、いまや考えてみると、そして俺はもちろん考えるのだが、この領域は、そこで働くことのない人たちだけに面白いことに気づく。アメリカではまさに、バックステージの領域が一種の天国とみなされている。ass（尻）がないならpass（通過）もダメ。老練なミュージシャンたちならそう言うだろう。もちろん女たちのことを言っている。野郎どもは、ここでどのみちなんの用もないんだから。俺たちみたいな人間に、ここの部屋々々に秘密はなにもない。他の連中にとってはそれらの部屋が、ひょっとしたらあらゆる夢の目標かもしれない。もうまたセックスの話だろうか？　俺にはまだ夢があるのか？

俺に関して言えば、もうどの夢も叶ってしまった。それでいて、叶ってしまったこれらの夢の大半を、夢見ることすらしなかった。月に飛んでいくことだって、同じくらい考えたこともない。きっと、いつかロケットが俺を一緒に連れていってくれるんだろう。俺自身が予期しないなにかがいつも起こるんだ。昔は、自分がいつかまともな父親になるだなんて、考えもしなかった。計画なんて、これっぽっちもなかった。それに、そもそも俺が大人になっただなんて。なんてことだ、信じられない！　そして、俺自身はそのためになにもする必要がなかった。待つことと、ひょっとしたら生き延びること以外は。いまやおまけに人々が、俺にSie（あなた）[22]で話しかけてくる。東側の店員たちは別。彼女たちは、最近、俺になんと若婦人と言ってきた。そういうわけで俺は、ようようおさげを切った。とたんにぐっと若返って見えた。あはは、自分でも笑わずにいられない。それで、いまここで、いちおう大人として、ザグレブは地下深くの部屋で、普段であればスポーツ選手が着替えるその部屋に座っている自分を見て、俺はもう笑うのをやめられない。するとドアが開き、トムがちらりと目を走らせる。俺がソファーに座っているのを見て、笑う。満足そうに唸りながら、トムはふたたび部屋をあとにする。

22　ドイツ語の敬称二人称。親称二人称 du よりも相手との距離が遠く、そのためより丁寧な言い方となる。

〔著者紹介〕

一九六六年、東ベルリン生まれ。フィーリング・B、マグダレーネ・カイベル・コンボといったバンドのキーボード奏者として活躍していた。一九九四年以降、ラムシュタインのキーボード奏者。二〇一五年に自伝的エッセー *Der Tastenficker*（未邦訳）を上梓している。現在、ベルリンに住んでいる。

〔訳者紹介〕

慶應義塾大学、ハンブルク大学で学ぶ。現在、学習院大学文学部ドイツ語圏文化学科教授。ドイツ現代文学を研究。訳書にイルゼ・アイヒンガー『より大きな希望』、『映画と災厄』（ともに東宣出版）。

きょうは世界の誕生日

2022年9月8日　第1刷発行

著者
フラーケ

訳者
小林和貴子（こばやしわきこ）

発行者
田邊紀美恵

発行所
有限会社 東宣出版
東京都千代田区神田神保町2－44　郵便番号 101－0051
電話 (03) 3263－0997

ブックデザイン
塙浩孝（ハナワアンドサンズ）

印刷所
株式会社 エーヴィスシステムズ

ISBN978-4-88588-106-0